――― 一橋大学経済研究叢書 46 ―――

高山憲之・有田富美子著

貯蓄と資産形成
――家計資産のマイクロデータ分析――

岩 波 書 店

経済研究叢書発刊に際して

　経済学の対象は私たちの棲んでいる社会である．それは，自然科学の対象である自然界とはちがって，たえず変化する．同じ現象が何回となく繰返されるのではなくて，過去のうえに現在が成立ち，現在のうえに将来が生みだされるという形で，社会の組立てやそれを支配する法則も，時代とともに変ってゆくのが普通である．したがって私たちの学問も時代とともに新しくなってゆかねばならぬ．先人の業績を土台として一つの建造物をつくりあげたと思った瞬間には，私たちは新しい現実のチャレンジを受け，時には全く新しい問題の解決をせまられるのである．

　いいかえれば経済学者は，いつも摸索し，試作し，作り直すという仕事を，性こりもなく続けなければならない．経済研究所の存在意義も，この点にこそあると思われる．私たちの研究所も，一つの実験の場である．あるいは，所詮完全なものとはなりえない統計を，すこしでも完全なものに近づけることに努力したり，あるいは，その統計を利用して現実の経済の動きの中に発展の法則を発見しようとしたり，あるいは，分析の道具そのものをみがくことに専念したり，あるいは，外国の経済の研究をとおして日本経済分析のための手がかりとしたり，あるいは，先人のきわめようとした原理を追求することによって今日の分析のための参考としたり，私たちの仕事はきわめて多岐にわたる．こうした仕事の成果を，その都度一書にまとめて刊行しようというのが本叢書の趣旨にほかならない．ときには試論の域を出でないものがあるとしても，それは学問の性質上，同学の方々の鞭撻と批判を受けることの重要さを思い，あえて刊行を躊躇しないことにした．ねがわくば，読者はこの点を諒承していただきたい．

　本叢書は，一橋大学経済研究所の関係者の筆になるものをもって構成する．必らずしも定期の刊行は予定していないが，一年間に少なくとも三冊は上梓のはこびとなろう．こうした専門の学術書は，元来その公刊が容易でないのだが，

私たちの身勝手な注文を心よくききいれて出版の仕事を受諾された岩波書店と，研究調査の過程で財政的な援助を与えられた東京商科大学財団とには，研究所一同を代表して，この機会に深く謝意を表したい．

1953 年 8 月

一橋大学経済研究所所長
都 留 重 人

は し が き

　本書は日本の家計資産について考察した研究書である．資産保有の実態，貯蓄や相続との関係，いわゆる資産インフレの規模，共稼ぎや親子の同居と資産形成との関係，公的年金による世代間の資産移転，所得と資産の関係等が最近の日本においてどうなっているか．それらをマイクロデータを利用しながら分析した．

　家計資産の構造や機能についての知識はいまだにきわめて乏しい．たとえば次のような設問に対して的確に答えることが，はたしてできるだろうか．

　1) 日本の各家計はどの程度の資産額を保有しているか．保有資産の平均値だけでなく中央値や最頻値はどうなっているか．

　2) 各家計の資産保有額は年間収入の何倍になっているか．その保有額は欧米諸国のそれとくらべて大きいか．

　3) 土地保有額が資産全体に占める割合はどうなっているか．また，それは諸外国とくらべてどの程度きわだっているか．

　4) 日本における資産格差は諸外国のそれとくらべて小さいといえるか．また，いわゆるバブルの時代にそれはどの程度拡大したか．

　5) 所得で資産を代理させることは妥当であるといえるか．

　6) 家計資産の蓄積において貯蓄や相続・贈与はそれぞれどの程度の役割をはたしているか．それは資産価格の上昇分より役割が大きいか．

　7) 相続や贈与の実態はどうなっているか．相続の経験や予定はどの程度あるか．相続資産の規模はどのくらいか．そもそも遺産動機はどのような要因によって決まっているのか．

　8) 妻が就業すると家計資産の形成にどのような影響がでてくるか．あるいは共稼ぎ世帯の増加は家計貯蓄率を上昇させるといえるか．

　9) 高齢者の資産保有や生活の実態は最近時点においてどうなっているか．貯蓄や資産のとりくずしは高齢期にどの程度まで行われているか．

10) 高齢者が子供と同居することは消費支出の節約をもたらし家計貯蓄を増大させるといえるか．そもそも子供との同居を決める要因はなにか．

11) 可処分所得の世代間分配は最近時点でどうなっているか．とくに公的年金や医療保険制度は所得・資産を世代間でどのように再分配しているか．各種の再分配制度は現時点でどのような問題をかかえているか．

12) 「世代間の公平」をどのように考えたらよいか．人口高齢化の進行過程において公的負担が世代間で実質的に異なることは容認しがたいことなのだろうか．

家計資産についての考察はこれらの設問に答えようとするものであり，本書もそのためのささやかな1ステップである．

本書は本文3部9章と参考文献・索引で構成されている．第Ⅰ部第1～4章は資産保有の実態と資産増加の諸要因を明らかにしたものである．第1章では家計資産の分配状況を1984年と1989年の2時点を比較しながら調べた．そして，いわゆるバブルの時代に資産格差がどこまで拡大したかを分析した．

第2章では1980年代における家計資産増の要因を①貯蓄フロー②相続・贈与③資産価格の上昇，の3つに分解して究明した．

第3章では遺産と相続の実態について分析し，遺産動機がいかなる要因によって決定されるかを明らかにしようとした．

第4章では妻の就業形態を①フルタイム②パート③専業主婦，の3つに区分し，それぞれの家計実態を比較・検討しつつ，妻の就業選択要因を分析した．

第Ⅱ部第5～7章は高齢者の生活実態と資産保有について1989年時点調査を利用しながら考察したものである．第5章では高齢夫婦世帯を，第6章では高齢単身世帯を，そして第7章では同居高齢者をそれぞれとりあげた．

第Ⅲ部第8～9章は所得・資産の世代間移転にかかわる政策判断に必要な基礎資料を提供するものである．第8章では可処分所得の世代間分配がどうなっているかを調べた．

第9章では1994年の年金改正をとりあげ，その評価を試みるとともに今後の課題を議論した．

本書の特色は次の3点にある．まず第1に，本書では総務庁『全国消費実態調査』『住宅統計調査』，厚生省『国民生活基礎調査』，郵政研究所『家計における金融資産選択に関する調査』の各マイクロデータ（個票データ）を利用した分析が大半を占めている．マイクロデータの利用は日本においては今のところ必ずしも進んでいない．しかし欧米ではマイクロデータやパネルデータを利用した実証研究が盛んである．マイクロデータの利用は研究内容の大幅なレベルアップのためにはどうしても欠かせない．とくに分析目的にあわせてデータを十分に吟味しコントロールした上で仮説検定を試みることによって，事実についての理解を深めることが可能となる．本書が内外における研究水準のギャップを少しでも埋めることに寄与し，日本においてマイクロデータがこれから広範に利用されるきっかけになれば誠に幸いである．

　第2に，本書ではいくつかの「新しい分析手法」を提示している．たとえば異時点間の資産保有額を利用して各コーホート別に資産移転分を推計したこと（第2章），妻の就業選択と夫の年間収入の間には非線型の関係があると仮定して多項ロジット・モデルを推定したこと（第4章），同居世帯において親世代分だけでなく子供世代分の所得や消費支出をいずれも残差として求めたこと（第7章），世帯を構成する各メンバーに着目し，世帯内における各メンバーの所得請求権を各メンバーの年齢に着目しながら世帯横断的に再集計して可処分所得の世代間分配状況を調べたこと（第8章），持家の帰属家賃や医療・教育の現物給付を独自の方法で推計したこと（第8章）等が，それである．

　第3に，本書では「新しい事実」を指摘している．たとえば40歳未満の年齢階層における資産増は相続・贈与によるところが相対的に大きく，総じてフロー貯蓄による資産増を上回っていること（第2章），相続の経験や予定のある者はそうでない者にくらべて遺産動機が強いこと（第3章），結婚におけるペアリングが必ずしもランダムではないこと（第4章），妻がパートで働くかどうかは夫の所得水準に必ずしも左右されないこと（第4章），「高齢者かわいそう論」は日本では今日根拠に乏しいこと（第5〜7章），むしろ25〜44歳までの子持ち世帯が所得分配の面ではもっとも気の毒な状況にあること（第8章），厚生年金

本体の積立金は1994年改正がなければ2000年から2005年にかけて絶対額が減少する(積立金のとりくずしがはじまる)と予想されていたこと(第9章)，等々．本書には新しい事実がこれら以外にもいくつか示されている．

　日本の家計資産についての研究は著者にとって今回がはじめてではない．その成果の一部はすでに『ストック・エコノミー』(高山憲之編著，東洋経済新報社，1992年)として上梓した．本書は『ストック・エコノミー』公刊後の研究成果をとりまとめた第2弾である．前書で詳細に論じた問題は，したがって本書ではとりあげていない．前書とあわせてお読みいただければ誠に幸いである．

　バブル崩壊後に資産保有の実態がどう変わったかについては本書では考察していない．マイクロデータを入手するにいたらなかったからである．日本の家計資産については今後ともさらに研究を進め，前書および本書において残された問題を解明していきたいと考えている．

　本書各章の研究は高山が企画した．有田は共同研究者として研究に参加しマイクロデータのコンピュータ処理を担当した(第3章・第9章以外)．両名が意見を交換しながら研究を進めたことはいうまでもない．なお本書を最終的にとりまとめ執筆したのは高山である．単行本にまとめるにあたり，まず一書としての統一とバランスに配慮する一方，重複はさけた．同時に叙述はできるかぎり平易につとめ，初出論文をほぼ全面的に書きなおした．さらに表の数を大幅に削減し，また本書に収録した表についても簡潔なものに編成替えした．なお細部にわたる議論や関連する表については本書の注で所在を示しておいた．

　マイクロデータの利用にさいしては政府関係者から深いご理解と格別のご支援・ご協力を頂戴した．心よりお礼申しあげる次第である．また共同研究の成果を本書に収録することをご快諾くださった北村行伸氏(日本銀行)・麻生良文助教授(新潟大学)・宮地俊行氏(日本生命)・神谷佳孝氏(郵政研究所)に対して心より厚くお礼申しあげたい．

　1996年1月

高山憲之・有田富美子

目　次

はしがき

第Ⅰ部　資産保有の実態と資産増加の諸要因

第1章　家計資産の分配とその変遷 ―――――――――― 3
1.1　本章の目的　3
1.2　1989年の『全国消費実態調査』からみた資産の分配　4
1.3　資産保有額の変化と資産格差の拡大：1984年と1989年の比較　12
1.4　若干の留保　18

第2章　家計資産の増加とその要因 ―――――――――― 21
2.1　はじめに　21
2.2　資産の増加　21
2.3　貯蓄率の推計とその結果　27
2.4　資産増加の要因分析　30
2.5　結びに代えて　35

第3章　家計資産の蓄積と遺産・相続の実態 ――――――― 39
3.1　問題の所在　39
3.2　従来の研究成果　39
3.3　使用データの概要　43
3.4　遺産に対する考え方　43
3.5　相続・贈与の経験および予定　53
3.6　遺産動機のプロビット分析　59
3.7　総資産に占める相続資産の割合　61

3.8 相続資産額の大きさ　66

3.9 考察結果の要約　67

第4章　共稼ぎ世帯の家計実態と妻の就業選択 ──────── 71

   4.1　はじめに　71

   4.2　妻の就業形態　72

   4.3　家計比較　73

   4.4　夫と妻の経済的関係　79

   4.5　子供数・教育関係費　81

   4.6　都道府県別の諸特性　84

   4.7　妻の就業選択モデル　88

   4.8　おわりに　94

第II部　高齢者の生活実態と資産保有

第5章　高齢夫婦世帯の所得・消費・資産 ──────── 101

   5.1　はじめに　101

   5.2　資料および用語の説明　102

   5.3　高齢夫婦世帯の諸属性　107

   5.4　年金受給額　108

   5.5　年間収入　111

   5.6　消費支出とその内訳　119

   5.7　貯蓄残高とその内訳　126

   5.8　実物資産の分布とその構成　130

   5.9　正味資産の分布とその構成　132

   5.10　おわりに　136

第6章　高齢単身世帯の所得・消費・資産 ──────── 139

   6.1　世帯の特性　139

   6.2　基本的な分布図　140

6.3　年金と就業の関係　　145
  6.4　年金が年収に占める割合　　145
  6.5　年金以外の年間収入と年金の関係　　146
  6.6　年間収入とその内訳　　147
  6.7　消費支出とその内訳　　151
  6.8　貯蓄残高とその内訳　　153
  6.9　正味資産の構成　　155

第7章　同居高齢者の経済状況―――――――――――――159
  7.1　本章の目的　　159
  7.2　同居高齢者の基本的属性　　160
  7.3　同居高齢者の経済状況　　167
  7.4　おわりに　　179

  第7章補論　同居・非同居の決定要因　　181

第III部　世代間の所得再分配

第8章　可処分所得の世代間分配―――――――――――185
  8.1　はじめに　　185
  8.2　世代間の公平：2つの考え方　　186
  8.3　年齢階層別の1人あたり所得：1984年と1989年の比較　　190
  8.4　財源選択と世代間の所得分配　　203
  8.5　結びに代えて　　205

第9章　1994年の年金改正とその評価―――――――――209
  9.1　はじめに　　209
  9.2　新年金法の主要内容　　209
  9.3　支給開始年齢の調整　　211
  9.4　給付水準問題　　213

9.5　雇用と年金の連携　216
9.6　年金保険料率の引き上げ　220
9.7　女性の年金　224
9.8　残された課題　226

参考文献　231
索　　引　237

図表目次──xiii

図目次

図1-1　正味資産の分布(1989年)　9
図1-2　ローレンツ曲線(1989年)　10
図1-3　同一年収グループの正味資産　11
図1-4　同一年収グループの消費支出月額　11
図1-5　ローレンツ曲線の変化(正味資産)　14
図1-6　ローレンツ曲線の変化(土地)　14
図2-1　年齢階層別の正味資産(平均値)　26
図2-2　コーホート別にみた正味資産(平均値)　26
図2-3　コーホート別にみた純金融資産(平均値)　27
図2-4　年齢階層別にみた可処分所得(平均値)　28
図2-5　年齢階層別にみた消費支出年額(平均値)　28
図2-6　年齢階層別にみた貯蓄フロー(平均値)　29
図2-7　年齢階層別の貯蓄率　33
図2-8　所得4分位階層別の貯蓄率(1979年)　33
図2-9　所得4分位階層別の貯蓄率(1984年)　34
図2-10　所得4分位階層別の貯蓄率(1989年)　34
図2-11　資産増の要因分解(1979年から84年までの変化分,平均値)　36
図2-12　資産増の要因分解(1984年から89年までの変化分,平均値)　36
図3-1　相続・贈与の実態(世帯主年齢別)　54
図3-2　相続・贈与の実態(地域別)　54
図3-3　相続経験・予定のある世帯(持家・借家別)　55
図3-4　相続・贈与の実態(職業別)　55
図3-5　相続を受けた年齢　57
図3-6　保有資産の1992年評価額　63
図3-7　相続資産の1992年評価額(世帯分布)　66
図5-1　年金受給額の分布(高齢夫婦世帯,世帯ベース)　109
図5-2　年間収入の分布(高齢夫婦世帯,世帯ベース)　111
図5-3　年金以外の年間収入の分布(高齢夫婦世帯)　115
図5-4　年間収入の内訳(高齢夫婦世帯)　119
図5-5　消費支出月額の分布(高齢夫婦世帯,全国)　120
図5-6　消費支出月額の分布(サラリーマン4人世帯,全国)　121
図5-7　消費支出の内訳(高齢夫婦世帯)　124
図5-8　貯蓄残高の分布(負債控除前,高齢夫婦世帯)　126
図5-9　貯蓄残高の内訳(高齢夫婦世帯)　130
図5-10　土地・住宅評価額(高齢夫婦世帯,全国)　131
図5-11　正味資産の分布(高齢夫婦世帯)　133
図5-12　負債残高の分布(高齢夫婦世帯)　135
図5-13　正味資産の構成(高齢夫婦世帯)　135
図6-1　年金受給額の分布(高齢単身世帯)　141
図6-2　年間収入の分布(高齢単身世帯)　141
図6-3　年金以外の年間収入の分布(高齢単身世帯)　141
図6-4　消費支出月額の分布(高齢単身世帯)　142

図6-5　貯蓄残高の分布(負債控除前,高齢単身世帯)　143
図6-6　土地・住宅資産の分布(高齢単身世帯)　143
図6-7　正味資産の分布(高齢単身世帯)　144
図6-8　年間収入の内訳(高齢単身世帯)　150
図6-9　消費支出の内訳(高齢単身世帯)　152
図6-10　貯蓄の構成(高齢単身世帯)　155
図6-11　正味資産の構成(高齢単身世帯)　156
図8-1　新年金制度におけるパイの分け前　189
図8-2　現金ベースの1人あたり所得(世帯主ベース)　195
図8-3　現物込みの1人あたり所得(世帯主ベース)　196
図8-4　現金ベースの1人あたり所得(個人ベース)　199
図8-5　現物込みの1人あたり所得(個人ベース)　199
図8-6　再分配後所得(現物込み)　201
図8-7　現物込みの1人あたり再分配後所得　203
図8-8　税収中立型税制改革と1人あたり所得(現物込み)の分け前　204
図8-9　財源選択と1人あたり所得(現物込み)の分け前　205
図9-1　満額年金の支給開始年齢(一般男子)　212
図9-2　手取りの所得バランス　214
図9-3　新しい在職老齢年金のしくみ　218
図9-4　高年齢雇用継続給付　218
図9-5　賃金と年金と高年齢雇用継続給付の合計額　220

表目次

表1-1　資産保有額の推計値(1989年)　5
表1-2　世帯属性別の資産保有状況(1989年)　6
表1-3　年齢階層別の正味資産保有額(1989年)　7
表1-4　少額金融資産保有世帯の割合(1989年)　8
表1-5　資産保有額の時間的変化　13
表1-6　都道府県別にみた土地資産の保有額　16
表1-7　年齢階層別にみた土地資産の保有額　17
表2-1　正味資産　23
表2-2　純金融資産の保有額　24
表2-3　土地・住宅資産(ネットベース)　25
表2-4　貯蓄フロー(その1)　31
表2-5　貯蓄フロー(その2)　32
表3-1　遺産動機の分類　44
表3-2　遺産についての考え方(世帯主年齢別)　46
表3-3　遺産についての考え方(世帯主職業別)　47
表3-4　遺産についての考え方(地域別)　48
表3-5　遺産についての考え方(持家の有無別)　49
表3-6　遺産についての考え方(所得階層別)　51
表3-7　遺産についての考え方(総資産階層別)　52
表3-8　遺産動機の有無(相続の経験・予定の有無別)　59
表3-9　遺産動機の決定要因　60

表3-10 保有資産の1992年評価額　62
表3-11 相続資産の重み(世帯分布)　64
表3-12 相続資産とりくずし世帯の割合　65
表3-13 相続資産の1992年評価額　66
表4-1 共稼ぎ率(妻の年齢階層別)　72
表4-2 世帯主年間収入階層別の世帯構成　72
表4-3 共稼ぎ率(夫の年間収入階層別)　72
表4-4 妻の年間賃金(平均値)　74
表4-5 世帯合計の年間収入(平均値)　76
表4-6 妻の貢献度　76
表4-7 消費支出年額　78
表4-8 金融資産保有額　79
表4-9 夫の職業と妻の職業の関係　80
表4-10 夫の賃金と妻の賃金の関係　82
表4-11 妻35～39歳層の子供数　83
表4-12 教育関係費の分布　83
表4-13 都道府県別の諸特性　86
表4-14 変数の説明　89
表4-15 妻の就業選択に関する分散分析　90
表4-16 多項ロジット・モデルの推定結果　92
表4-17 弾力性　93
表5-1 年齢別世帯数(高齢夫婦世帯)　108
表5-2 世帯主の就業率(高齢夫婦世帯)　110
表5-3 年金受給額階層別の年間収入分布(高齢夫婦世帯)　112
表5-4 年金・年収比率の分布(高齢夫婦世帯)　113
表5-5 年金・年収比率が80%以上の世帯の年金分布(高齢夫婦世帯)　113
表5-6 年金以外の年間収入階層別にみた年金受給額の分布　114
表5-7 年間収入の内訳(高齢夫婦世帯)　116
表5-8 年間収入階層別にみた消費支出月額の分布(高齢夫婦世帯)　122
表5-9 貯蓄階層別にみた平均消費支出月額(高齢夫婦世帯)　122
表5-10 年齢階層別の平均消費水準(高齢夫婦世帯)　123
表5-11 消費支出の内訳(高齢夫婦世帯)　124
表5-12 サラリーマン4人世帯における消費支出の構成　125
表5-13 年齢階層別の平均貯蓄残高(高齢夫婦世帯)　127
表5-14 貯蓄残高の分布とその内訳(高齢夫婦世帯)　129
表5-15 年金以外の年間収入階層別および土地・住宅資産階層別にみた平均年金受給額(高齢夫婦世帯)　132
表5-16 年間収入階層別の正味資産分布(高齢夫婦世帯)　133
表5-17 正味資産の構成(高齢夫婦世帯)　134
表6-1 年齢階層別世帯数(高齢単身世帯)　139
表6-2 就業率(高齢単身世帯)　145
表6-3 年金・年収比率の分布(高齢単身世帯)　146
表6-4 年金以外の年間収入階層別にみた年金受給額の分布(高齢単身世帯)　147
表6-5 年金受給額階層別の年間収入分布(高齢単身世帯)　148
表6-6 年間収入の内訳(高齢単身世帯)　149

表6-7 年間収入階層別にみた消費支出月額の分布(高齢単身世帯)　151
表6-8 消費支出の内訳(高齢単身世帯)　152
表6-9 年齢階層別の平均貯蓄残高(高齢単身世帯)　153
表6-10 貯蓄残高の分布とその内訳(高齢単身世帯)　154
表6-11 正味資産の構成(高齢単身世帯)　156
表7-1 同居の有無(60歳以上の高齢者)　161
表7-2 就業率とサラリーマン・グループの割合　163
表7-3 親子の職業関係(同居世帯のみ)　164
表7-4 高齢者本人の年間収入　166
表7-5 同居6人世帯A(子供が世帯主)の諸特性　168
表7-6 同居5人世帯A(子供が世帯主)の諸特性　170
表7-7 同居6人世帯B(高齢者本人が世帯主)の諸特性　172
表7-8 核家族4人世帯Aの諸特性　174
表7-9 高齢夫婦世帯Bの諸特性　175
表7-10 高齢単身世帯Bの諸特性　175
表7-11 同居高齢者分の推定(夫婦分)　177
表7-12 同居高齢者分の推定(1人分)　178
表7-13 同居子供世代分の推定(4人分)　179
表7A-1 同居確率の推定結果　182
表8-1 平均世帯人員(世帯主ベース)　194
表8-2 年齢階層別の人口(個人ベース)　194
表8-3 現金ベースの1人あたり所得　198
表8-4 現物込みの1人あたり所得　200
表9-1 公的負担増と現役の実質手取り月収　216
表9-2 年金積立金の将来推計(1989年財政再計算)　223
表9-3 年金積立金の将来推計(1994年財政再計算)　223

第 I 部

資産保有の実態と資産増加の諸要因

第1章　家計資産の分配とその変遷

1.1　本章の目的

　1990年末における日本の国富(正味資産)は3500兆円弱に達した．20年前の1970年末の国富が名目で300兆円弱であったので，この間に日本の国富は11.8倍にふえた．ただし，この間の消費者物価の上昇(2.90倍)を考慮すると，国富の増大は実質4.1倍に相当していた．

　他方，1990年における日本の国民所得(市場価格表示)は370兆円弱であり，20年前とくらべて実質2.0倍になった．この20年間において国富の増大は所得の伸びを大幅に上回っていたことになる．国富の国民所得に対する割合は1970年から90年にかけて4.7倍から9.5倍に急上昇した．

　国富の増大は特に1985年から90年までの5年間で顕著であった．1985年末の国富は名目で約1850兆円弱であったので，それからの5年間で名目1.90倍(実質1.78倍)になったことになる．他方，国民所得はこの5年間に名目で1.32倍にふえただけである．この間の国富の増大は年々のフロー貯蓄による分よりも土地や株式等の資産価格の上昇(資産インフレ)による分の方が大きかったと推定できる．

　本章では国富の主要部分を占める家計の資産に着目し[1]，家計間における資産の分配および近年における資産格差の拡大について考察してみたい．まず1.2節で1989年時点における資産の分配状況を総務庁『全国消費実態調査』を用いて調べる．ついで1.3節で1984年から89年にかけて各家計の資産保有にどのような変化がおこり，資産格差がどの程度拡大したかを分析する．最後に，本章の1.2節・1.3節で使用した『全国消費実態調査』におけるデータ上の制約を述べ，本章の考察に関して若干の留保をおくことにする．

1.2　1989年の『全国消費実態調査』からみた資産の分配

　本節では個々の家計に着目して資産保有の実態を明らかにしたい．使用データは1989年に総務庁によって実施された『全国消費実態調査』である．

　資産としては実物資産および金融資産をとりあげる．人的資産は本章では考察しない[2]．実物資産に含まれるものは①土地，②住宅(建物)，③耐久消費財，の3つである．貴金属・書画・骨董はここでは実物資産の中に含めなかった．また金融資産には各種の普通預貯金・定期性預貯金・生命保険掛金・公社債・信託・投信・株式・社内預金等が含まれる．これから負債残高を差し引いた金額が純金融資産である．純金融資産に実物資産を加えた金額を本章では「正味資産」と呼ぶ．

　なお家計の保有する土地には住宅用の敷地をはじめ，賃貸用の敷地，店舗・作業用の敷地，農耕地，山林などがある．本節では統計データの制約により，住宅用の敷地(「宅地」)のみを考察する．1989年データには「現住居以外の宅地」も含まれている．本章では，宅地のみを単純化して「土地資産」と呼ぶが，その中には農耕地・山林等が含まれていないことをあらかじめお断りしておく．土地資産額は敷地面積に地価を乗じた値である．その金額は総務庁推計をそのまま利用した．総務庁推計における地価は国土庁『地価公示』および都道府県『地価調査』にしたがっている．

　住宅資産も1989年データは「現住居以外の住宅」分を含んでいる．住宅資産額は減価償却後の評価額である．減価償却分は建物の構造別に定められた法定耐用年数(木造24年，防火木造22年，鉄筋鉄骨コンクリート造60年，ブロック造45年)に応じた定率法(それぞれ毎年9.2%，9.9%，3.8%，5.0%の減価)によって推計されている．

　耐久消費財評価額は自動車を中心とする主要耐久財60品目について各品目ごとに(所有数量)×(評価時点の購入単価)を計算し，その積から減価償却分を差し引いて求めた金額である．購入単価は『全国消費実態調査』品目編に記載

されている平均価格に等しい．なお『全国消費実態調査』には耐久消費財にゴルフ会員権が含まれているが，本章ではゴルフ会員権は除いてある．

金融資産・負債残高の計数は『全国消費実態調査』に記載されている金額(11月末日現在)をそのまま利用した．

1.2.1　1989年における資産保有額

表1-1は2人以上の普通世帯について各資産の保有額を整理したものである．ここでは各資産の保有額がゼロの世帯も含めて平均値・中央値を表章した．家計が保有する正味資産は1世帯あたりで平均値5300万円強，中央値2600万円弱であった．年間収入の平均値は670万円強であったので，正味資産の年間収入に対する割合は全体として(平均値ベースで)7.9倍になっていたことになる．

全体として(平均値に着目すると)正味資産の86％は実物資産であり，とくに土地保有額(平均値で4000万円弱)の占める割合が74％となっていて断然大きかった．他方，金融資産(負債控除前)は1100万円強，負債控除後の純金融資産は720万円強(いずれも平均値)であった．なお金融資産の保有額(絶対額)は正味資産の多い階層ほど総じて高くなる傾向にあるものの，金融資産保有額

表1-1　資産保有額の推計値(1989年)

資産項目	資産保有額(万円)		ジニ係数
	平均値	中央値	
1　土地	3,953	1,414	0.7281
2　住宅	511	264	0.6024
3　耐久消費財	136	111	0.3708
4＝1＋2＋3	4,600	1,978	0.6770
5　金融資産	1,103	616	0.5638
6　負債残高	381	20	0.7942
7＝5－6	722	420	1.0573
8　正味資産	5,322	2,570	0.6404

注)　1．2人以上の普通世帯．
　　2．資産保有額はゼロ・データ込みの金額である．
　　3．正味資産＝4＋7．土地・住宅は現住居以外の宅地・住宅込み．
出所)　総務庁『全国消費実態調査』(以下，同様)．

表 1-2 世帯属性別の資産保有状況(1989年)

世帯区分	持家率	正味資産(万円)		うち土地(万円)	正味資産のジニ係数
		平均値	中央値		
持　家	100.0	5,701	3,155	4,335	0.5615
借　家	0.0	513	343	0	0.7049
京　浜	69.9	7,908	3,897	6,613	0.6601
中京・京阪神	74.7	5,261	3,166	3,947	0.5872
地　方	78.8	2,530	1,747	1,493	0.5398
勤労者	68.9	3,528	1,826	2,585	0.6335
非勤労者	89.4	6,310	2,960	4,866	0.6423
無　職	86.0	5,693	3,386	3,777	0.5510
全　体	75.7	5,322	2,570	3,953	0.6404

注) 内訳の土地は平均値(ゼロ・データ込み)である.

の正味資産に占める割合は総じて正味資産の多い階層ほど小さいことが知られている[3].

　表1-2および表1-3はいくつかの世帯属性に着目し，それぞれの属性集団ごとに保有資産の推計額を整理したものである．それによると，以下のことが指摘できる．

　(1)　正味資産の大小を決めているのは，なんといっても持家かどうかという点である．持家世帯は2人以上普通世帯の76％を占めていた．持家世帯の保有する土地資産額は平均値4300万円強，中央値1900万円弱，最頻値1400万円台(100万円きざみ)となっていた．正味資産に占める土地資産額の割合は全体として76％だった．他方，借家世帯の正味資産は平均値で510万円強，中央値340万円強にすぎなかった．

　(2)　正味資産の大小は土地保有額の多寡に左右される．土地保有額は京浜大都市圏居住世帯で最も多く，平均値で6600万円強になっていた．一方，京阪神大都市圏・中京大都市圏における土地保有額は平均値で3900万円強となっており，京浜大都市圏のそれとくらべて2700万円弱の格差があった．他方，上記の3大都市圏以外に居住している世帯の場合，土地保有額の平均値は1500万円弱にとどまり，京浜大都市圏におけるその平均値より5100万円強も

表1-3 年齢階層別の正味資産保有額(1989年)

年齢(歳)	持家率(%)	正味資産(万円)		うち土地(万円)		純金融資産(万円)		正味資産のジニ係数
		平均値	中央値	平均値	中央値	平均値	中央値	
-24	15.9	841	250	461	0	147	60	0.7213
25-	27.1	1,500	460	971	0	139	150	0.7284
30-	45.0	2,504	880	1,811	0	180	220	0.6975
35-	64.6	3,308	1,670	2,431	920	247	250	0.6205
40-	76.5	4,289	2,380	3,217	1,400	369	300	0.5955
45-	83.3	5,280	2,930	3,925	1,730	569	400	0.5861
50-	85.6	5,913	3,250	4,380	1,850	775	480	0.5809
55-	89.4	7,605	3,680	5,644	2,030	1,138	670	0.6174
60-	91.4	7,648	4,050	5,391	1,980	1,507	960	0.5795
65-	90.4	8,718	4,010	6,386	2,070	1,622	950	0.6313
70-	90.4	9,606	3,930	6,818	2,220	2,059	900	0.6467
75+	87.2	9,966	4,540	8,185	2,460	1,174	770	0.6445
全体	75.7	5,365	2,570	3,950	1,410	722	420	0.6404

低い水準にあった．このような土地保有額についての地域間格差は，資産全体(正味資産)の保有格差にも，ほぼそっくり持ちこまれている．

(3) 資産に着目すると，勤労者世帯は総じて非勤労者世帯(無職以外の自営業世帯)や無職世帯よりも保有額が少ない．ちなみに勤労者世帯の保有している正味資産は平均値で3500万円強，中央値1800万円強であったが，非勤労者世帯のそれは平均値で6300万円強(勤労者世帯の1.8倍)，中央値3000万円弱(勤労者世帯の1.6倍)に達していた．

(4) 所得階層別にみると，平均値や中央値に関するかぎり一般に所得が高い世帯ほど保有資産も高額になっていた．

(5) 年齢階層別に持家率を調べた結果によると，持家率は65歳までに関するかぎり加齢にともなって上昇している．すなわち持家率は20歳代の後半では20％台にとどまっているが30歳代前半で45％，30歳代後半で65％，45歳前後ではほぼ80％，55歳を超えるとほぼ90％になる．このため借家世帯(土地資産はゼロ)を含む普通世帯ベースの土地資産額は平均値をみるかぎり年齢が高いほど多い．なお持家世帯のみに限定しても，土地の保有額は一般に年齢が高くなるほど多かった(後掲の表1-7参照)．これは，1989年時点において高

表1-4 少額金融資産保有世帯の割合(1989年) (%)

年齢	100万円未満			300万円未満		
	普通世帯全体	持家世帯	借家世帯	普通世帯全体	持家世帯	借家世帯
55-59	8.6	7.3	19.1	20.3	18.4	36.4
60-64	6.0	5.3	13.6	14.8	13.7	26.8
65-69	4.7	4.1	10.8	15.4	14.1	27.5
70-74	5.2	4.4	12.1	16.9	15.5	30.8
75-79	6.7	5.1	17.5	19.8	17.6	33.9
80+	8.1	4.5	35.0	20.8	17.0	48.6

齢の世代ほど保有している敷地面積が総じて広かったからである．土地保有額が資産全体に占める割合は30～69歳層で全体として75%前後であり，あまり違いがなかった．

60歳代前半層の保有する正味資産は平均値で7600万円強，中央値で4100万円弱であり，最頻値は2100万円台(100万円きざみ)にあった．

平均値でみると高齢世帯の保有する資産額はすでにかなりのレベルに達している．ただし金融資産のみに限定すると分布のばらつきも大きい．少額の金融資産保有にとどまっている世帯も少なくないと推論しうる．そこで金融資産保有額100万円未満および300万円未満の世帯割合を1989年データで調べてみた．その結果が表1-4である．表1-4によると金融資産100万円未満の世帯が60歳以上の普通世帯で6%程度，300万円未満の世帯が17%程度あった．とくに借家世帯ではその比率が高かった．平均値の高さだけで議論すると高齢者世帯の経済実態を見誤るおそれがある．この点，重ねて注意を促したい．

年齢階層別のデータを読みこむさいには注意すべき点が1つある．すなわち家計の経済状況を調べた統計では一般に世帯主は最多収入者として定義されるケースが多い．『全国消費実態調査』も，その例外ではない．その場合，高齢になって子供と同居し(住居および生計を1つにしている)，かつ子供の方が高収入を稼いでいるケースでは世帯主は子供となる．世帯主の年齢階層別統計における高齢世帯はしたがって低収入の高齢者を一部除外したグループのみで構

1.2.2 1989年の資産分布

正味資産の分布は双峰型になっており，2つ目の山のピークは100万円きざみでみると1500万円台にあった．正味資産1000万円未満の世帯が25%弱あった一方，正味資産5000万円以上が28%，1億円以上12%，3億円以上2.3%，5億円以上1.0%となっており，分布の振り幅はきわめて大きい（図1-1）．なお正味資産の平均値は5300万円強であったが，これは上から数えて27%に位置する世帯の正味資産に相当していた．資産については平均値ばかりでなく中央値や最頻値をも考慮しないと，実態を見誤るおそれが強い．

正味資産の分布はローレンツ曲線で示すこともできる．1989年における正味資産のローレンツ曲線は図1-2のとおりである．年間収入や消費支出の分布とくらべると正味資産の保有格差はきわめて大きい．ちなみに各分布の不平等度をジニ係数で測ると，正味資産0.64，年間収入0.29，消費支出0.26であった．

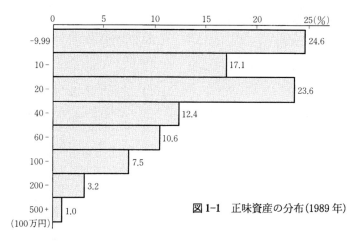

図1-1　正味資産の分布(1989年)

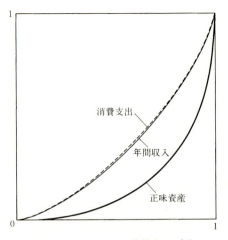

図 1-2　ローレンツ曲線 (1989 年)

　資産項目別のジニ係数は表 1-1 の最右欄に示されている．それによると土地のジニ係数は 0.73，住宅 0.60，耐久消費財 0.37，実物資産 0.68，金融資産 0.56，負債 0.79，金融純資産 1.06 であった．正味資産に占める土地保有額の割合は前述したように圧倒的に高い．正味資産のジニ係数は日本の場合，基本的に土地のジニ係数によって左右されていると考えてよい．なお負債のジニ係数が比較的大きいのはゼロ・データが全体の 44% を占めていることに理由がある．また純金融資産のジニ係数が 1 を超えているのは，その保有額がマイナスになっている世帯が 36% と少なくなかったからにほかならない[4]．

　資産分布と年間収入の分布は必ずしもオーバーラップしていない．図 1-3 は同一の年間収入階層 (500〜599 万円) に着目して，正味資産の分布を調べたものである．一見して明らかなように，所得が同じであっても保有する資産の金額には著しい違いがある．

　所得分布と消費支出分布の関係はどうか．図 1-4 によると，所得が同じであっても消費支出は世帯によって違いが大きい．所得は資産保有額や消費支出の代理変数には必ずしもならないのである[5]．

　なお 1989 年の『全国消費実態調査』では現住居以外に保有する宅地・住宅がはじめて調査された．現住居以外に宅地を保有している世帯は全体として

第1章　家計資産の分配とその変遷────11

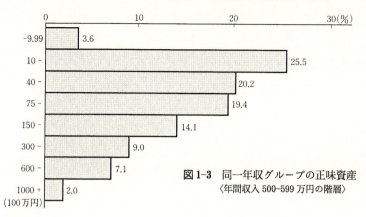

図1-3　同一年収グループの正味資産　〈年間収入 500-599 万円の階層〉

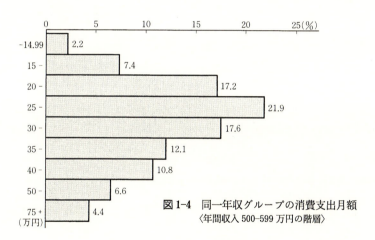

図1-4　同一年収グループの消費支出月額　〈年間収入 500-599 万円の階層〉

12.9%であった．この割合は総じて現住居の宅地保有額が大きくなるほど高かった．ちなみに現住居が借家であっても現住居以外に宅地を保有している世帯が10.1%あった一方，現住居の宅地評価額が5000万円以上1億円未満の世帯の場合，16.6%が現住居以外の宅地を保有していた．また現住居の宅地評価額が1億円以上2億5000万円未満では23.8%の世帯が，また2億5000万円以上では25.4%の世帯がそれぞれ現住居以外の宅地を保有していた．さらに現住居以外の宅地保有率を年齢階層別に調べると，75歳未満の年齢階層におい

ては総じて年齢が高いほど，その保有率も高くなる傾向があった．一方，都道府県別に現住居以外の宅地保有率を調べると，北海道・青森・東京・新潟・石川・和歌山・広島の都道県で15％超となっていた．その割合が10％未満だったのは富山・佐賀・長崎・沖縄の4県であった．保有世帯のみに限定すると，現住居以外の宅地評価額は平均値で5200万円強であり，現住居の宅地評価額（平均値は4300万円強）を上回っていた．現住居以外の宅地評価額が全国平均以上となっていたのは東京・神奈川・埼玉・千葉・静岡・愛知・大阪・兵庫の都府県であった．

現住居以外の住宅保有率は全国計で9.3％であり，11％以上であったのは東京・石川・福井・三重・京都・広島の都府県であった．その評価額（保有世帯のみ）は平均値で940万円強であり，現住居の住宅評価額560万円弱を大きく上回っていた．

現住居以外の宅地は資産分布をわずかながら不平等にする．現住居のみの宅地資産のジニ係数は0.72であったが，現住居以外の宅地を含む土地資産のジニ係数は0.73となった（ゼロ・データ込み）．他方，住宅の場合，現住居以外の住宅評価額を含めるか含めないかでジニ係数はそれぞれ0.60，0.62になった[6]．

1.3 資産保有額の変化と資産格差の拡大：1984年と1989年の比較

本節では，各家計の保有する資産額が1984年から1989年にかけてどの程度ふえたかを調べる．使用データは前節と同様，総務庁『全国消費実態調査』である[7]．

資産として考察した項目は基本的に前節と変わらない．ただし1984年データは「現住居以外の宅地・住居」を含んでいないので，本節における土地・住宅は「現住居のある宅地・住宅」のみに限定されている．また1984年分の実物資産については総務庁推計がないので，筆者を含むグループが別途推計した結果[8]を利用した．推計は2人以上の普通世帯について行った．

1.3.1 正味資産の時間的変化

表1-5は資産保有額の時間的変化を整理したものである．ここでは各資産の保有額がゼロの世帯も含めて平均値・中央値を推計している．表1-5によると，1984年から89年にかけて普通世帯の正味資産(平均値)は2500万円弱から4600万円弱に増大した．この5年間に正味資産の平均値は1.86倍になった．一方，正味資産の中央値は同期間に2000万円弱から2200万円強にふえたにすぎず，14％アップにとどまった．平均値の増大分が中央値の増大分をはるかに上回ったことは，この間の資産増が高額資産保有世帯でとくに顕著だったことを示唆している．

各資産および負債の保有額はこの間にいずれも増大した[9]．平均値でみて相対的に増大分が大きかったのは土地および金融資産の2つである．ちなみに土

表1-5 資産保有額の時間的変化

年	資産項目	資産額 平均値(万円)	資産額 中央値(万円)	ジニ係数
1984	1 土地	1,541	1,151	0.553
	2 住宅	307	146	0.620
	3 耐久消費財	199	187	0.268
	4＝1＋2＋3	2,048	1,783	0.529
	5 金融資産	676	414	0.535
	6 負債残高	268	15	0.775
	7＝5－6	409	265	1.151
	8 正味資産	2,456	1,972	0.519
1989	1 土地	3,282	1,248	0.721
	2 住宅	423	233	0.602
	3 耐久消費財	136	111	0.371
	4＝1＋2＋3	3,841	1,781	0.677
	5 金融資産	1,103	616	0.564
	6 負債残高	381	20	0.794
	7＝5－6	722	420	1.057
	8 正味資産	4,563	2,244	0.639

注）1. 土地・住宅は現住居のある宅地・住宅のみの評価額である．
2. 平均値・中央値ともゼロ・データ込み．
3. 正味資産＝4＋7．

地保有額はこの5年間に1500万円強から3300万円弱(2.13倍)に，金融資産保有額は680万円弱から1100万円強(1.63倍)にそれぞれふえた(いずれも平均値)．また金融資産の保有額は中央値でみても，この間に410万円強から620万円弱へと着実にふえた(約50%のアップ)．ただし土地保有額の中央値はこの間に1150万円強から1250万円弱(8.4%アップ)へ微増したにすぎない．

1.3.2 資産格差の拡大

この間における資産格差の拡大ぶりをジニ係数の変化で確認しておこう．表1-5には各資産の分布ごとにジニ係数の値が示されている．それによると，正味資産のジニ係数は1984年から89年にかけて0.52から0.64にジャンプした．一般的にいうと，ジニ係数の値が短期間に大きく変化することはまずない．その意味では，この間におけるジニ係数の上昇幅には目をみはるものがあったといえよう．なお，このような資産格差の拡大ぶりは図1-5のローレンツ曲線によっても確かめることができる．

個別の資産項目に着目すると，この間における資産格差の拡大ぶりが顕著であったのは土地である．土地保有額のジニ係数は1984年から89年にかけて

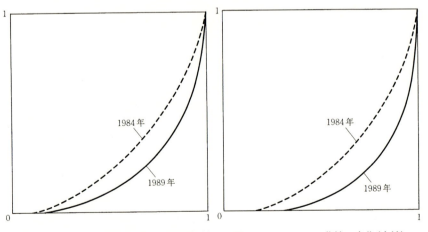

図 1-5 ローレンツ曲線の変化(正味資産)　　図 1-6 ローレンツ曲線の変化(土地)

0.55 から 0.72 に変化した(表 1-5, 図 1-6 参照). 他方, 金融資産保有額のジニ係数もこの間に上昇した. ただし, その上昇(0.54 から 0.56)分は, 土地保有額についてのジニ係数の場合とくらべると必ずしも大きくなかった.

そこで土地保有額の分布をさらに調べることにしよう. 1984 年から 89 年にかけて土地保有額の平均値は著増する一方, その中央値はほとんど増大しなかった. これは前述したとおりである. 土地保有額で上位に位置する階層が中位・下位に位置する階層との差をこの間に大きく広げたことになる. ちなみに上位 1% の階層が保有する土地資産のシェアはこの間に 8.1% から 21.0% へ上昇した. また上位 5(10)% の階層についても土地資産のシェアは 23.7(36.8)% から 43.5(57.6)% へ上昇した. なお土地資産 1 億円以上の階層は 1984 年には全国で 15 万 3000 世帯ほどにすぎなかったが, 1989 年には 250 万世帯強(世帯総数の 8.4%)に達していたと推計される.

持家世帯のみに限定して土地資産の 1 世帯あたり保有額を調べてみると, 最頻値は 1000～1500 万円にあり, これは 1984 年でも 1989 年でも変わりがなかった. また中央値は 1600 万円から 1900 万円弱にふえたにすぎなかった. しかるに平均値は, この 5 年間に 2100 万円から 4300 万円に急上昇したのである.

この間における地価の高騰は主として京浜・京阪神・中京の 3 大都市圏で発生した. 表 1-6 は土地資産額の変化を都道府県別に整理したものである. それによると, 東京都在住世帯(持家のみ)の保有する土地資産額は 1989 年において平均値でついに 1 億円の大台を突破し, 1 億 6000 万円あまりになった. 中央値でも 8500 万円となっており, 他の道府県を圧倒していた. 東京都における持家世帯の敷地面積は平均値で 150 m^2 強, 中央値で 100 m^2 だった (いずれも 1989 年). この面積は大阪府のそれと並んで全国で最も狭く, 全国レベルのほぼ半分にすぎなかった[10].

東京を中心とした神奈川・埼玉・千葉の 1 都 3 県に全国持家世帯の 23% (1989 年)が住んでいた. この 1 都 3 県の持家世帯が保有する敷地面積は全国の 17% にすぎなかったが, 全国に占める土地資産額のシェアは 1984 年の 34% から 1989 年の 50% に急上昇した. 土地資産のシェアは 1 都 3 県だけで

表 1-6 都道府県別にみた土地資産の保有額

都道府県	世帯割合 (%)		土地資産総額の全国シェア (%)		平均値 (100万円)		中央値 (100万円)	
	1984	1989	1984	1989	1984	1989	1984	1989
北海道	4.3	3.9	1.4	1.1	7	12	6	8
青森	1.4	1.4	0.8	0.4	12	13	10	10
岩手	1.2	1.2	0.8	0.4	15	15	12	10
宮城	1.7	1.7	1.1	1.0	13	27	11	13
秋田	1.2	1.1	0.7	0.3	12	11	10	8
山形	1.2	1.2	0.9	0.4	15	13	13	9
福島	1.8	1.8	1.2	0.8	14	19	11	12
茨城	2.4	2.5	1.4	1.4	12	24	10	17
栃木	1.6	1.6	1.1	1.1	13	30	11	16
群馬	1.8	1.8	1.3	1.0	15	24	13	16
埼玉	4.9	5.3	5.6	6.9	24	57	20	33
千葉	4.2	4.5	4.3	5.6	21	55	19	36
東京	8.3	7.2	17.0	26.4	43	160	34	85
神奈川	5.8	6.2	7.6	10.9	27	76	24	45
新潟	2.4	2.3	2.0	0.8	17	15	14	10
富山	1.1	1.1	1.0	0.6	21	23	17	15
石川	1.1	1.1	1.3	0.5	24	22	20	15
福井	0.8	0.8	0.8	0.5	23	26	20	17
山梨	0.7	0.9	0.7	0.5	20	24	17	16
長野	2.0	2.1	2.2	1.0	22	20	19	16
岐阜	1.8	2.0	1.6	0.9	18	20	14	15
静岡	3.1	3.0	3.1	2.6	21	37	18	24
愛知	5.0	5.4	5.9	5.5	24	44	20	28
三重	1.7	1.8	1.0	0.7	12	16	11	12
滋賀	1.1	1.1	0.8	0.6	17	26	14	14
京都	2.3	2.2	3.2	2.5	30	49	23	29
大阪	6.2	6.2	7.0	10.1	23	70	19	40
兵庫	4.4	4.4	5.1	5.2	24	51	19	28
奈良	1.2	1.2	1.1	1.2	20	44	18	30
和歌山	1.1	1.0	0.9	0.4	18	18	14	13
鳥取	0.5	0.6	0.5	0.2	20	16	17	11
島根	0.7	0.8	0.6	0.2	15	11	13	8
岡山	1.6	1.7	1.1	0.6	15	15	12	11
広島	2.4	2.4	2.3	1.5	20	27	16	17
山口	1.5	1.4	1.1	0.4	16	12	13	10
徳島	0.8	0.8	0.8	0.3	21	16	17	11
香川	1.0	1.0	1.0	0.5	21	21	17	15
愛媛	1.4	1.5	1.1	0.6	16	19	13	13
高知	0.8	0.8	0.7	0.2	19	14	15	11
福岡	3.3	3.5	2.5	1.9	16	24	14	13
佐賀	0.8	0.8	0.5	0.2	12	12	11	9
長崎	1.4	1.3	0.9	0.3	14	10	12	7
熊本	1.5	1.5	1.2	0.5	17	14	13	8
大分	1.0	1.2	0.5	0.3	11	13	9	9
宮崎	1.0	1.0	0.4	0.3	10	14	8	9
鹿児島	1.7	1.6	0.8	0.4	10	12	7	7
沖縄	0.8	0.8	0.7	0.3	18	18	14	11
全国	100	100	100	100	21	43	16	19

注) 1. 2人以上の普通世帯(持家世帯のみ,農家世帯込み).
2. 土地は現住居のある宅地のみ.

表1-7 年齢階層別にみた土地資産の保有額

年齢区分(歳)	世帯割合(%)		土地資産総額の年齢別シェア(%)		平均値(100万円)		中央値(100万円)	
	1984	1989	1984	1989	1984	1989	1984	1989
-24	0.2	0.1	0.1	0.1	14	22	11	13
25-	1.8	1.5	1.2	1.0	14	30	11	14
30-	7.9	5.4	6.1	4.6	16	37	13	16
35-	14.5	12.0	12.1	9.1	17	33	14	16
40-	16.0	15.9	14.6	13.0	19	36	15	18
45-	15.0	15.5	14.3	14.3	20	40	15	20
50-	13.8	13.4	13.9	12.7	21	41	17	21
55-	12.7	13.0	14.3	13.5	23	52	17	21
60-	8.0	10.9	10.1	11.6	26	46	20	20
65-	5.3	6.2	7.0	8.7	27	61	21	21
70-	3.1	3.6	3.8	5.1	26	62	19	23
75+	1.8	2.5	2.3	4.3	27	74	20	29
全体	100	100	100	100	21	43	16	19

注) 表1-6と同じ.

ついに50％となったのである．なお京阪神大都市圏・中京大都市圏でも，この間における地価急騰が顕著であったが，土地資産額の全国シェアがこの間に上昇したのは京浜の1都3県を除くと大阪・兵庫・奈良の1府2県のみであった．

1980年代後半の地価高騰は都心部でまず発生し，ついでその波は首都圏全体に押しよせた．その波はさらに首都圏以外の大都市圏にも及ぶにいたったのである．土地インフレは資産分布を一段と歪みの大きいものに変えたが，それは同時に大都市圏対大都市圏以外の地域間格差を著しく拡大させた．俗に「都会の不満，地方の不安」と呼ばれるフラストレーションがこの間に強まったのである[11,12]．

表1-7は，土地保有額の変化を年齢階層別に調べたものである．持家世帯のみに着目すると，60歳未満の年齢階層では一般に若年齢の世帯ほど土地保有額が少ない．また土地資産保有総額の年齢階層別シェアを調べると，1984年から89年にかけて55歳以上の年齢階層における資産シェアが上昇した一方，55歳未満の年齢階層における資産シェアが低下した．これは持家世帯の年齢

構成がこの間に若干変化し，55歳以上のウェートが上昇したことと無縁でないだろう．いずれにせよ 1980 年代の後半において世代間の土地資産格差は拡大した．この点は否めない事実である．

なお 1990 年代に入ると地価や株価は一転して下落しはじめた．バブル崩壊の過程で資産分布は，ここで述べたものとは多少とも変わった可能性が強い．この点に関する究明は今後に残されている．

1.4　若干の留保

家計資産の保有実態を個々の家計ベースで把握することは一般に容易でない．本章では『全国消費実態調査』を利用したが，この調査においても高所得・高資産階層が全面的に協力した形跡は必ずしもない．とくに金融資産については過小記入が少なくなく，国民経済計算ベースとの乖離が大きい[13]．

ただし 1989 年の『全国消費実態調査』は実物資産を含めて家計の資産を可能なかぎり包括的に調査したものである．今後，5 年おきに調査がくりかえされるなかで資産統計としての精度が向上し信頼性がいっそう高まることを期待したい．

  ＊ 本章は高山・有田 (1994) に基づく．本章の基礎になった論文は TCER 箱根コンファレンス (1993 年)，日本統計学会総会 (1990 年) で発表した．
1) 石川 (1990) は 1985 年末における日本の国富を民間企業部門・公共部門・家計部門・海外部門に部門分割し，英米との比較を試みながら日本における富の集中について考察した論文である．①家計部門に日本の国富の 74％ が集中していること，②家計部門が唯一のネットとしての資産供給者となっていること，③土地保有額を除くと，実物資産の対国民所得比は日英米の 3 カ国でほとんど差がないこと，④日本の経営者層は家計部門の富のほぼ 3 割に相当する民間企業部門の富に対する裁量権を実質的に保有していること，⑤英米とくらべて日本の家計が保有する純金融資産が大きいこと，⑥日本の土地評価額はマクロでみても家計部門の保有分のみをとっても対国民所得比でみて英米にくらべて際立って高いこと等，興味深い論点がいくつか示されている．石川 (1991) についても，あわせて参照された

い．
2) マイクロデータを利用して人的資産を推計したものに高山編著(1992 a; 第2章)がある．
3) 詳細は高山編著(1992a; 20-22頁)を参照してほしい．
4) 世帯区分別にみた正味資産のジニ係数は表1-2および表1-3に与えられている．
5) 近年，日本では所得課税に偏った課税体系を見直し，所得・資産・消費の間の課税バランスを回復する方向で税制改革が進められている．このような方向は，本文で指摘した事実と符合しているように思われる．
6) 英米における国富の分布については石川(1990)を参照してほしい．なお高山編著(1992 a)によると，家計の保有する正味資産のジニ係数はアメリカ合衆国で0.72(1983年)，イギリス0.78(1972年)となっていた．日本の家計資産の不平等度は近年かなり高くなったが，それでもまだ英米のそれより格差はわずかながら小さい段階にあるといってよいだろう．
7) 1979年から1984年にかけて資産保有額がどう変化したかを考察したものに高山編著(1992 a; 第3章)がある．
8) 土地をはじめとする実物資産の推計方法(1984年分)は高山編著(1992 a; 5-7頁)に記載されている．
9) 1984年の耐久消費財推計額は過大評価を否定できない．これは，取得年が不明であったので各品目の使用年数(経過年数)を一律に法定耐用年数の半分に等しいと仮定したことに起因していると思われる．
10) 持家の敷地面積に関する計数は高山・有田(1994)の表2-6をみよ．
11) 持家世帯の土地格差のうち都道府県間の格差は変動係数(の2乗を2で除した値; T)で測ると1984年から89年にかけて0.084から0.387に変わり著しく上昇した．一方，東京都内における土地保有者間のTは，この間に0.439から1.98に変化し，日本全体における土地保有者間の格差の実に68%までを説明するにいたった．
12) 「都会の不満」の1つには，首都圏に在住する主として40歳未満のサラリーマン・グループの不満がある．彼らの中には地方出身者も少なくない．1989年の『全国消費実態調査』によると，サラリーマン4人世帯の年間賃金(中央値，税込み)は550万円であった．みずからの稼ぎだけで東京近郊にマイホームをもつことは通常の場合ほとんど絶望的となっている．
13) 石川(1990)によると，家計部門の純金融資産額は『全国消費実態調査』(1984年)の場合，国民経済計算ベースの半分にみたない．

第2章　家計資産の増加とその要因

2.1　はじめに

　日本は今日,世界第1位の資産大国であり,また日本の各家計も全体として世界でトップクラスの資産額を保有している.資産評価額でみるかぎり,この点は紛れもない事実である.国民1人あたりの貯蓄ストックだけに限定しても1986年以降,日本は世界のトップ(1992年末で4万6481ドル＝578万円強,国際貯蓄銀行協会調べ)に立っている.

　本書の1.1節で指摘したように1990年までの20年間における日本の国富は伸びが顕著であった.国富の60％(1990年)を占める家計資産もこの間に著しく増大した.家計資産額の増大は,①年々の貯蓄を積み重ねること,②相続や贈与による資産の取得,そして③資産価格の上昇,の3つの要因によってもたらされる.本章では総務庁『全国消費実態調査』(1979年,84年,89年)を利用し,1979年から84年まで,および84年から89年にいたる各5年間の日本において,各家計の資産増がどの程度あったかを世帯主の年齢階層別に明らかにする.そして上記①②③の要因のうち,どの要因がどの程度まで支配的であったかを調べてみたい.これが本章の主要目的である.

　その前に,年々の貯蓄がどの程度あったかについて考察しておく.とくに貯蓄のとりくずしが高齢期に観察されるかどうか,貯蓄率の差異は異なる年齢階層間と所得階層間でどちらが大きいか,などについてもデータを整理する[1].

2.2　資産の増加

　本節では,各家計の保有する資産額が1989年までの10年間にどの程度ふえたかを調べる.使用データは前章と同様,総務庁『全国消費実態調査』である.

同調査は5年おきの調査であるので，10年間を1979年から84年まで，および84年から89年までの2つの期間に区分して考察することにしたい．

資産として考察した項目は基本的に前章と変わらない．ただし1979年および84年データは「現住居以外の宅地・住宅」を含んでいないので，本章における土地・住宅は「現住居のある宅地・住宅」のみに限定されている．また1979年分および84年分の実物資産については総務庁推計がないので，筆者を含むグループが別途推計した結果[2]を利用した．推計は2人以上の普通世帯(農家世帯を除く．79年データは農家世帯を含んでいない)について行った．

表2-1～表2-3は資産保有額の時間的変化を年齢階層別に整理したものである．ここでは各資産の保有額がゼロの世帯も含めて平均値・中央値を推計している．表2-1によると，1979年から84年にかけて普通世帯の正味資産(平均値)は1500万円弱から2500万円弱にふえた．そして89年にいたると，その値は4000万円強にまで増大した(いずれも名目値)．この10年間に正味資産の平均値は2.7倍になった．一方，正味資産の中央値は同期間に1100万円強から1900万円強へ，そして2300万円強に変化し，10年間で2.1倍になった．平均値の増大分が中央値の増大分を上回ったことは，この間の資産増が高額資産保有世帯でとくに顕著であったことを示唆している．

図2-1～図2-3は正味資産の平均値が年齢階層別にみてどう異なるかを各年次で整理したものである．一見して明らかなように60歳代前半までに関するかぎり高年齢になるほど正味資産の平均値は高くなる．そして60歳代後半以降の高齢世帯においても正味資産の劇的な低下は生じていない．

図2-1は，同一世代に着目して正味資産の時間的推移をみたものとはなっていない．そこで，つぎに擬似コーホートに着目してデータを再整理してみたい[3]．その結果が図2-2である．正味資産の平均値をみるかぎり，いずれの擬似コーホートにおいても1989年にいたる10年間で正味資産の増大が観察された．純金融資産の保有額のみに限定しても同様の事実を確認することができる(表2-2および図2-3参照)．

なお図2-1～図2-3はサンプル・セレクション・バイアスを免れていないこ

表2-1 正 味 資 産 (万円)

年	年齢	普通世帯全体		持家世帯		借家世帯	
		平均値	中央値	平均値	中央値	平均値	中央値
1979	-24	438	201	1,379	1,160	190	166
	25-	636	355	1,373	1,213	273	237
	30-	899	559	1,538	1,343	320	286
	35-	1,177	961	1,625	1,427	375	321
	40-	1,399	1,152	1,790	1,500	422	352
	45-	1,687	1,368	2,017	1,645	434	369
	50-	1,995	1,607	2,276	1,835	526	419
	55-	2,192	1,732	2,458	1,988	624	469
	60-	2,269	1,804	2,543	1,986	631	415
	65-	2,310	1,856	2,630	2,138	473	334
	70-	2,495	1,769	2,759	2,030	516	292
	75-	2,365	1,715	2,654	2,004	381	242
	80+	2,103	1,629	2,559	2,155	285	227
	全体	1,483	1,142	1,994	1,610	378	303
1984	-24	625	243	2,174	1,806	223	196
	25-	845	407	2,055	1,826	339	304
	30-	1,352	798	2,319	2,004	428	368
	35-	1,804	1,361	2,496	2,102	453	405
	40-	2,211	1,832	2,731	2,286	494	422
	45-	2,543	2,097	2,946	2,430	592	473
	50-	2,870	2,379	3,253	2,695	649	492
	55-	3,478	2,813	3,775	3,034	691	473
	60-	3,807	3,041	4,192	3,395	681	504
	65-	3,772	3,095	4,185	3,440	723	543
	70-	3,569	2,944	3,882	3,257	658	457
	75-	3,656	2,953	4,044	3,173	459	384
	80+	3,683	2,777	4,071	3,041	705	330
	全体	2,456	1,916	3,141	2,537	483	388
1989	-24	726	242	3,128	2,073	271	203
	25-	1,283	442	3,761	2,368	361	328
	30-	1,964	804	3,786	2,441	485	419
	35-	2,747	1,544	3,939	2,565	578	476
	40-	3,431	2,149	4,288	2,831	650	496
	45-	4,070	2,641	4,747	3,213	723	504
	50-	4,569	2,913	5,203	3,455	829	520
	55-	5,366	3,306	5,894	3,740	954	594
	60-	5,829	3,746	6,287	4,093	993	648
	65-	5,799	3,574	6,326	4,022	913	566
	70-	6,148	3,591	6,730	3,926	764	643
	75-	7,079	3,789	8,046	4,847	782	505
	80+	6,548	4,171	7,364	4,868	691	334
	全体	4,025	2,349	5,129	3,262	611	444

出所) 総務庁『全国消費実態調査』(以下, 同様).

表 2-2　純金融資産の保有額　(万円)

年	年齢	普通世帯全体		持家世帯		借家世帯	
		平均値	中央値	平均値	中央値	平均値	中央値
1979	-24	137	70	296	150	95	62
	25-	203	133	260	159	175	126
	30-	272	195	305	212	243	178
	35-	340	249	357	260	308	225
	40-	425	300	449	320	364	254
	45-	527	360	566	380	378	270
	50-	640	433	674	455	466	332
	55-	778	507	816	525	555	401
	60-	772	492	810	522	549	316
	65-	759	479	823	521	390	250
	70-	871	485	929	530	442	220
	75-	761	421	825	470	324	201
	80+	677	310	785	377	245	200
	全体	470	291	546	342	305	204
1984	-24	157	82	396	167	95	70
	25-	226	159	287	200	200	143
	30-	353	247	397	275	311	223
	35-	447	315	483	339	375	277
	40-	544	380	575	401	442	308
	45-	640	430	667	445	509	360
	50-	747	485	780	500	554	388
	55-	979	609	1,018	637	607	393
	60-	1,066	681	1,124	727	600	405
	65-	987	643	1,035	670	633	430
	70-	932	598	969	607	590	380
	75-	913	509	978	590	380	300
	80+	876	500	910	578	620	269
	全体	620	390	728	449	388	252
1989	-24	194	70	458	163	144	60
	25-	326	201	512	283	257	170
	30-	464	329	532	356	409	310
	35-	626	438	666	456	553	402
	40-	778	534	820	560	641	440
	45-	975	635	1,029	671	709	455
	50-	1,091	675	1,135	713	834	452
	55-	1,359	829	1,412	890	920	546
	60-	1,660	1,040	1,725	1,097	968	588
	65-	1,659	1,000	1,743	1,090	882	530
	70-	1,631	910	1,728	967	729	594
	75-	1,466	830	1,574	939	759	490
	80+	1,561	840	1,687	966	662	315
	全体	999	580	1,139	670	568	360

表 2-3　土地・住宅資産

(ネットベース，万円)

年	年齢	普通世帯全体		持家世帯	
		平均値	中央値	平均値	中央値
1979	-24	188	0	929	772
	25-	303	0	954	842
	30-	487	0	1,069	912
	35-	688	528	1,103	937
	40-	820	658	1,173	956
	45-	999	790	1,279	1,002
	50-	1,186	929	1,424	1,103
	55-	1,250	982	1,468	1,148
	60-	1,347	1,008	1,574	1,195
	65-	1,421	1,062	1,669	1,266
	70-	1,502	1,056	1,702	1,227
	75-	1,493	1,048	1,710	1,214
	80+	1,335	1,066	1,670	1,303
	全体	862	638	1,282	1,012
1984	-24	325	0	1,592	1,312
	25-	445	0	1,547	1,291
	30-	815	0	1,708	1,447
	35-	1,163	807	1,796	1,457
	40-	1,467	1,194	1,941	1,576
	45-	1,691	1,371	2,054	1,658
	50-	1,902	1,544	2,239	1,801
	55-	2,274	1,783	2,522	1,956
	60-	2,544	1,951	2,862	2,193
	65-	2,614	2,106	2,969	2,352
	70-	2,482	1,944	2,751	2,194
	75-	2,604	2,038	2,921	2,274
	80+	2,673	1,980	3,020	2,193
	全体	1,616	1,235	2,197	1,725
1989	-24	385	0	2,487	1,699
	25-	801	0	3,057	1,657
	30-	1,359	0	3,092	1,758
	35-	1,987	844	3,124	1,787
	40-	2,519	1,321	3,323	1,925
	45-	2,950	1,668	3,564	2,123
	50-	3,326	1,814	3,907	2,277
	55-	3,859	1,982	4,327	2,301
	60-	4,045	2,103	4,433	2,386
	65-	4,041	2,160	4,480	2,430
	70-	4,428	2,182	4,907	2,561
	75-	5,538	2,361	6,391	3,086
	80+	4,919	2,365	5,604	3,167
	全体	2,890	1,407	3,846	2,124

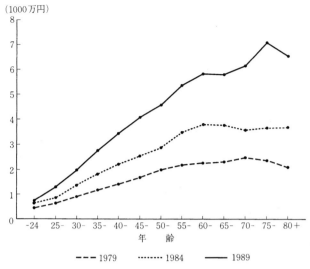

図 2-1　年齢階層別の正味資産(平均値)

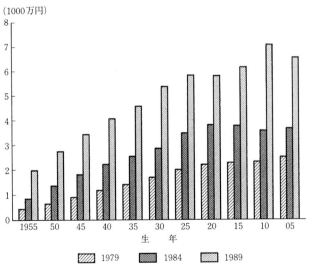

図 2-2　コーホート別にみた正味資産(平均値)

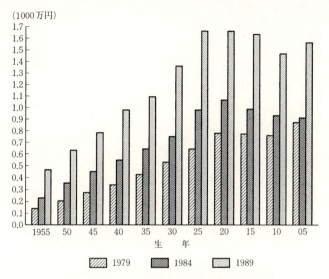

図 2-3 コーホート別にみた純金融資産(平均値)

とを銘記すべきである.この点は今後の課題として 2.5 節で議論することにしたい.

2.3 貯蓄率の推計とその結果

資産を形成し蓄積していくさいに,もっとも基本的であると考えられる手段は年々の貯蓄フローにほかならない.そこで,つぎに年々の貯蓄がどの程度あったのかを年齢階層別・所得階層別に調べることにする.

貯蓄フローは一般に残差(可処分所得マイナス消費支出)として定義され,推計される.可処分所得は年間ベースの税・社会保険料負担が『全国消費実態調査』では調査されていないため,別途推計する必要があった[4].

年齢階層別に可処分所得の平均値を整理したのが図2-4である[5].可処分所得の平均値は1979年,84年,89年のいずれにおいても50歳代前半時にピークを打っていた.言うまでもないことであるが,これは年功序列型の賃金体系に負うところが大きいと考えてよいだろう.

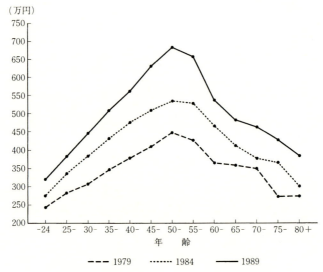

図 2-4　年齢階層別にみた可処分所得(平均値)

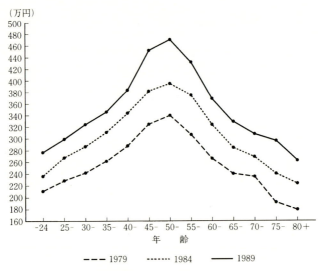

図 2-5　年齢階層別にみた消費支出年額(平均値)

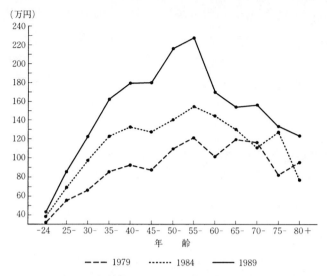

図 2-6　年齢階層別にみた貯蓄フロー(平均値)

　消費支出年額も『全国消費実態調査』で直ちに知ることはできない．調査時点が9〜11月の3カ月間に限定されているからである．そこで総務庁『家計調査』を利用して上記の3カ月データ(月次平均)を年次データに変換する作業を試みた[6]．図2-5は，その結果である[7]．消費支出は可処分所得に左右される度合いが大きいので，年齢階層別にみると可処分所得と似た動きを示している．

　世帯規模は世帯主の年齢によって異なるので，図2-5から直ちに消費支出のスムージング仮説(ライフサイクル仮説の一部[8])を否定するには慎重でなければならない．ただし図2-5をみるかぎり，単純なスムージング仮説が日本で成立しているかどうか疑問が残る．

　年齢階層別にみた貯蓄フローの平均値は図2-6に示されている．貯蓄フローはいずれも50歳代の後半でピークをうつ．ただし60歳超になっても，かなり長期にわたって(80歳を過ぎても)貯蓄をつづけている．世帯主の年齢階層別データをみるかぎり，貯蓄のとりくずしは高齢期においても全体として観察されない．この点は1979年，84年，89年のいずれの年次をとっても変わりがなかった．

表 2-4, 表 2-5 は貯蓄フローの平均値・中央値を世帯属性別に整理したものである．注目すべき点としては，①非勤労者世帯の貯蓄フローは年をとっても，あまり減少しないこと，②非勤労者世帯の貯蓄フローは勤労者世帯のそれとくらべて 1979 年，84 年時点では総じて少なかったが，89 年にいたると逆に多くなるケースが目立ったこと，③持家世帯は借家世帯とくらべてはるかに高水準の貯蓄をしていること，④世帯主が就業中か非就業かで貯蓄フローに大差があること，⑤非就業の高齢世帯においてもプラスの貯蓄フローがつづけられていること，を指摘することができよう．

貯蓄率(貯蓄フロー/可処分所得)はどうか．図 2-7～図 2-10 がその整理結果である[9]．ここでも，いくつかの事実を列挙しておこう．

(1) 貯蓄率の高低を決めているのは年齢階層の相違ではなく，むしろ所得水準の高低である．貯蓄率がマイナスとなりうるのは第 I 4 分位の所得階層に限定されている．

(2) 高額所得階層(第 IV 4 分位)の貯蓄率は加齢にともなって上昇していく傾向がある．

(3) 貯蓄率の所得階層別格差は 50 歳前後で最も小さくなり，それ以降は格差が拡大する．低位の所得階層を除くと，高齢世帯においてもプラスでかつかなり高い貯蓄率が観察される．

(4) 高齢世帯を全体としてみるかぎり(図 2-7)，80 歳を過ぎても貯蓄率はマイナスとならない．単純なライフサイクル仮説は成立していないようである．

2.4 資産増加の要因分析

年々の貯蓄フローが資産形成上どのような役割をはたしてきたかを本節では調べる．すなわち資産を増加させる要因を年々の貯蓄フロー，相続・贈与，キャピタル・ゲイン，の 3 つの部分に分解し，貯蓄フローのはたした役割を数量的に確認してみたい．

推計プロセスの概要は以下のとおりである．まずキャピタル・ゲインは土地

表2-4 貯蓄フロー (年額,万円)

年	年齢	普通世帯全体		勤労者世帯		非勤労者世帯	
		平均値	中央値	平均値	中央値	平均値	中央値
1979	-24	32	33	33	33	23	25
	25-	55	53	56	54	41	39
	30-	66	66	67	68	64	43
	35-	85	79	89	84	73	45
	40-	92	85	100	93	70	43
	45-	87	86	95	95	66	48
	50-	109	105	110	116	107	79
	55-	121	104	139	123	100	76
	60-	101	77	127	102	90	63
	65-	119	73	169	165	105	57
	70-	116	68	163	130	109	61
	75-	82	36	98	54	81	33
	80+	95	32	127	249	95	32
	全体	89	77	91	84	83	54
1984	-24	38	37	43	39	−19	−33
	25-	69	66	74	70	29	23
	30-	97	89	101	93	82	59
	35-	122	114	129	122	97	73
	40-	132	127	146	142	96	68
	45-	127	122	139	137	104	82
	50-	140	139	153	156	127	110
	55-	154	144	178	177	150	124
	60-	144	112	142	128	184	144
	65-	130	88	156	146	177	129
	70-	110	74	194	129	144	105
	75-	127	74	164	168	187	117
	80+	77	34	122	122	155	104
	全体	125	111	132	123	128	97
1989	-24	43	58	40	57	117	118
	25-	85	86	82	86	137	82
	30-	122	112	116	111	175	136
	35-	162	147	156	147	194	146
	40-	179	170	176	173	188	153
	45-	180	172	171	176	208	155
	50-	216	206	206	207	242	213
	55-	227	212	228	225	254	221
	60-	170	132	181	162	244	200
	65-	154	107	210	172	244	168
	70-	156	99	190	214	264	191
	75-	133	66	214	263	254	205
	80+	123	90	320	148	213	197
	全体	173	150	167	157	226	177

表 2-5 貯蓄フロー　　　　　　　(年額,万円)

年	年齢	持家世帯		借家世帯		世帯主就業中		世帯主非就業	
		平均値	中央値	平均値	中央値	平均値	中央値	平均値	中央値
1979	-24	62	63	24	25	32	33	131	131
	25-	91	79	37	42	55	53	1	29
	30-	90	85	45	50	66	66	35	30
	35-	101	94	57	57	86	79	38	18
	40-	104	96	62	57	92	85	−7	−5
	45-	94	95	59	55	88	87	−12	−4
	50-	116	116	73	69	111	108	−9	11
	55-	127	111	82	80	133	116	−12	−2
	60-	107	87	67	37	128	105	18	20
	65-	129	89	63	28	173	133	25	21
	70-	127	75	28	23	177	123	40	27
	75-	90	46	22	25	111	70	56	32
	80+	113	54	25	15	185	74	29	15
	全体	105	94	53	50	92	80	21	19
1984	-24	87	78	25	30	39	38	4	−22
	25-	109	107	52	53	70	67	−24	−27
	30-	130	123	66	65	98	90	−14	−12
	35-	145	138	75	74	122	115	−23	−31
	40-	148	144	78	78	133	128	−56	−40
	45-	137	134	77	69	128	123	−13	−19
	50-	150	150	83	79	142	140	−34	−32
	55-	161	153	87	81	165	155	17	20
	60-	154	124	58	45	170	135	48	46
	65-	140	100	54	38	173	133	41	36
	70-	118	80	30	30	150	110	44	40
	75-	137	86	43	13	186	124	66	33
	80+	85	44	15	8	154	112	26	15
	全体	144	133	69	66	131	117	38	32
1989	-24	39	109	44	50	43	58	33	−30
	25-	138	135	66	73	86	86	42	47
	30-	170	152	83	82	122	112	31	72
	35-	191	177	108	104	162	147	94	41
	40-	200	190	111	108	179	170	210	241
	45-	196	189	99	95	180	173	135	48
	50-	227	223	148	120	217	208	119	98
	55-	237	225	140	119	238	223	52	40
	60-	178	141	88	67	218	182	53	50
	65-	160	113	98	52	235	170	43	43
	70-	161	103	106	47	252	197	59	47
	75-	144	80	59	10	251	205	52	36
	80+	128	102	84	64	215	197	73	64
	全体	196	177	99	91	184	161	58	47

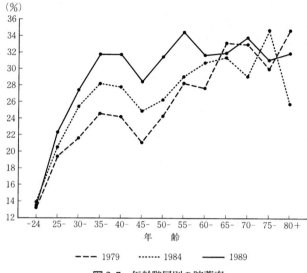

図 2-7　年齢階層別の貯蓄率

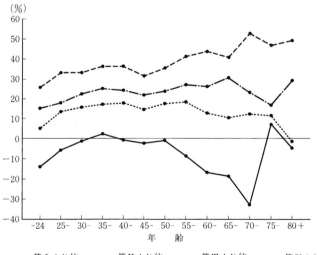

図 2-8　所得4分位階層別の貯蓄率(1979年)

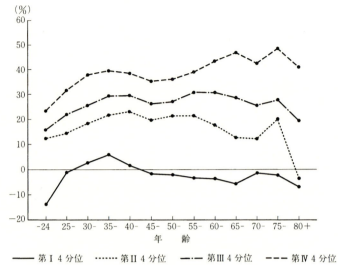

図 2-9　所得 4 分位階層別の貯蓄率(1984 年)

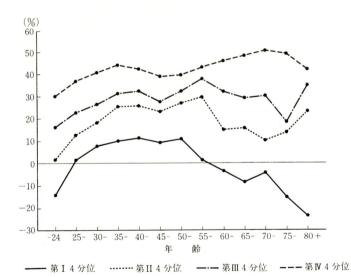

図 2-10　所得 4 分位階層別の貯蓄率(1989 年)

と株式について別々に計算した．土地については『全国消費実態調査』を利用して各コーホート別に 1979 年，84 年，89 年の平均単価を求めた後，基準年次における保有面積をベースにしてキャピタル・ゲインを推計した．株式については『国民経済計算』を利用して株式単価の上昇率を求めた後，基準年次の株式保有額に基づいてキャピタル・ゲインを求めた．ちなみに株式の単価は 1984 年までの 5 年間で 1.4105 倍に，また 1989 年までの 5 年間で 4.1906 倍になっていた[10]．

他方，貯蓄フローは『全国消費実態調査』ベースの貯蓄を SNA ベースの貯蓄に概念変更した金額を用いることにした[11]．また年々の貯蓄は各 5 年間に一定の率で増大したと仮定した．

相続贈与分は各コーホート別にみた資産増加分（表 2-1 から推計した）からキャピタル・ゲインと貯蓄フローを控除した残差として求めた[12]．

図 2-11 および図 2-12 はその整理結果である．それによると，40 歳未満の年齢階層では，上記 3 つの要因のうち相続・贈与がこの間の資産増を説明する要因として最も大きく，ついでキャピタル・ゲイン，貯蓄フローの順になっていた．他方，中高年齢層の資産増は主としてキャピタル・ゲインによってもたらされていた．相続・贈与による資産増は 50 歳代の中頃から低下しはじめ，70 歳以上になるとマイナスになっていた．正味資産の増大分がピークを打つ年齢は，相続・贈与分の低下が始まる時期と符合していた．1980 年代における各コーホートの資産増をみると，貯蓄フローの積みましよりもキャピタル・ゲインによる分の方が大きかった．この点はすべてのコーホートで確認できた．

2.5 結びに代えて

本章の分析結果は，①単身者世帯を考慮しなかったこと，および②サンプル・セレクション・バイアスを取りのぞかなかったこと，の 2 点において若干の留保が必要である．資産の形成・蓄積・処分は世帯の形成・発展・分離・消滅と関係している部分が大きい．単身者世帯のデータを整理し，普通世帯のデ

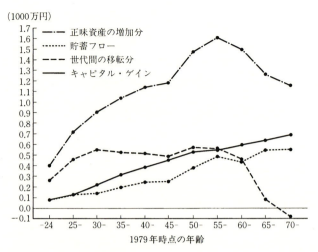

図 2-11　資産増の要因分解(1979年から84年までの変化分，平均値)

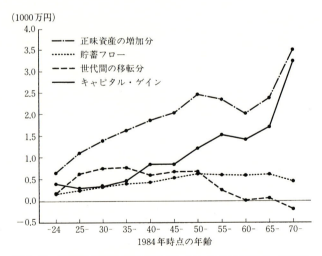

図 2-12　資産増の要因分解(1984年から89年までの変化分，平均値)

ータとあわせて解析できるようになれば分析結果はさらに現実に近いものとなるだろう[13]．

サンプル・セレクション・バイアスは日本では無視できないと，これまで言われてきた[14]．ただし相続・贈与による資産移転が広範に行われていたことはサンプル・セレクション・バイアスを取りのぞかなくても検証することができる．

貯蓄のとりくずしは入院時や介護サービスを受けるときに生じやすい．しかし，そのような世帯は統計調査に協力する余地が乏しい．この点にも留意する必要がある[15]．

いずれにせよ本章はデータ整理の第1次結果を示した段階にとどまっている．今後，データ解析をさらに進め，理論仮説の検証にまで進めていきたい．

* 本章は高山・有田・北村(1994)，Takayama-Kitamura(1994)に基づく．本章の基礎になった論文はTCER箱根コンファレンス(1993年)，NBERマイアミコンファレンスで発表した．
1) 本章執筆にさいしてM.フェルドシュタイン教授(ハーバード大学)，伊藤隆敏・溝口敏行・松田芳郎の各教授(いずれも一橋大学)より有益なご助言とコメントをいくつか頂戴した．記してお礼申しあげる次第である．本章のうち1979年および84年分の考察結果は，高山を主査とするグループが経済企画庁で行った研究成果(高山編著; 1992 a)に依拠している．また1989年分のデータ解析は一橋大学経済研究所で行った．
2) 土地をはじめとする実物資産の具体的な推計方法は高山編著(1992 a)に記載されている．
3) パネルデータでないこと，および単身者世帯を考慮していないことが「擬似」と断った理由である．
4) 1979年分，84年分の推計方法は『経済分析』(経済企画庁)116号，118号に述べてある．89年分の推計は大竹文雄助教授(大阪大学)の手を煩わせた．
5) 年齢階層別の可処分所得(平均値・中央値)はTakayama-Kitamura(1994)のTable 3.2をみよ．
6) 1989年における年変換係数は食料12.028，住居11.845，光熱12.790，家具11.328，被服12.361，保健医療11.948，交通通信12.173，教育11.942，教養娯楽

12.914,その他 13.511 であった.1979 年および 84 年分については『経済分析』116 号をみよ.
7) 年齢階層別の消費支出(平均値・中央値)は Takayama-Kitamura(1994)の Table 3.4 をみよ.
8) たとえば Hall-Mishkin(1982)をみよ.
9) 所得 4 分位別の貯蓄率(普通世帯全体・勤労者世帯・非勤労者世帯・持家世帯・借家世帯・世帯主就業中・世帯主非就業,いずれも年齢階層別)は Takayama-Kitamura(1994)の Table 3.9〜Table 3.15 をみよ.なお『全消』の貯蓄率は『家計調査』のそれと同様,過大であることが知られている.岩本ほか(1995)をみよ.
10) 本章におけるキャピタル・ゲインは多少とも過小評価となっている.1980 年〜1983 年および 1985 年〜1988 年の間に新規に取得された資産のキャピタル・ゲインが推計されていないからである.
11) 概念変更にともなう推計作業の詳細については高山編著(1992a,第 4 章)をみよ.
12) 相続・贈与は残差として計算されているので,このなかには退職一時金が含まれている.
13) 本章第 7 章,第 8 章では普通世帯と単身者世帯を同一のデータセットにプールしてデータ解析を試みている.
14) 最近の文献としては,たとえば Hayashi et al.(1988)がある.
15) 八代・前田(1994)は無職の高齢者に着目し,貯蓄が実際にとりくずされていることを示している.ただし八代・前田(1994)では同居高齢者の消費支出が過大ぎみに推計されている(子供世代は共稼ぎのケースが少なくないので,子供世代分について所得増に伴う消費支出増をさらに調整する必要がある).

第3章　家計資産の蓄積と遺産・相続の実態

3.1　問題の所在

　本章では郵政研究所の『家計における金融資産選択に関する調査』(1992年調査)を利用して遺産に対する考え方と相続の実態を明らかにする．そして相続と資産格差の関係を究明してみたい[1]．

　遺産・相続の実態を明らかにしたいのは資産格差の原因を知りたいからだけではない．現実の貯蓄が主にライフサイクル貯蓄によるものか，遺産動機にもとづく貯蓄によるものか，あるいは予備的動機の貯蓄によるものかについて経済学者はこれまで論争してきた．日本の高い貯蓄率は強い遺産動機に起因しているという主張もある(たとえば林; 1992)．相続の実態についてのファクト・ファインディングは貯蓄行動理論を検証するための基礎的理解に資すると思われる．

3.2　従来の研究成果

　家計の資産形成において世代間移転はそれなりに重要な役割をはたしている．この点はすでに多くの研究が指摘しているとおりである．ただし世代間移転の役割は「非常に重要である」という研究がある一方，「重要ではあるもののライフサイクル貯蓄の方がより重要である」という研究もある．

　たとえば Kotlikoff-Summers(1981) の研究によると，1970年代のアメリカにおける家計資産の 81% は世代間移転分である．各年の労働所得と消費のコーホートデータからライフサイクル貯蓄を計算し，その累積額と総資産額をくらべた結果にほかならない．同じ論文のなかで，かれらは遺産フローの大きさからも推計を試みている．遺産のフローにいわゆる "blow up factor" を乗じ

て求める方法である．それによると総資産額の46%は世代間移転分であった．フローの労働所得と消費から推計した割合よりかなり小さくなるものの，世代間移転の重要性は否定されていない．

Modigliani(1988)はKotlikoff-Summers(1981)，Kotlikoff(1988)の推計方法をいくつかの点で修正し，世代間移転分はライフサイクル貯蓄をもとに推計すると20%程度，フローの遺産をもとに推計すると17%ほどにすぎないと反論した．そして，むしろライフサイクル貯蓄の方が重要であると主張した．

Kotlikoff-Summers(1981)，Kotlikoff(1988)におけるライフサイクル貯蓄は労働所得マイナス消費である．これに対してModigliani(1988)は相続資産からの利子・キャピタルゲインを所得にふくめてライフサイクル貯蓄を計算すべきだと批判した．またKotlikoff-Summers(1981)，Kotlikoff(1988)は18歳をライフサイクルの開始時点としている．まだ独立していない18歳以上の子供の場合，労働所得はゼロだから貯蓄は負になる．この貯蓄をライフサイクル貯蓄にふくめるべきでないとModigliani(1988)は主張した．さらに耐久財の購入をKotlikoff-Summers(1981)，Kotlikoff(1988)は消費に分類している．

推計値の大小をもたらす基本的ポイントは世代間移転からの利子・キャピタルゲインをどう扱うかである．Modigliani(1988)による上述の批判に対してKotlikoff(1988)は「仮に全く世代間移転がなかったら現実の資産はどのくらいになっていたかを計算している」と反論した．世代間移転が消費に影響をあたえなければKotlikoff(1988)の主張は正しい．しかし人びとがライフサイクル仮説のように利己的に行動しているとしたら必ずしもそうならない．正の世代間移転は消費をふやし，ライフサイクル貯蓄を減らすだろう（この場合，人びとは老後の生活のためにだけに貯蓄していることになる）．いずれにせよライフサイクル貯蓄(資産)を定義することはそれほど容易ではない．

遺産のフローに"blow up factor"を乗じストックとして遺産の大きさを推計するという方法にも問題がある．すなわち①定常状態を仮定した計算であること，②1世代を何年とするかに共通の理解が必ずしもないこと，③世代間移転と死亡時期の乖離(世代間移転に教育投資などふくめると無視できなくなる)，

④世代間移転からの利子・キャピタルゲインの扱い，などである．仮定次第で推計値におおよそ2倍くらいの違いが生じうる．

一方，日本の実態はどうか．Barthold-Ito(1992)は相続税データを用いて相続の大きさを調べている．それによると1980年代の日本では家計の保有する土地資産額のおよそ40%，金融資産額の28%程度は相続分である（かれらの推計結果はシミュレーションに用いるパラメーターによって大きく変化する）．また1980年代のアメリカでは家計総資産額の40%強が相続によると推計され，アメリカの方が遺産の割合はやや高い．

一方，松浦・橘木(1993)は『家計調査』『貯蓄動向調査』(1990年)の個票データを用いて家計資産額の40%が遺産によると推計している．『家計調査』では相続の有無について質問していない．かれらは住宅ローンの有無によって土地の取得が相続によるものかどうかを識別している．

麻生(1994)は相続税統計および『全国消費実態調査』から資産分布関数を求め世代間移転分を推計している．それによると家計総資産額に占める世代間移転分の割合は1991年において58%であった．なお麻生(1994)のいうとおり資産分布を考えるさいに高額資産保有階層を適切に位置づけないかぎり世代間移転分は著しい過小推計になる．

野口・上村・鬼頭(1989)はアンケートによる遺産・相続の実態調査（対象は東京都の世帯のみ．1987年実施）を試みた．調査対象者の年齢は45歳から64歳であり，対象者の親および子供の情報についても調査している．「相続経験がある」と回答した割合は夫で36%，妻で24%であった．また「遺産を子供に残したいか」という問に対して，およそ70%が「残したい」と答えている．これらの調査結果から「調査の対象となった世代では資産形成における相続の重要性は低かったが，対象世代の子供世代では資産形成における相続の重要性が強まるだろう」と結論している．また鬼頭・上村・金丸(1993)および金丸・上村・鬼頭(1992)は首都圏・福岡県・山形県の3地点で行われた同様のアンケート調査について報告している．そして「相続」「一部相続」で土地を取得した世帯が首都圏で4割，山形県で3分の2とかなり高いこと，また全額自己資

金で持家を購入した割合が首都圏 40 歳代で 3 割以下と低く，自力で土地を取得するのが困難であるということを考えあわせて，「相続の有無が次世代の資産形成に及ぼす影響は大きい」と結んでいる．

Hayashi-Ando-Ferris(1988) は『全国消費実態調査』(1984 年調査)を用いていくつかの事実を確認している．たとえば①家計のうち約 4 分の 1 が高齢者との同居世帯であり，独立している高齢者は同居している高齢者よりも一般的に豊かである，②独立している高齢者も子供と生計を共にしている高齢者もかなり高齢になるまで貯蓄しつづける，③高齢者が保有している資産のかなりの部分は最終的には贈与や遺産のかたちで子供に移転される，などである．

『全国消費実態調査』(1979 年, 84 年, 89 年の各調査)を使用して高山・有田・北村(1994) および Takayama-Kitamura(1994) は資産の増加を 3 つの要因に分解した．すなわち①各年の貯蓄フロー，②相続・贈与，③キャピタル・ゲイン，の 3 要因である．このうち②の相続・贈与は資産増加総額から①と③を控除した残差として求められている．それによると，40 歳未満の年齢階層における家計資産の増加は相続・贈与の影響が最も大きかった．ただし相続・贈与による資産増は 50 歳代中頃から低下しはじめ，70 歳以上になるとマイナスになっていた．総じて 70 歳以上の世代から下の世代へ資産が移転されている[2]．

このように遺産・相続の大きさについて最近いくつかの研究が行われた．ただし，その実態についてはさらに究明すべき点も少なくない．郵政研究所の『家計における金融資産選択に関する調査』では，相続の有無や相続資産額，相続の予定があるかないか，遺産を残したいと考えているかどうか等についても質問している．このような情報は他の調査では得られない[3]．以下では郵政研究所調査の再集計結果を紹介する．まずデータの特徴について述べ，つづいて遺産に対する考え方，相続の経験・予定の有無，遺産動機の決定要因，相続資産の大きさについて考察する．

3.3 使用データの概要

『家計における金融資産選択に関する調査』は，高齢化や少子化の進展，家族構成等のライフスタイルの変化，金融環境の変化が進むなかで，家計がいかに金融資産を選択し資産構成を決定しているかについて郵政省郵政研究所が隔年でおこなっている．1992年調査の概要は次のとおりである．

- 調査地域　：全国
- 調査対象　：世帯主年齢20歳以上80歳未満の世帯（単身者世帯を含む）
- 標本数　　：6000世帯（この他に加重サンプルとして60歳以上世帯500世帯）
- 標本抽出法：層化多段無作為抽出法
- 調査方法　：留置面接法
- 調査期間　：1992年12月7日～14日
- 回収状況　：3892世帯（回収率：64.9％，500世帯の加重サンプル〈60歳以上〉を含めると4295世帯，回収率66.1％）

3.4 遺産に対する考え方

まず最初に遺産動機の有無について整理してみよう．調査では「遺産を残すべきか」あるいは「残す必要はないか」を直接質問している．残すべきだと回答した場合には，さらに遺産の分け方に対する考え方をたずねている．その選択肢は次の5つである[4]．

①均等に分ける
②長男に全部残す
③面倒をみてくれた子供に多く残す
④所得獲得能力の少ない子に残す
⑤その他

表3-1 遺産動機の分類

区分	世代間利他主義	戦略的遺産動機	joy of giving
長男に全部残す	×	△	○
均等に分ける	△	×	○
面倒をみてくれた子に	×	○	×
所得獲得能力の少ない子に	○	×	×

　遺産動機をここでは便宜的に(1)ベッカーやバーロー流の世代間利他主義, (2)戦略的遺産動機, (3)遺産を残すこと自体に効用を感じるタイプの動機 (joy of giving)の3つに分類しよう(表3-1). このうち世代間利他主義にもとづく遺産は, 親が子供の効用に関心があるために生じる遺産である. 親が十分な資産を保有していれば, その恩恵が子供にも及ぶように遺産が残される. 子供が複数いる場合, 親はすべての子供の効用に関心があるので, もっとも恵まれない状況にある子供に遺産を多く残す公算が高い.「所得獲得能力の少ない子に残す」と回答した場合には, 明らかに世代間利他主義にもとづく遺産動機をもっていると言えよう. なお複数いる子供の経済状況がそれほど違わなければ, 世代間利他主義の考え方をもっていても「均等に分ける」と答える可能性がある. したがって「均等に分ける」と回答した世帯のうちには世代間利他主義によるものが部分的にふくまれているとみなしたい.

　一方, 戦略的遺産動機の場合, 親は子供に老後の世話をしてもらうためのいわば交換条件として自分の保有する資産を活用する. 戦略的遺産動機のもとでは自分の世話をしてくれた子供に遺産を残すことになる. この場合, 本来の意味で「遺産動機がある」とは言えない. なお, ここでいう戦略的遺産動機には老後の生活資金や介護サービスを受ける代わりというためだけに資産を残す場合もふくめることにする. また子供と同居し共同消費することで, 何歳まで生きるか不確実であることから生じるリスクを除去しようとする場合も戦略的遺産動機にふくめることにする. これらのケースでは親の側に子供に対する利他的愛情はないかもしれない.

　joy of givingは, 遺産を残すこと自体が親にとって喜びであり, 子供の効

用は親にとって関心事ではないという考え方である．「面倒をみてくれた子に多く残す」と「所得獲得能力の少ない子に残す」という回答は，この遺産動機に反する．「長男に全部残す」と「均等に分ける」は，この考え方に反しない．そこで joy of giving の遺産動機がある場合，遺産が分割可能かどうかによって「均等に分ける」と「長男に全部残す」に分かれると考えることにしたい．

なお「長男に全部残す」という回答には戦略的遺産動機がふくまれているかもしれない．自分の職業・事業を子供に継いでもらいたい(親の利己的な考え方である)が，継いでくれたら遺産を残すという場合が現実にはあるだろう．これも一種の戦略的遺産動機である．職業を継ぐのは，これまでの慣習から長男が多い．表 3-1 において戦略的遺産動機と「長男に全部残す」のクロス箇所に△印をつけたのは，このように考えたからにほかならない[5]．

なお「長男に全部残す」はイエを重視する「従来型」の考え方を表しており，「均等に」は平等主義的あるいは個人主義的な考え方を表しているとも解釈しうる．

調査対象は世帯主年齢が 20 歳以上 80 歳未満の世帯(世帯主もしくは配偶者)である．若い世代に遺産動機の有無を質問しても，子供へ遺産を残すという行為がまだ現実的でないので，回答は信頼性に欠けると思われる．また子供のいない世帯は，ここでは分析目的にそぐわない．そこで以下では分析対象を「世帯主年齢が 40 歳以上であり，子供がいる世帯」に限定した．なお年齢階層別だけでなく地域や職業等にも着目して分析するので高齢者世帯の加重サンプルは考察対象から除いた．ただし年齢階層別に再集計するさいには高齢者世帯の加重サンプルもふくめた．

3.4.1　世帯主年齢別

表 3-2 は遺産動機の有無と遺産の分け方を年齢階層別にまとめたものである．世帯主年齢が 40 歳以上の世帯について調べたところ，遺産を「残す必要がない」と答えた世帯は全体のおよそ 4 割弱(38.6%)であった．世帯主年齢別にみるとに 40 歳代では 44%，50 歳代では 37%，60 歳代では 34%，70 歳代では

表 3-2 遺産についての考え方(世帯主年齢別) (%)

区　分	40-49歳	50-59歳	60-69歳	70-79歳	全体
均等に分ける	22.6	20.6	21.5	23.4	21.7
長男に全部残す	6.8	10.3	14.4	18.3	10.3
面倒をみてくれた子に	18.3	23.3	22.2	20.8	21.1
所得獲得能力の少ない子に	1.7	2.3	1.3	2.5	1.9
その他	3.2	3.4	2.9	6.6	3.4
不明	3.2	2.9	3.5	1.5	3.0
残す必要なし	44.3	37.4	34.3	26.9	38.6
計	100.0	100.0	100.0	100.0	100.0

注) 計数は，それぞれの考え方をもつ世帯の割合を表す．
出所) 郵政研究所『家計における金融資産選択に関する調査』(1992年)．以下，とくに断らないかぎり表 3-13 まで同様である．

27% がそれぞれ「残す必要がない」と回答していた．高年齢層では遺産動機をもつ人の割合が高い一方，年齢が若くなるにつれて遺産動機をもつ人の割合が少なくなっていた．

ただし高年齢層に遺産動機が多く観察されるとしても，その一部はサンプル・セレクション・バイアスによるおそれがある．すなわち高齢でありながら世帯主でありつづける者には若年齢世帯に吸収されてしまっている高齢者よりも高い経済力があり，その分だけ遺産動機は強くなっているかもしれない．あるいは年齢が高くなることによって遺産が現実的な問題として意識されるようになった(単なる加齢効果)可能性もある．

表 3-2 によると「所得獲得能力の少ない子に多く残す」という回答は 2% 程度でしかない．世代間利他主義にもとづく考え方は日本では今日，希薄である．

表 3-2 をみると全体では「均等に分ける」と「面倒をみてくれた子に多く残す」が比較的多い．両者の割合はほぼ同じで 2 割強であった．「長男に全部残す」と回答したのは全体のおよそ 1 割である．年齢階層別にみると高年齢層ほど「長男に全部残す」の割合が高い．とくに 70 歳代では「長男に全部残す」が 2 割弱あり，「均等に分ける」と「面倒をみてくれた子に」(それぞれ 2 割強)とほぼ肩をならべている．一方「面倒をみてくれた子に多く残す」という戦略的遺産動機の割合は年齢による差異がほとんど認められない．また「均等に分

ける」という考え方にも年齢差は認められない．

遺産動機の有無を考察する場合には子供の数に注意する必要がある．本節では「子供のいる」世帯(2797 サンプル)について再集計してきたが，念のために子供 2 人以上世帯(1931 サンプル)に限定して同様の整理をしてみた．その結果は上記の内容とほとんど変わりがなかった．

3.4.2 世帯主職業別

遺産に対する態度を世帯主の職業別にまとめたのが表 3-3 である．郵政研究所調査の職業区分は次のとおりとなっている．すなわち①一般従業者(雇用されている人)，②単独(個人業主・自由業・農林漁業をふくむ)，③自営業主(従業員が 1～4 人まで)，④個人経営者(個人組織で商・工・サービス業を経営，従業員 5 人以上)，⑤法人経営者(会社，団体などの役員)，⑥家族従業者，⑦

表3-3 遺産についての考え方(世帯主職業別) (%)

区分	一般従業者	単独	自営業主	個人経営者	法人経営者	家族従業者
均等に分ける	21.9	20.1	19.3	23.2	26.1	22.2
長男に全部残す	9.0	17.6	9.3	8.7	9.0	33.3
面倒をみてくれた子に	19.2	23.0	30.9	7.3	24.6	11.1
所得獲得能力の少ない子に	2.3	1.7	1.0	1.5	1.5	0.0
その他	3.1	5.0	3.3	1.5	6.0	0.0
不明	3.0	2.9	3.0	1.5	1.5	0.0
残す必要なし	41.5	29.7	33.2	56.5	31.3	33.3
計	100.0	100.0	100.0	100.0	100.0	100.0

区分	無職	専業主婦	パート従業者	その他	無回答	計
均等に分ける	22.9	18.2	17.8	21.2	20.8	21.7
長男に全部残す	12.1	0.0	15.1	6.1	12.5	10.3
面倒をみてくれた子に	22.0	36.4	19.2	9.1	29.2	21.1
所得獲得能力の少ない子に	1.9	0.0	1.4	0.0	0.0	1.9
その他	3.8	0.0	1.4	6.1	4.2	3.4
不明	3.5	18.2	0.0	9.1	4.2	3.0
残す必要なし	33.8	27.3	45.2	48.5	29.2	38.6
計	100.0	100.0	100.0	100.0	100.0	100.0

無職，⑧学生，⑨専業主婦，⑩パート従業者，⑪その他，である．

　遺産を「残す必要がない」と回答した割合が高いのは個人経営者である．ただし個人経営者は69サンプル(全体の2.5%)と少ないので，信頼性はそれほど高くない．他方「遺産を残す」と考えている割合が相対的に高いのは個人業主・自由業・農林漁業者・自営業主・法人経営者などである．

　遺産の分け方に職業間の違いはあるだろうか．まず「均等に分ける」は職業間に大差がない．「長男に全部残す」は個人業主・自由業・農林漁業者に比較的多い．また「面倒をみてくれた子に多く残す」は自営業主・専業主婦に多い．

3.4.3　地域別

　表3-4は遺産に対する態度を地域別(郵政局別)にまとめたものである．遺産を「残す必要がない」と答えている割合の高い地域は北海道・沖縄であり，5割を超えている．近畿がそれについで高い(5割弱)．東京は全国平均とあまり

表3-4　遺産についての考え方(地域別)　　(%)

区分	北海道	東北	関東	東京	信越	北陸	東海
均等に分ける	20.3	20.2	21.8	27.1	15.5	20.6	20.1
長男に全部残す	4.2	23.7	11.6	6.3	16.4	23.3	8.6
面倒をみてくれた子に	13.6	21.7	24.3	16.6	18.2	17.8	29.5
所得獲得能力の少ない子に	1.7	1.0	2.2	1.5	0.9	1.4	2.0
その他	1.7	3.5	3.3	4.5	4.6	2.7	2.9
不明	1.7	3.9	2.0	2.7	3.6	1.4	5.2
残す必要なし	56.8	26.1	34.9	41.3	40.9	32.9	31.8
計	100.0	100.0	100.0	100.0	100.0	100.0	100.0

区分	近畿	中国	四国	九州	沖縄	全国計
均等に分ける	19.1	20.3	34.3	24.0	15.2	21.7
長男に全部残す	8.2	9.1	13.7	5.5	9.1	10.3
面倒をみてくれた子に	18.3	25.7	19.2	18.2	6.1	21.1
所得獲得能力の少ない子に	1.3	2.1	8.2	2.7	0.0	1.9
その他	2.9	4.8	5.5	2.7	6.1	3.4
不明	1.3	1.6	1.4	6.2	9.1	3.0
残す必要なし	49.0	36.4	17.8	40.8	54.6	38.6
計	100.0	100.0	100.0	100.0	100.0	100.0

変わりがない.一方,遺産動機が強いのは四国・東北・東海・北陸であり,なかでも四国で「残す必要がない」と答えた者はきわめて少なかった(18%).ただし四国は全体で73サンプルしかないことに注意する必要がある.

遺産の分け方をみると東北・北陸で「長男に全部残す」と答えた割合が高い.一方,四国・東京では平等主義的な考え方の人が多い.さらに東海地方で「面倒をみてくれた子に多く残す」が若干高くなっている.

3.4.4 持家の有無別

日本の場合,相続において最も重要な資産は不動産である.そこで持家の有無別に遺産に対する考え方を整理してみた.世帯主年齢別の持家率は40歳代60%前後,50歳代70%台,60歳以上80%前後になっており,年齢があがるにつれて持家率も上昇している.そこで10歳ごとに年齢を区分して遺産に対する考え方を調べた(表3-5).「遺産を残す必要がない」と考えているのは借家世帯ではどの年齢層でも半数を超えている一方,持家世帯では4割以下となっており,それなりに差がみられた.持家世帯では遺産動機が強い.遺産の分け方をみると,持家世帯は借家世帯にくらべて「長男に全部残す」の割合が高い.また50歳以上の持家世帯は「均等に分ける」の割合が借家世帯にくらべて低い.一方,60歳以上の持家世帯では「面倒をみてくれた子に多く残す」

表3-5 遺産についての考え方(持家の有無別) (%)

区　分	年　齢　区　分(歳)							
	40-49		50-59		60-69		70-79	
	持家	借家	持家	借家	持家	借家	持家	借家
均等に分ける	24.9	18.6	22.3	15.0	21.8	19.1	27.8	17.3
長男に全部残す	7.9	4.3	12.4	4.1	14.4	7.5	16.7	5.8
面倒をみてくれた子に	20.4	15.9	25.8	16.1	25.5	12.2	23.0	7.7
所得獲得能力の少ない子に	1.8	1.8	2.8	1.1	1.3	1.4	2.4	—
その他	2.3	4.8	3.7	2.3	4.0	3.4	5.6	1.9
不明	2.9	3.3	2.5	3.4	3.3	4.8	2.8	3.9
残す必要なし	39.8	51.4	30.5	58.1	29.8	51.7	21.8	63.5
計	100.0	100.0	100.0	100.0	100.0	100.0	100.0	100.0

の割合が高くなっており，戦略的遺産動機が比較的強い（いずれも遺産を残す場合を100とするケース）．相続資産の大部分を占める不動産（持家）は分割不可能であるケースが少なくない．また高年齢世代は他の世代にくらべて子供の数が多い．この点をふまえて上記の事実を読みとる必要があるだろう．

　持家世帯で遺産動機が強いのは興味深い結果である．また持家世帯で「長男に全部残す」割合が高いのも注目に値する．これは地域差・職業差による持家率の違いにも関連していると思われる．

3.4.5　所得階層別

　世帯全体の可処分所得を4つの階層に分けて（所得階層の低い方からそれぞれ第I 4分位，第II 4分位，第III 4分位，第IV 4分位とする）[6]，遺産に対する考え方を比較してみよう（表3-6参照）．まず40歳代については所得階層別にほとんど違いがみられない．50歳代については「遺産を残す必要はない」と考えている世帯が高所得になるほど若干ながら減る傾向にある（第I 4分位から順に39%→37%→34%→31%）．60歳以上では特にそのような傾向はみられないが，第IV 4分位において「均等に分ける」と考えている世帯が他の4分位よりも多くなっている．一定水準以上の所得を享受している高年齢世帯は均等に分けることのできる程度の資産をもっているようである．

　総じて遺産に対する考え方は所得階層にはほとんど関係しないようである．なぜ関係しないか．この点はさらに究明する必要があるだろう．

3.4.6　総資産階層別

　つぎに家計の総資産（土地・住宅・金融資産・ゴルフ会員権・貴金属等の合計額）階層別に調べてみよう．家計の保有資産額は持家か否かによって大きな差がある．そこで持家の有無別に考察する．表3-7によると保有資産の大きい方が遺産動機は強い．持家世帯の場合，2500万円未満の階層で31%の世帯が遺産は「残す必要なし」と回答しているのに対し，2億円以上の階層では16%と少ない．一方，借家世帯の場合，1000万円未満の階層で57%の世帯が遺産

表3-6　遺産についての考え方(所得階層別)

1) 40歳代
(%)

区　分	第I 4分位	第II 4分位	第III 4分位	第IV 4分位
均等に分ける	27.8	22.6	27.4	16.1
長男に全部残す	7.1	7.3	2.4	7.3
面倒をみてくれた子に	13.5	20.2	23.4	24.2
所得獲得能力の少ない子に	0.8	2.4	2.4	3.2
その他	3.2	4.8	3.2	2.4
不明	3.2	3.2	3.2	2.4
残す必要なし	44.4	39.5	37.9	44.4
計	100.0	100.0	100.0	100.0

2) 50歳代
(%)

区　分	第I 4分位	第II 4分位	第III 4分位	第IV 4分位
均等に分ける	15.0	25.4	21.8	25.8
長男に全部残す	10.0	7.4	12.1	9.7
面倒をみてくれた子に	30.8	18.0	27.4	24.2
所得獲得能力の少ない子に	1.7	3.3	1.6	4.8
その他	3.3	5.7	0.8	1.6
不明	0.0	3.3	2.4	3.2
残す必要なし	39.2	36.9	33.9	30.7
計	100.0	100.0	100.0	100.0

3) 60-79歳
(%)

区　分	第I 4分位	第II 4分位	第III 4分位	第IV 4分位
均等に分ける	22.1	21.6	23.2	32.6
長男に全部残す	13.7	18.2	19.0	15.7
面倒をみてくれた子に	24.2	25.0	15.8	19.1
所得獲得能力の少ない子に	4.2	2.3	1.1	1.1
その他	5.3	3.4	7.4	3.4
不明	4.2	2.3	1.1	2.3
残す必要なし	26.3	27.3	32.6	25.8
計	100.0	100.0	100.0	100.0

は「残す必要なし」と回答しているのに対し，2000万円以上の階層では36%となっている．なお遺産の分け方について資産階層別に大きな違いはみられない．

表 3-7　遺産についての考え方（総資産階層別）

1) 持家世帯（全体） (%)

区　分	総　資　産　額(100万円)						全体
	25未満	25-50	50-75	75-100	100-200	200以上	
均等に分ける	24.5	22.1	19.2	25.0	34.9	30.1	24.1
長男に全部残す	13.2	9.2	14.5	12.0	8.3	13.7	11.5
面倒をみてくれた子に	23.4	23.9	30.6	28.0	25.0	27.4	25.7
所得獲得能力の少ない子に	2.6	4.0	1.3	0.0	1.5	2.7	2.5
その他	3.3	3.1	2.6	4.0	7.6	6.9	3.8
不明	1.8	3.5	2.6	3.0	1.5	2.7	2.7
残す必要なし	31.1	34.3	29.4	28.0	21.2	16.4	29.7
計	100.0	100.0	100.0	100.0	100.0	100.0	100.0

2) 借家世帯（全体） (%)

区　分	総　資　産　額(100万円)				全体
	0	0.01-	10-	20+	
均等に分ける	16.9	15.2	24.1	21.9	18.1
長男に全部残す	5.3	3.6	8.0	8.4	5.6
面倒をみてくれた子に	11.6	14.9	9.8	26.1	14.6
所得獲得能力の少ない子に	1.0	1.1	3.6	1.7	1.5
その他	2.3	4.4	1.8	4.2	3.2
不明	6.3	3.6	0.9	1.7	4.0
残す必要なし	56.5	57.3	51.8	36.1	53.1
計	100.0	100.0	100.0	100.0	100.0

3.4.7　まとめ

遺産に対する考え方は世帯のさまざまな属性により次のような違いがある．

①高齢になるほど遺産動機は強い．遺産動機があるのは40歳代で56％，50・60歳代で65％前後，70歳代で73％となっている．なかでも遺産を「長男に全部残す」と考える従来型の世帯が40歳代で7％，50歳代で10％，60歳代で14％，70歳代で18％となっており，高齢になるほど多い．

②遺産動機が強い職業は農林漁業もふくめた自営業主および個人経営者・法人経営者である．とくに自営業主は「面倒をみてくれた子に多く残す」とする戦略的遺産動機が強く，また農林漁業世帯では「長男に全部残す」という従来

③遺産動機の強い地域は四国・東北・東海・北陸である．このうち東北・北陸は遺産の分け方として従来型の考え方(長男に残す)が強い．逆に遺産動機が弱い地域は北海道・沖縄・近畿であり，四国・東京はどちらかといえば平等主義的な考え方が強い．

④持家の有無で比較すると，持家世帯の方が遺産動機は強い．また持家世帯の場合，「長男に全部残す」といった従来型の考えをもつ世帯が多い．これは資産(持家)の分割不可能性に関連していると思われる．

⑤所得階層別にみると遺産動機の強弱はほとんどない．

⑥資産階層別にみると高額資産階層ほど遺産動機は強い．

⑦遺産の分け方については「面倒をみてくれた子に多く残す」という戦略的遺産動機，あるいは「長男に全部残す」「均等に分ける」という joy of giving にくらべると，「所得獲得能力の少ない子に残す」という世代間利他主義はほとんど観察されない[7]．

3.5 相続・贈与の経験および予定

本節では調査対象者が親の世代から相続(贈与をふくむ)を受けた経験あるいは予定があるかないかを分析する．

3.5.1 世帯主年齢階層別

図 3-1 は相続経験(あるいは予定)の有無を世帯主年齢階層別に整理したものである．ここでは 60 歳以上の加重サンプルも含めている．図 3-1 によると相続経験あるいは予定のある世帯は 20 歳代と 70 歳代をのぞいてほぼ 4 割程度となっている[8]．20 歳代の割合が低いのは相続の不確定要素が大きいからである．相続経験も予定もない世帯は 30〜50 歳代で 5 割強であり，60 歳以上で 6 割前後となっている．高齢世代の場合，たまたま兄弟姉妹が多いために相続を受けられない世帯が比較的多いのかもしれない．

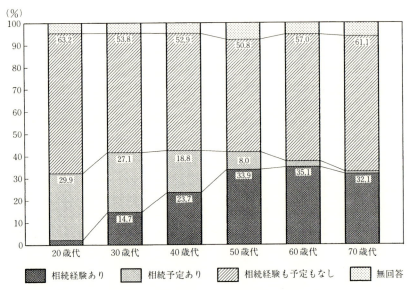

図 3-1 相続・贈与の実態(世帯主年齢別)

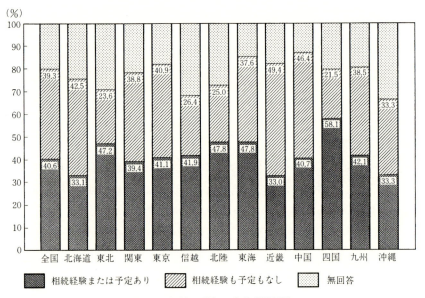

図 3-2 相続・贈与の実態(地域別)

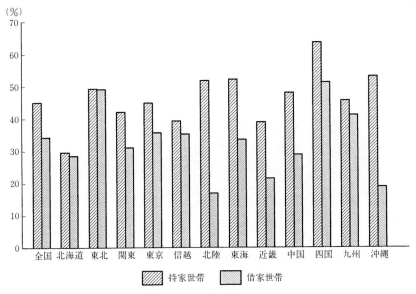

図 3-3　相続経験・予定のある世帯(持家・借家別)

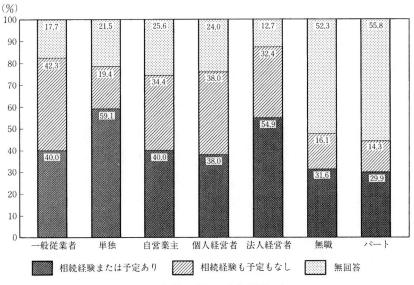

図 3-4　相続・贈与の実態(職業別)

3.5.2 地域別

地域別にみた相続の実態は図 3-2 のようにかなりバラツキがある．相続経験あるいはその予定がある世帯は全国平均で約 4 割である．その割合は四国が 58％，東海・北陸がともに 48％，東北が 47％ と相対的に高い一方，近畿・北海道・沖縄が 33％ と低い．東京の割合は全国平均と大差がない．この結果は前節で述べた遺産動機に対する回答と非常によく似ている．すなわち遺産動機が強い従来型の東北・北陸等では相続経験・予定のある世帯が多く，逆に遺産動機が弱い北海道・沖縄・近畿では相続の経験・予定も少ない．

3.5.3 持家の有無別

図 3-3 は各地域ごとに相続の経験あるいは予定のある世帯の割合を持家の有無別に作成したものである．どの地域においても持家世帯の方が借家世帯よりも相続の経験あるいは予定のある世帯の割合は高い．この結果は居住用不動産が相続資産の中心となっていることに関連していると思われる．

3.5.4 世帯主職業別

図 3-4 は職業別に相続の経験・予定を調べたものである．一般従業者(サラリーマン)の場合，相続の経験あるいは予定のある世帯とそれがまったくない世帯の割合はほとんど等しく 4 割程度である．他方，単独(個人業主・自由業主・農林漁業従事者)の場合，相続経験・予定のある世帯は 59％，それがない世帯は 19％ となっており，大きな違いがある．親が農林漁業従事者であり子供がその職業をひきつぐさいには，たとえば農地や漁船等資産を相続することになる．法人経営者も相続の経験や予定のある者が比較的多い．

3.5.5 相続を受けた年齢

相続経験のある者について実際に何歳で相続したのかを次に調べてみよう．郵政研究所調査では何年前に相続したかを質問しているので，現在の世帯主年

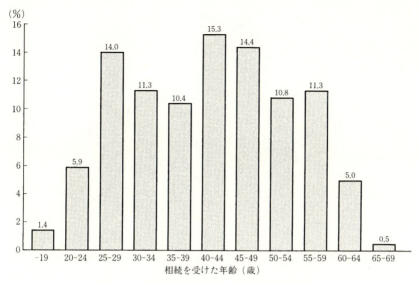

図 3-5 相続を受けた年齢　1)　居住用不動産

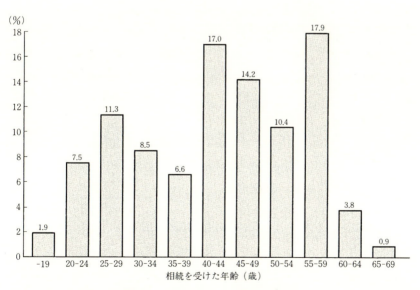

図 3-5　つづき　2)　非居住用不動産

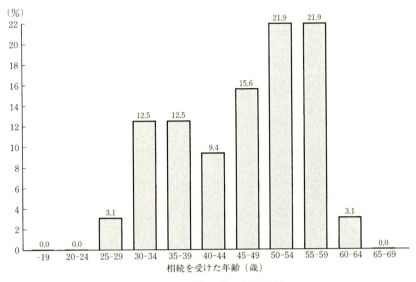

図 3-5 つづき 3) 金融資産

齢を考慮しながら世帯主が何歳のときに相続したかを推計しうる．ただし，ここでは考察対象を世帯主年齢60歳代のサンプル(加重サンプル込み)に限った．この年齢階層では相続がほぼ完了していると思われるからである．相続年齢を5歳きざみの分布で示した図3-5によると居住用不動産・非居住用不動産は相続を受けた年齢のバラツキが比較的大きい．金融資産のそれは50歳代に比較的集中している．不動産相続は早い場合には20歳代後半から行われている．また親が若いときに死亡すると親は通常，十分な金融資産を蓄積していない[9]．

3.5.6 相続の有無による遺産動機

遺産動機の有無は相続の経験および予定の有無によって違うだろうか．表3-8によると遺産動機をもつ者の割合は相続の経験があると74％，相続予定があると64％，相続の経験も予定もない場合は44％とそれぞれなっている．つまり相続経験のある者は遺産動機が強く，(後述するように相続資産の取り崩しが少ないことを考えあわせると)相続した資産を遺産として残す公算がきわ

表3-8 遺産動機の有無(相続の経験・予定の有無別)

1) 全体 (%)

区分	相続・贈与について			全体
	経験あり	予定あり	予定なし	
遺産動機あり	73.8	64.1	44.1	55.2
遺産動機なし	26.2	35.9	55.9	44.8
計	100.0	100.0	100.0	100.0

2) 持家世帯 (%)

区分	相続・贈与について			全体
	経験あり	予定あり	予定なし	
遺産動機あり	75.2	69.9	54.6	64.1
遺産動機なし	24.8	30.1	45.4	35.9
計	100.0	100.0	100.0	100.0

3) 借家世帯 (%)

区分	相続・贈与について			全体
	経験あり	予定あり	予定なし	
遺産動機あり	60.4	62.0	31.3	41.4
遺産動機なし	39.6	38.0	68.8	58.6
計	100.0	100.0	100.0	100.0

めて高い．

なお相続の経験も予定もない場合，持家世帯は50％強が遺産動機をもつのに対し，借家世帯は30％強しか遺産動機をもたない．相続経験・予定がなくても持家世帯の遺産動機は比較的強い．

3.6 遺産動機のプロビット分析

これまでのクロス表による分析をさらに進め，本節では遺産動機のプロビット分析を試みる．そして，これまでのファクト・ファインディングがロバストであるかを確かめることにしたい．

表 3-9 遺産動機の決定要因

説明変数	係　数	標準誤差	P　値
定数項	−0.138	0.128	0.283
金融資産	8.14×10^{-5}	3.60×10^{-5}	0.023
実物資産1	1.99×10^{-5}	7.96×10^{-5}	0.012
実物資産2	2.12×10^{-5}	1.10×10^{-5}	0.058
持家・相続経験あり	0.738	0.106	0.000
持家・相続予定あり	1.004	0.193	0.000
持家・相続なし	0.205	0.090	0.023
借家・相続経験あり	0.060	0.217	0.784
借家・相続予定あり	0.341	0.129	0.008
借家・相続なし	(基準)		
東京	−0.287	0.116	0.013
信越	0.059	0.190	0.758
東海	0.191	0.123	0.119
東北・北陸	0.041	0.129	0.751
近畿	−0.332	0.100	0.001
中国・四国	0.055	0.136	0.686
九州・沖縄	−0.072	0.115	0.533
北海道	−0.440	0.173	0.011
関東	(基準)		
従業員100人未満	(基準)		
従業員100-499人	0.109	0.114	0.337
従業員500人以上	0.090	0.111	0.418
官公庁	0.179	0.139	0.198
個人経営者	−0.481	0.201	0.017
法人経営者	0.029	0.173	0.866
サラリーマンOB	0.212	0.121	0.079
農林漁業	0.131	0.132	0.321
自営業主	0.215	0.118	0.069
その他職業	0.042	0.144	0.769
40-49歳	(基準)		
50-59歳	0.169	0.079	0.032
60-69歳	0.212	0.108	0.050
70-79歳	0.364	0.147	0.013
子供1人	(基準)		
子供2人	−0.092	0.092	0.318
子供3人	−0.201	0.115	0.080
子供4人以上	−0.424	0.108	0.000
3世代同居	0.137	0.085	0.107
その他	(基準)		
対数尤度		−1070.895	

分析モデルは次のとおりである．

$$Y = \Phi(Z) + \mu$$
$$Z = a_0 + a_1 \times X_1 + a_2 \times X_2 + \cdots\cdots + a_n \times X_n$$

ここで Y は遺産動機があるとき1をとり，遺産動機がないときゼロをとる変数である．また $\Phi(Z)$ は標準正規分布関数，μ は誤差項，a_i はパラメーター，X_i は説明変数を表す．説明変数には金融資産・実物資産1(相続分を除く実物資産)・実物資産2(相続分)・持家の有無(相続経験・予定の有無でネストさせたダミー変数)・地域ダミー・職域ダミー・年齢ダミー・子供の人数ダミー・3世代同居ダミーを含めた．

表3-9は，その分析結果である．それによると遺産動機の決定要因として，まず金融資産・実物資産1・実物資産2の資産変数はいずれも有意であった(ただし実物資産は5％では有意でない)．資産保有額が多くなるほど遺産動機は強くなる．ちなみに各説明変数が平均値をとる場合，資産保有額が1％増加すると遺産動機のある確率はそれぞれ3.3％，2.0％，1.6％ポイント上昇する．つぎに総じて借家よりも持家の方が遺産動機が強いことも確かめられた．持家の場合，相続経験や相続予定があれば遺産動機はそれだけ強くなる．借家の場合でも相続予定があれば遺産動機は有意にプラスである．ただし相続経験があっても借家の場合には，その有意性は検出されなかった．さらに地域別にみると北海道・近畿・東京に居住する世帯の遺産動機は有意に弱かった．職業別には個人経営者のみが遺産動機は有意に弱かった．年齢階層別にみると高齢になるほど遺産動機は有意に強かった．子供3人以上の世帯における遺産動機も有意に弱かった．クロス表によるファクト・ファインディングはおおむねロバストであり，プロビット分析においても検出されている．

3.7　総資産に占める相続資産の割合

相続の実態は家計の資産形成にどの程度影響を与えているだろうか．郵政研究所調査では保有資産および相続資産の現在評価額を質問しているので，その

回答を利用してこの問題に接近してみたい.

まず相続の有無別（相続資産合計額が正値であるか，ゼロであるかで区別）に保有資産額（正値回答のみ）を整理してみた．その結果が表3-10である．全国計の平均値をくらべると相続経験のある世帯は9500万円弱，それがない世帯は3400万円強であり，2.8倍もの違いがある．表3-10のうち都市規模別の平均値・中央値をレーダーチャートにしたのが図3-6である．都市規模が大きい

表3-10　保有資産の1992年評価額

1) 相続経験のある世帯　　　　　　　　　　　　　　（万円）

区分	サンプル数	平均値	中央値	標準偏差
全　国	565	9,478	4,620	25,529
東京都区部	47	23,169	10,300	28,830
11大都市	76	9,940	5,964	18,674
15万人以上	142	9,236	5,370	16,412
5万人以上	102	10,843	4,225	49,371
5万人未満	28	6,202	3,995	6,393
郡部	170	5,410	3,700	5,844
20歳代	3	4,503	3,658	1,602
30歳代	58	5,764	3,048	9,810
40歳代	147	7,617	4,120	10,930
50歳代	209	11,937	5,000	37,694
60歳代	111	9,091	5,190	16,517
70歳代	37	10,370	4,400	21,346

2) 相続経験のない世帯　　　　　　　　　　　　　　（万円）

区分	サンプル数	平均値	中央値	標準偏差
全　国	1,755	3,404	1,750	6,890
東京都区部	175	6,517	1,130	15,710
11大都市	333	3,003	1,500	4,805
15万人以上	551	3,114	1,361	5,636
5万人以上	355	3,291	2,000	5,282
5万人未満	87	2,683	2,000	3,283
郡部	254	2,823	2,068	3,109
20歳代	168	395	187	786
30歳代	389	1,482	662	2,086
40歳代	491	2,884	1,900	3,575
50歳代	424	4,886	3,000	8,921
60歳代	202	7,188	4,000	12,605
70歳代	81	4,842	3,400	5,620

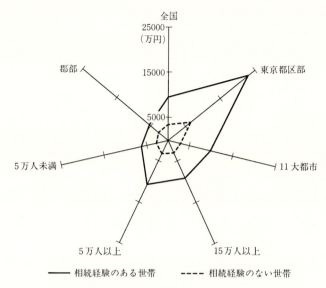

図 3-6 保有資産の 1992 年評価額　1)　平均値

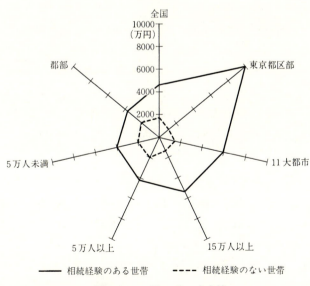

図 3-6 つづき　2)　中央値

表 3-11 相続資産の重み(世帯分布)

1) 保有資産に占める相続資産の割合別

年齢区分	保有資産に占める相続資産の割合(%)					
	-24.9	25-	50-	75-	100	100超
20-29歳	66.7	0.0	33.3	0.0	0.0	0.0
30-39歳	15.8	19.3	15.8	24.6	8.8	15.8
40-49歳	15.2	14.5	21.4	30.3	6.9	11.7
50-59歳	18.4	12.6	21.4	25.2	8.7	13.6
60-69歳	23.6	20.9	21.8	18.2	9.1	6.4
70-79歳	13.5	8.1	24.3	32.4	8.1	13.5
全体	18.3	15.1	21.1	25.4	8.2	11.8

注) 相続資産のある世帯のみ(加重サンプルは含まない).計数は横に合計すると100%になる.

2) 保有不動産に占める相続不動産の割合別

年齢区分	保有不動産に占める相続不動産の割合(%)					
	-24.9	25-	50-	75-	100	100超
20-29歳	50.0	0.0	50.0	0.0	0.0	0.0
30-39歳	4.2	6.3	6.3	8.3	54.2	20.8
40-49歳	6.5	6.5	10.5	10.5	49.2	16.9
50-59歳	6.4	7.4	13.8	11.2	39.4	21.8
60-69歳	7.8	18.4	18.4	12.6	34.0	8.7
70-79歳	5.4	10.8	0.0	16.2	48.6	18.9
全体	6.6	9.6	12.4	11.4	42.6	17.5

注) 相続不動産のある世帯のみ(加重サンプルは含まない).計数は横に合計すると100%になる.

ほど保有資産における相続分のウェートが高い．相続資産の大部分を占める土地の価格は都市規模が大きいほど総じて高い．このことが作用していると考えてよいだろう．

つぎに(全サンプルの相続資産合計額)/(全サンプルの保有資産合計額)の値を求めてみた．その結果，家計の保有資産のうち3分の1弱(32.7%)が相続によるものであることが判明した[10]．この値はBarthold-Ito(1992)，松浦・橘木(1993)の40%にくらべると，やや低い．

ただし，この値がマクロ的な相続割合を本当に示しているかどうかは疑わしい．アンケート調査のため高額資産を相続したデータが抜けているおそれが強

表 3-12 相続資産とりくずし世帯の割合 (%)

区分	資産額(100万円)						全体
	25未満	25-50	50-75	75-100	100-200	200以上	
保有資産階層別	27.7	9.1	2.3	7.5	5.2	10.9	11.8
相続資産階層別	7.5	16.2	10.8	11.1	18.9	23.3	11.8

注) 1. 相続資産がある世帯のみ.
2. 保有資産額が相続資産額よりも少ない世帯の割合を計算した.

いからである.高額資産保有者の資産を考慮すると,この割合はもっと高くなりうる.ちなみに麻生(1994)は相続税統計と『全国消費実態調査』から資産分布関数を求め,世代間移転分を推計している.それによると家計総資産に占める世代間移転分の割合は58％である[11].

各サンプルごとの相続割合はどうか.ここでは相続資産と保有資産を比較するので相続資産額が正値のサンプルのみを対象とする.その整理結果が表3-11である.それによると全体として相続資産割合が75％以上100％未満の世帯が最も多い(対象サンプルのほぼ25％程度であり,相続が完了したと考えられる70歳代では32％).

相続資産をなんらかの目的のためにとりくずしてしまっている(相続資産割合が100％を超えている)世帯はあまり多くなく,12％であった.このとりくずし割合を保有資産階層別・相続資産階層別に整理したのが表3-12である.それによると保有資産2億円未満の階層では総じて保有資産が少ない世帯ほどとりくずし割合は高い.これは「資産をとりくずした結果,保有資産が少なくなった」ということもできよう.相続資産階層別にみると総じて相続資産が大きい世帯ほど相続資産をとりくずす割合が高い.

相続不動産のみに限定とするとどうか.この場合でも相続不動産をとりくずした世帯の割合は17.5％であり,それほど多くない.相続割合が100％の世帯が4割強を占めている.現在保有している不動産は相続したままの世帯が少なくない(相続した不動産を手放し,まったく同じ現在価値の不動産を新たに入手した世帯も例外的に考えうる).

3.8 相続資産額の大きさ

相続資産の平均値は1992年段階で5500万円弱であり,中央値は2500万円であった(正値回答のみ集計した.表3-13参照).都市規模別にみると地価の高い大都市ほど相続資産額は大きい.相続資産額の分布は図3-7に示されている.それによると相続資産2500万円未満の世帯が半数近い.また5000万円未満が全体のほぼ7割を占める.一方,相続資産1億円以上の世帯が15%程度,

表3-13 相続資産の1992年評価額 (万円)

区 分	サンプル数	平均値	中央値	標準偏差
全 国	566	5,467	2,500	9,671
東京都区部	46	14,737	6,750	22,570
11大都市	75	5,485	3,000	7,061
15万人以上	139	6,131	3,000	9,028
5万人以上	103	4,052	2,000	6,195
5万人未満	30	4,330	2,000	6,671
郡部	173	3,500	2,000	5,310

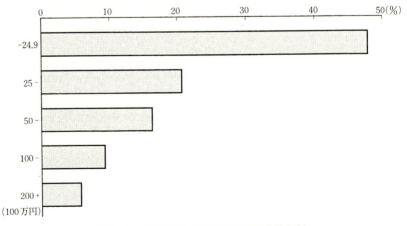

図3-7 相続資産の1992年評価額(世帯分布)

2億円以上の世帯が約6%ある．相続資産額は総じてかなり大きい[12]．

3.9 考察結果の要約

本章では遺産に対する考え方と相続の実態を明らかにしてきた．まず資産保有額が多くなるほど，また高年齢になるほど遺産動機は強い．また世帯主職業別でも地域別でも遺産動機の強さに違いがみられた．遺産動機が弱いのは個人経営者であり，地域では北海道・沖縄・近畿である．持家の有無別では持家世帯の方が明らかに遺産動機は強い．持家の場合，相続経験や相続予定があれば遺産動機はそれだけ強くなる．

もっとも土地資産をもっているから遺産動機が強いのか，あるいは遺産動機が強いために土地資産を取得したのか，不明である．遺産動機が強い場合に相続税制上有利な土地資産の保有割合を高めるということは容易に想像しうる．一方，土地をたまたま保有している世帯が土地の値上がりによって遺産動機を強めたということも考えうる．

遺産の分け方については世代間利他主義がほとんどみられず，戦略的遺産動機や joy of giving が比較的多かった．

つぎに相続・贈与の経験および予定があるのはほぼ4割程度である．また相続の経験および予定の有無別に遺産動機の有無をみると，両者の間にはかなり強い相関がある．

相続資産額(1992年評価額)は実際に相続経験のある世帯のみに限定すると平均値が約5500万円，中央値が2500万円となっていた．また実際に相続経験のある世帯と相続経験のない世帯で保有資産の1992年評価額(平均値)を比較すると，それぞれ9500万円，3400万円となっており2.8倍もの開きがあった．なお総資産に占める相続資産の割合は全体として33%であり，他の研究結果よりも低かった．さらに相続資産のある世帯において個々のサンプルごとに相続資産割合を求めてみると，100%を超える世帯は全サンプルの約12%であった．相続資産をとりくずすケースは多くない．相続経験のある世帯の方が遺

産動機は強く，かつ相続資産のとりくずしは多くないことを考えると，家計資産格差が縮小しない一因は相続を通じた資産の世代間移転にあると推論しうる．

ただし遺産・相続の決定要因にはさらに深く分析すべき点がある(たとえば所得の多寡はなぜ相続を左右しないのか等)．その分析は今後の課題としたい．

* 本章は高山・麻生・宮地(1995)に基づく．本章の基礎となった論文は日本金融学会(1994年)で発表した．
1) ちなみに野口(1990)は相続による土地取得の有無が著しい資産格差につながっていると主張している．また同様の論点を松浦・橘木(1993)も指摘している．
2) 本章第2章参照．
3) もちろん郵政研究所調査にも限界がある．たとえば親の職業・居住場所・所得や資産の状況についての情報は得られない．この点では野口・上村・鬼頭(1989)の用いたアンケート調査の方が適切である．またアンケート調査では，高額資産を相続した者が資産額を過小に報告したり資産額を記入しなかったりしかねない．この点，注意する必要がある．
4) 1994年の郵政研究所調査では選択肢を若干変更した．それによると遺産について「いかなる場合でも残す予定である」が16%，「面倒をみてくれた場合や事業を継いだ場合のみ残す予定である」が6.5% である．むしろ「積極的に残すつもりはないが余った場合は残す」が最も多く(48%)，「残す必要はない」が24% となっている．さらに遺産を残す場合，「均等に分ける」が44%，「面倒をみてくれた子に多く残す」が24%，「長男・長女に全部残す」が17% となっている．「均等に分ける」は若年齢の者ほど多い．
5) なお遺産については「遺産を残さないとご先祖様に申しわけがたたない」とか「遺産を残さないと世間体がわるい」というのが，従来の日本人にみられた典型的パターンではないだろうか．こうした態度はライフサイクル仮説や利他主義的遺産動機あるいは戦略的遺産動機の想定する合理的行動とはかなり異なっているかもしれない．今後，日本人の行動パターンに即した理論が展開される必要がある．
6) 可処分所得の階層区分は高山・麻生・宮地(1995)をみよ．
7) 相続については鬼頭ほか(1993)も首都圏と山形県について調査している．本章との比較は高山・麻生・宮地(1995)をみよ．
8) 図3-1では相続の経験も予定もある世帯を「経験あり」に分類し，相続の経験はないものの予定はある世帯を「予定あり」に分類している．

9) 図3-5によると相続を受けた年齢が60歳以上である世帯の割合は比較的少ない. 世帯主の年齢が60歳代であることに注意する必要がある.
10) 32.7%という値は,住宅ローンなどの借入れ残高を保有資産合計額から差し引いて分母を「全サンプルの純保有資産合計額」として算出した. 借入れ残高を考慮せず分母をグロスの数字で計算すると30.9%になる.
11) 麻生推計の特徴は高額資産保有者の資産分布に特別に注意を払った点にある. 一般の資産保有者については『全国消費実態調査』を用いて対数正規分布をあてはめ, 相続税の課税対象となる高額資産保有者についてはパレート分布をあてはめている. こうした方法で世代間移転分(平均値)を推計すると, 1991年時点でおよそ1億円から1億5000万円となった. なお『全国消費実態調査』から求められた対数正規分布だけで世代間移転分を計算すると, 高額資産保有者(パレート分布)の分布を別途考慮する場合のおよそ半分に過小推計される.
12) 1993年の『土地基本調査(世帯調査)』では土地の取得状況を調べている(全国で約60万世帯を対象とした大規模調査である). それによると現住居敷地面積の約5割は相続・贈与で取得したものであり, 現住居敷地を相続・贈与で取得した世帯は全体の30%に及んでいた. 現住居敷地を相続・贈与で取得した割合が高いのは農林漁業主(79%)である一方, サラリーマン世帯におけるその割合は27%にとどまっていた. また, その割合を都道府県別にみると島根・鹿児島・山梨・秋田・岩手が50%前後で相対的に高く, 北海道(12%)・大阪(12%)・神奈川(14%)・東京(16%)等が低い. この調査を用いた分析は別の機会に譲りたい.

第4章　共稼ぎ世帯の家計実態と妻の就業選択

4.1　はじめに

　日本では昭和50(1975)年頃より女性の労働力率が反転し，趨勢として上昇しはじめた．女性の労働力市場への参加は今日，あたりまえのことになっている．

　この間に女性の就業要因はどのように変化してきたのだろうか．この点をめぐっては，すでに数多くの著作・論文が発表され，幾多の事実が明らかにされてきた．ただし妻の就業形態をフルタイム・パートに区分して，その違いが家計構造にどのような差異をもたらしているか，あるいはそもそもフルタイムとパートの就業選択要因に違いはないか，等については十分に解明されているとは必ずしもいえない状況にある．

　本章では，妻の就業形態を①フルタイム②パート③専業主婦，の3つに区分しながら，それぞれの家計実態を比較・検討し，さらに多項ロジット・モデルを利用して妻の就業選択要因のうち主要なものは何かを明らかにしたい．また夫と妻の経済的関係や子供数の違い等についても考察を試みる．利用データは1984年の総務庁『全国消費実態調査』である．

　もとより1時点のクロスセクション・データで明らかにできることには限界がある．とくに時系列的な将来予測に関する含意をそこから直接引き出すことには慎重でなければならない．ただし，たとえ1時点のデータであっても基本的事実に関する理解を深めることは可能である．本章の主要目的は，あくまでも事実に関する情報提供にある．この点，あらかじめ断っておきたい．

　本章では考察対象を勤労者世帯に限定した．そのさい世帯主は男性であり，年齢60歳未満の妻がいる世帯とした[1]．サンプル数は2万3095世帯(全国推計で1446万世帯)である．

4.2 妻の就業形態

妻の年齢階層別にみた就業形態別の世帯構成比は表 4-1 に示されている．全体としてフルタイム 19％，パート 16％，専業主婦 65％ であり，年齢階層別にみた妻の就業率は 1984 年においてフルタイム・パートとも M 字型となっていた[2]．フルタイム・パートを合わせた共稼ぎ率は妻 40 歳代では 49％ と比較的高かった．なお 35〜44 歳層(妻の年齢，以下同様)ではパート比率がフルタイム比率を例外的に上回っていた．

夫の年間収入階層別にはどうか．表 4-2 によると，まずサンプル全体と比較してフルタイム世帯は 400 万円未満の階層が比較的多く，専業主婦世帯は 400 万円以上の階層が相対的に多かった．他方，パートの世帯構成はサンプル全体

表 4-1　共稼ぎ率(妻の年齢階層別)　(％)

妻の年齢	フルタイム A	パート B	共稼ぎ率 A+B
全体	18.9	16.4	35.3
-24	19.4	8.0	27.4
25-29	16.1	7.5	23.6
30-34	15.0	10.9	26.0
35-39	17.5	21.5	39.0
40-44	24.3	25.0	49.2
45-49	26.5	22.8	49.3
50-54	19.8	14.4	34.2
55-59	12.7	8.4	21.1

表 4-3　共稼ぎ率(夫の年間収入階層別)　(％)

世帯主年間収入(万円)	フルタイム A	パート B	共稼ぎ率 A+B
全体	18.9	16.4	35.3
-99	39.3	32.5	71.7
100-	29.7	19.0	48.7
300-	23.3	16.0	39.3
400-	18.4	16.5	34.9
500-	15.0	16.8	31.8
600-	10.1	15.1	25.1
800+	3.7	10.4	14.2

表 4-2　世帯主年間収入階層別の世帯構成　(％)

妻の就業形態	世帯主年間収入(万円)						全体
	-299	300-	400-	500-	600-	800-	
フルタイム	24.0	30.2	24.3	12.9	7.9	0.8	100.0
パート	17.8	23.9	25.2	16.7	13.7	2.7	100.0
専業主婦	12.1	23.0	25.1	17.1	17.2	5.6	100.0
全体	15.3	24.5	24.9	16.2	14.8	4.2	100.0

第4章 共稼ぎ世帯の家計実態と妻の就業選択────73

と大差がなかった．なおフルタイム世帯とパート世帯を比較しても，前者の方が400万円未満の階層で多かった．

フルタイム・パート別の就業率を夫の年間収入階層別に調べてみよう．表4-3によると，まずフルタイムの就業率は夫の年間収入が多いほど低かった．いわゆるダグラス＝有沢の法則が成立していたのである．他方，パートの就業率は夫の年収が300万円以上800万円未満の階層では15〜17％であり，ほとんど変わりがなかった．パートの大半(約8割)はこの所得階層に属していた．したがって一部の低所得世帯を除くとパートの就業率は夫の年間収入水準とはほとんど無関係となっていた．パート就業はフルタイム就業とは異なる要因によって選択されている可能性が大きい．

4.3 家計比較

4.3.1 家計収入

(1) 夫の賃金年額

サンプル全体における夫の賃金年額は平均値437万円，中央値410万円，最頻値400万円であった．その分布は100万円未満が0.33％，300万円未満が18％，300万円台が25％，400万円台が25％，500万円台が16％，600万円以上17％(うち800万円以上が3.4％)となっていた．

また妻の年齢が高くなるにしたがって夫の賃金年額も総じて多くなり，40歳代で平均490万円強となってピークを打っていた．その後は加齢にともなって夫の賃金年額は平均をみるかぎり低下していた．

妻の就業形態別にみると，専業主婦世帯における夫の賃金年額が最も高く(平均値457万円)，フルタイム世帯のそれが最も低かった(平均値で378万円，専業主婦世帯と比較すると17％ダウンの水準であった)．パート世帯における夫の賃金年額は総じて両者の中間にあった(平均値で426万円，専業主婦世帯と比較すると7％ダウン)．妻の年齢階層別にみても，このような大小関係に変わりはなかった．

(2) 夫の年間収入

夫の年間収入は平均454万円であり，賃金以外の収入は平均で17万円にとどまっていた．年間収入のほとんど(96%)が賃金であった．また夫の年間収入は中央値が430万円，最頻値450万円であった．夫の年間収入300万円未満が15%，300万円台・400万円台がそれぞれ25%ずつ，500万円台が16%，600万円以上が19%(うち800万円以上が4.2%)となっていた．

妻の年齢別にみると，夫の年間収入は40歳代の後半でピークを打っていた．また専業主婦世帯における夫の年間収入の平均値(476万円)を100とすると，フルタイム世帯のそれは82，パート世帯のそれは92とそれぞれなっていた．専業主婦世帯との格差は夫の賃金年額の場合とほぼ同じ(ないし，やや格差拡大ぎみ)であった．

(3) 妻の賃金年額

表4-4は妻の賃金年額をフルタイム・パート別に調べたものである．まずフルタイムの場合，賃金年額の平均値は229万円，中央値・最頻値200万円であった．その分布は100万円未満が11%，100万円台が36%，200万円台26%，300万円台17%，400万円以上10%(うち500万円以上3.3%)となっていた．なお妻の賃金年額は25歳以上では平均220〜240万円にあり，加齢による賃金収入の増加はほとんどなかった(ただし，ここでは勤続年数をコントロールしていない)．

表4-4 妻の年間賃金
(平均値，万円)

妻の年齢	フルタイム	パート
-24	190	61
25-29	219	70
30-34	229	65
35-39	230	71
40-44	229	81
45-49	238	90
50-54	234	89
55-59	222	93
全体	229	77

つぎにパートの場合，賃金年額は平均値77万円(フルタイムの約3分の1)，中央値70万円，最頻値60万円であった．調査前年(昭和58年)におけるパート収入の課税最低限(所得税)は79万円であったが，それ以下に64%の者がいた．昭和59年の税制改正により，パート収入の課税最低限は88万円に引き上げられた[3]．88万円以下には76%のパート妻がいた．なお賃金年額100万円以上が19%，120万円以上が13%(うち180万円以上が3.2%)いた．パートの年間賃金を年齢階層別にみると45歳以上の平均は90万円前後となっており，若干高目であった．

(4) 妻の年間収入

共稼ぎ世帯の場合，妻の収入は賃金以外にはほとんどない．フルタイムの場合，妻の賃金年額はサンプル全体として平均229万円であったが，その年間収入は平均231万円であった．その差は2万円弱にすぎない．パートの場合も，その差はないに等しかった．

他方，専業主婦世帯における妻の年間収入の平均は38万円(ただしゼロ・データを除く)であった．

(5) 世帯合計の年間収入

世帯合計の年間収入はサンプル全体で平均550万円，中央値510万円，最頻値450万円であった(表4-5)．その分布は300万円未満が8.0%，300万円台17%，400万円台21%，500万円台18%，600〜800万円22%，800〜1000万円9.9%，1000万円以上3.6%となっていた．

妻の就業形態別にみると，その平均額はフルタイムが676万円で最も高く，パート546万円，専業主婦514万円となっていた(表4-5)．専業主婦世帯とくらべてフルタイム世帯は平均で32%アップ，パート世帯では平均で6%アップとそれぞれなっていた勘定である．この大小関係は夫の年間収入階層別にみても変わりがなかった．ただし妻の年齢階層別にみると，パート世帯と専業主婦世帯の平均年収にはほとんど違いが認められなかった(25歳以上49歳まで)．

(6) 妻の収入貢献度

世帯合計の年間収入に占める妻の賃金の割合は平均でフルタイムが約3分の

表4-5 世帯合計の年間収入

1) 世帯主年間収入階層別　　　　　　　　　（平均値, 万円）

妻の就業形態	世帯主年間収入(万円)						全体
	-299	300-	400-	500-	600-	800+	
フルタイム	450	610	748	871	1024	1232	676
パート	334	447	545	653	778	1000	546
専業主婦	280	378	471	582	727	914	514
全　体	341	443	535	637	765	935	550

2) 妻の年齢階層別　　　　（平均値, 万円）

妻の年齢	フルタイム	パート	専業主婦	全体
-24	489	372	324	360
25-29	570	396	391	421
30-34	632	457	452	480
35-39	666	522	525	549
40-44	708	582	581	612
45-49	759	631	633	666
50-54	757	645	666	681
55-59	676	580	622	625

表4-6 妻の貢献度　　　　　（%）

区分	世帯所得に占める妻の賃金の割合		夫の賃金に対する妻の賃金の割合	
	フルタイム	パート	フルタイム	パート
(1) 世帯所得(万円)				
-299	36.4	15.6	60.4	19.9
300-	33.8	14.5	55.0	18.0
400-	32.3	13.2	52.1	16.4
500-	33.6	11.5	56.3	14.3
600-	33.5	10.4	58.7	13.3
800+	34.5	9.4	67.6	13.8
(2) 妻の年齢				
-24歳	38.8	15.9	70.2	19.7
25-29	38.5	13.7	69.2	16.7
30-34	36.3	11.3	65.9	14.0
35-39	34.6	11.3	59.4	13.7
40-44	32.3	11.5	54.8	14.3
45-49	31.4	12.1	57.3	16.5
50-54	30.9	10.8	60.0	15.9
55-59	32.8	13.1	71.8	23.7
(3) 全　体	33.8	11.6	60.6	14.9

1，パート12％弱であった(表4-6)．この割合はフルタイムの場合には加齢に応じて，またパートの場合には世帯所得が高くなるにつれてそれぞれ低下していたものの，フルタイムの場合には世帯所得階層別(パートの場合には年齢階層別)にみるかぎり，ほとんど変わりがなかった．

表4-6には夫の賃金に対する妻の賃金の割合も示されている．フルタイムの場合，妻の賃金は夫のそれの約6割であった．ただし世帯所得が800万円以上であったり，妻の年齢が35歳未満(および55歳以上)であったりすると，この割合は若干高めとなっていた．他方，パートの場合，妻の賃金は夫の賃金の15％であったものの，世帯所得の水準が低いほど，その割合は高くなる傾向にあった[4]．

(7) 可処分所得

税・社会保険料の負担は平均で年間76万円(フルタイム世帯97万円，パート世帯72万円，専業主婦世帯71万円)であり，世帯合計の年間収入の14％弱を占めていた[5]．可処分所得は平均で474万円であった．

4.3.2 消費支出・消費性向

消費支出年額はサンプル全体で平均334万円であった(表4-7参照)[6]．妻の就業形態別にみると，専業主婦世帯が総じて一番低く，平均321万円となっていた．フルタイムの場合には平均372万円(専業主婦世帯より平均で16％アップ)，パートの場合は平均341万円(同，6％アップ)となっていた．なお年齢階層別にみても，上記の大小関係には基本的に変わりがなかった(ただし年齢30～54歳層ではパート世帯と専業主婦世帯の間にほとんど違いがなかった)．また世帯合計の年間収入階層別にみると，妻の就業形態が異なっても平均消費支出額はほぼ同一の水準にあった．消費支出は世帯合計の年間収入と密接に関係していたようである．

フルタイム世帯と専業主婦世帯をくらべると，消費支出格差(16％)は世帯合計の年間収入格差(32％)より小さい．これは，フルタイム世帯の方が消費性向は低い(貯蓄率が高い)ことを事実上，意味している．ちなみに消費性向はフル

表4-7 消費支出年額

1) 年間収入階層別 (平均値, 万円)

妻の就業形態	世帯合計の年間収入(万円)						全体
	-299	300-	400-	500-	600-	800+	
フルタイム	212	253	301	345	380	483	372
パート	227	269	300	340	404	499	341
専業主婦	216	257	297	338	396	480	321
全体	217	258	298	336	393	483	334

2) 妻の年齢階層別 (平均値, 万円)

妻の年齢	フルタイム	パート	専業主婦	全体
-24	288	262	230	244
25-29	323	274	256	269
30-34	339	292	289	297
35-39	357	317	315	323
40-44	397	360	355	367
45-49	433	401	404	411
50-54	396	405	400	400
55-59	352	335	368	363

タイム世帯が64%, 専業主婦世帯・パート世帯が72%であった[7]. ただし可処分所得階層別にみると妻の就業形態がちがっても消費性向に大差はなかった. つまり上述した消費性向の違いは可処分所得水準の違いによっている[8].

4.3.3 資産保有額

(1) 金融資産

表4-8は世帯合計の年間収入別および年齢階層別に平均金融資産残高を調べたものである[9]. 金額は借入金控除前(グロスターム)を意味している. サンプル全体として平均残高は542万円であった. また, その中央値は370万円, 最頻値は200万円前後にあった. 妻の就業形態別ではフルタイム世帯のそれが588万円であり, 最も高かった. 専業主婦世帯544万円, パート世帯478万円であり, パート世帯の平均貯蓄残高は専業主婦世帯のそれより低かった.

年齢階層別にみると, 総じて加齢にともない金融資産保有額は増加していた. ただし50歳代の平均貯蓄残高は専業主婦世帯が最も高かった.

表4-8　金融資産保有額

1) 年間収入階層別　　　　　　　　　　　（平均値，万円）

妻の就業形態	世帯合計の年間収入(万円)				
	-299	300-	400-	500-	600-	800+
フルタイム	228	271	332	437	594	949
パート	188	266	378	494	584	981
専業主婦	197	314	446	583	783	1191
全体	197	303	420	537	695	1071

2) 妻の年齢階層別　　　（平均値，万円）

妻の年齢	フルタイム	パート	専業主婦	全体
-24	227	182	183	192
25-29	383	265	310	319
30-34	527	344	418	426
35-39	557	433	512	503
40-44	645	513	604	591
45-49	723	586	694	677
50-54	743	626	903	832
55-59	687	950	1095	1031
全体	588	478	544	542

　また世帯合計の年間収入階層別にみても年収300万円以上では専業主婦世帯の平均貯蓄残高が最も高かった(なお年収別にみると，パート・フルタイムの間にその差はあまりなかった)．

(2)　宅地保有額

　サンプル全体の宅地保有額(持家のみ)は平均で1660万円弱であった．また，その中央値は1300万円強，最頻値は900万円前後にあった．宅地保有額は総じて夫の年間収入が高いほど，また妻の年齢が高いほど高額になっていた．

4.4　夫と妻の経済的関係

4.4.1　夫の職業と妻の職業

　表4-9は夫の職業と妻の職業の関係を調べたものである．これは結婚相手を職業別に区分したものを同時に意味している．表の1)は妻の職業別に夫の職

表 4-9　夫の職業と妻の職業の関係

1) 妻の職業別　　　　　　　　　　　　　　　　　　　　(%)

夫の職業	妻の職業					全体
	常用労	日雇労	民間職	官公職	無職	
常用労務者	61.7	50.1	35.7	18.7	33.3	37.5
日雇労務者	0.4	1.4	0.1	—	0.2	0.2
民間職員	28.6	33.1	47.5	25.2	48.3	43.4
官公職員	9.4	15.4	16.7	56.2	18.3	18.9
全体	100.0	100.0	100.0	100.0	100.0	100.0

2) 夫の職業別　　　　　　　　　　　　　　　　　　　　(%)

夫の職業	妻の職業					全体
	常用労	日雇労	民間職	官公職	無職	
常用労務者	22.5	6.7	10.4	2.9	57.6	100.0
日雇労務者	23.9	29.9	4.1	—	42.1	100.0
民間職員	9.0	3.8	11.9	3.3	71.9	100.0
官公職員	6.8	4.1	9.6	17.0	62.5	100.0
全体	13.7	5.0	10.9	5.7	64.7	100.0

業別世帯構成比を調べたものである．全体として民間の常用労務者が37%，民間職員43%，官公職員19%となっていた．このような世帯構成は妻が民間職員・専業主婦の場合のそれと大差がなかった．しかし妻が常用労務者(および臨時・日雇いの労務者)の場合，夫も常用労務者である割合がきわめて高かった(62%)．また妻が官公職員の場合，夫も官公職員である割合が56%と，極端に高かった．

表4-9の2)は夫の職業別に妻の職業を調べたものである．全体として専業主婦が65%，民間常用労務者14%，民間職員11%，官公職員5.7%，臨時・日雇い労務者5.0%となっていた．専業主婦率が最も高いのは夫が民間職員の場合である(72%)．ついで夫が官公職員の場合(63%)，常用労務者の場合(58%)の順になっていた．

4.4.2 夫の賃金と妻の賃金

表4-10は夫の賃金年額と妻の賃金年額に関する世帯数のクロステーブルである．フルタイム世帯の場合，夫の賃金が低い階層では妻の賃金も低い例が多かった．また夫の賃金が上昇するにつれて妻の賃金も上昇するというケースが比較的多かったようである．他方，パート世帯では世帯主の賃金年額にかかわりなく妻の賃金年額80万円未満(ないし120万円未満)の例が多かった．

表4-10によると，妻の賃金年額を夫の賃金年額階層別にみた場合，パートの平均賃金は80万円弱で夫の賃金階層区分に無関係であるが，フルタイムの平均賃金は夫の賃金年額が高いほど総じて高くなっていた[10]．他方，夫の賃金年額を妻の賃金年額階層別にみると，フルタイムの場合，妻の賃金年額80万円以上の世帯では，妻の賃金年額が高いほど総じて夫の賃金年額も高かった[11]．

同じ表4-10には，夫婦合計の賃金年額(平均)も示されている．それによると，夫の賃金でみても妻の賃金でみても，各人の賃金が高くなるにつれて夫婦合計の賃金も総じて高くなっていた．夫の賃金階層別にみるとフルタイムとパートの別ではフルタイムの方が夫婦合計の賃金は高いが，妻の賃金階層別にみると総じてパートの方が夫婦合計の賃金は高かった．後者は夫の賃金の高低を反映したものである．全体としてフルタイムの場合，夫婦合計の賃金年額の平均は606万円であり，専業主婦世帯の夫の賃金年額の平均(457万円)を約33%上回っていた．またパートの場合，夫婦合計の賃金年額の平均は501万円であり，フルタイム世帯より平均で17%ダウン，専業主婦世帯の夫の賃金年額(平均)より9.6%アップとなっていた．

4.5 子供数・教育関係費

表4-11は世帯属性別に子供数を調べた結果である．ここでは妻の年齢が35〜39歳層に着目した[12]．1984年時点でみるかぎり妻の就業形態が異なっても平均子供数に違いはなかった．ただし妻の職業別にみると民間職員・官公職員

表4-10 夫の賃金と妻の賃金の関係

1) 妻フルタイム就業の場合

夫の賃金 (万円)	妻 の 賃 金(万円)						妻の賃金 平均(万円)	夫婦合計 賃金(万円)
	-79	80-	120-	200-	300-	400+		
-299	6.3	22.9	38.3	26.4	4.3	1.8	171	395
300-	4.6	11.6	28.9	30.4	21.5	3.1	219	559
400-	3.1	9.6	23.4	24.7	24.1	15.1	257	694
500-	4.6	8.7	22.9	19.9	18.1	25.8	284	817
600-	4.0	6.4	26.0	15.8	17.2	30.5	307	957
800+	7.6	17.7	11.4	9.8	24.2	29.3	271	1125
全 体	4.7	13.5	29.1	25.7	16.8	10.1	229	606
夫の賃金 平均(万円)	355	325	353	364	416	498	—	—
夫婦合計 賃金(万円)	423	423	507	605	756	975	—	—

2) 妻パート就業の場合

夫の賃金 (万円)	妻 の 賃 金(万円)						妻の賃金 平均(万円)	夫婦合計 賃金(万円)
	-79	80-	120-	200-	300-	400+		
-299	60.9	23.6	13.7	1.4	0.1	0.3	79	306
300-	64.7	23.0	10.0	1.7	0.3	0.3	76	418
400-	63.8	21.5	11.6	2.7	0.4	—	77	517
500-	61.7	26.3	9.8	1.7	0.4	—	77	609
600-	68.6	19.1	9.1	1.7	0.5	1.1	76	741
800+	66.4	22.6	6.8	4.1	—	—	76	938
全 体	63.7	22.8	11.0	1.9	0.3	0.3	77	501
夫の賃金 平均(万円)	428	419	407	448	457	450	—	—
夫婦合計 賃金(万円)	481	510	550	682	787	932	—	—

注) 金額以外の計数は横に合計すると100%になる．

の場合，平均子供数は若干少なかった．これは，子供のいない世帯の割合がわずかながら多く，また3人以上子供のいる世帯の割合が多少とも少ないことによっていたようである．なお夫の年間収入階層別にみると，総じて収入が高い階層ほど子供数は多い．とくに3人以上子供のいる世帯の割合は夫の年収が700万円以上で比較的高い．

第4章 共稼ぎ世帯の家計実態と妻の就業選択――83

表4-11 妻35～39歳層の子供数

区　分	平均子供数 (人)	子供0人の世帯率(%)	子供3人以上の世帯率(%)
(1) 妻の職業			
常用労務者	2.09	3.1	23.0
日雇・臨時	2.15	2.5	23.5
民間職員	2.00	7.0	20.4
官公職員	1.98	6.2	21.0
(2) 妻の就業形態			
フルタイム	2.06	5.5	24.3
パート	2.06	3.9	20.1
専業主婦	2.07	3.6	25.3
(3) 夫の年収(万円)			
-100	2.66	0.0	43.8
100-200	1.98	11.8	27.4
200-300	1.98	5.9	23.0
300-400	2.05	4.7	24.9
400-500	2.06	3.7	22.1
500-600	2.09	2.5	23.5
600-700	2.11	3.3	23.6
700-800	2.09	4.4	28.3
800-900	2.13	4.9	30.0
900+	2.19	3.2	36.2
(4) 全　体	2.07	4.0	24.0

表4-12 教育関係費の分布

(%)

妻の就業形態	教育関係費(月額，万円)						全体	平均 (千円)	在学生2人以上の世帯率(%)
	0	0.01-	1.0-	2.0-	5.0-	10+			
専業主婦	7.0	38.5	25.0	21.7	4.4	3.4	100.0	19.6	60.6
パート	3.2	25.7	28.8	30.1	6.9	5.4	100.0	28.0	76.6
フルタイム	7.1	28.0	22.9	28.4	6.3	7.4	100.0	29.8	68.7
全　体	6.4	34.5	25.3	24.3	5.1	4.4	100.0	22.8	65.3

注) 在学生1人以上の世帯．

　表4-12は在学生が1人以上いる世帯をぬき出して，教育関係費[13]を調べたものである．その月額は平均で専業主婦世帯が約2万円，共稼ぎ世帯はフルタイム・パートとも3万円弱であった．この違いは，在学生1人の世帯割合が専業主婦世帯の場合には39％と相対的に高いことを一部反映している．在学生

が2人以上になるとパートやフルタイムで働くケースが少なくないようである．なお月額で5万円(10万円)以上を教育関係費にあてている世帯がフルタイム世帯で14%(7.4%)，パート世帯で12%(5.4%)，専業主婦世帯で7.8%(3.4%)，それぞれあった．

　消費支出全体に占める教育関係費の割合はパート世帯が最も高く平均で9.1%であり，ついでフルタイム世帯8.7%，専業主婦世帯6.7%の順であった．ただし教育関係費の支出ウェートが20%以上の世帯はフルタイム世帯の場合，11%弱と最も多かった(パート世帯は9%)．

4.6　都道府県別の諸特性

　表4-13は妻の就業形態に関係があると思われる主要な指標を都道府県別に整理したものである．まずフルタイム就業率(A)は全国ベースでは18.9%であったが，島根(51%)石川(49%)富山(49%)高知(45%)福井(44%)鳥取(43%)山形(43%)新潟(42%)の諸県で高く，逆に神奈川(7.4%)北海道(11%)大阪(11%)鹿児島(12%)埼玉(12%)東京(13%)兵庫(13%)奈良(13%)千葉(14%)の各都道府県における値は低かった．

　パート就業率(B)はどうか(全国ベースで16.4%)．この割合が20%を超えていたのは長野・静岡・岐阜・滋賀・山口・栃木・愛知・三重・埼玉の各県である．他方，13%未満には徳島・奈良・高知・鳥取・沖縄・秋田・長崎・山梨・愛媛・香川・福井・福島の各県が属していた．なおパート就業率がフルタイム就業率より高くなっていたのは東京・神奈川・埼玉・千葉・愛知・大阪・兵庫・北海道・山口・鹿児島の都道府県であった．

　フルタイムとパートを合計した共稼ぎ率はC欄に示されている．全国ベースでは35.3%であったが，島根(65%)富山(63%)石川(62%)山形(58%)新潟(58%)福井(56%)長野(56%)高知(55%)鳥取(53%)佐賀(53%)福島(52%)滋賀(50%)の諸県で高く，奈良(23%)神奈川(24%)北海道(25%)大阪(25%)兵庫(27%)，東京(28%)の各都道府県で低かった．総じて日本海ベルト地帯の諸県

で高く(高知・福島は例外),東京と大阪を中心とする大都市圏および北海道・長崎で低かったといえよう.

D欄は妻の平均年齢を示したものである.全国平均は38.3歳であった.また40歳を超えていたのは山形・福島・新潟・長野・鳥取・島根の各県であった.他方,東京・愛知・大分・鹿児島・沖縄の各都県では37.5歳を下回っていた.

夫の平均年収はE欄に示されている(全国平均は454万円であった).総じて3大都市圏地域の各府県で夫の平均年収は高く,全国平均を超えていた.他方,400万円未満の県には東北の一部,鳥取・島根・高知および南九州・沖縄が入っていた.

F欄は満2歳以下の幼児が1人以上いる世帯の割合を調べたものである.全国ベースでは20.7%であった.この割合が23%以上で比較的高い都県には東京・岡山・高知・大分・宮崎・鹿児島・沖縄が含まれていた.一方,16%未満の低いところは秋田・新潟・富山・島根・佐賀の諸県であった.

夫婦いずれかの母親と同居している世帯の割合はG欄に示されている.全国平均の同居率は16.9%であった.同居率が比較的高かったのは島根(34%)富山(34%)石川(34%)新潟(33%)鳥取(33%)福井(32%)山形(31%)滋賀(31%)長野(30%)の各県であり,逆に低かったのは鹿児島(7.3%)宮崎(8.6%)東京(9.6%)北海道(10%)大阪(10%)沖縄(11%)神奈川(11%)高知(12%弱)埼玉(12%弱)の各都道府県であった.この指標と共稼ぎ率との相関はかなり高そうである.

H欄には土地・住宅用の借入金のある世帯の割合が示されている.全国ベースでは42%の世帯がそのような借入金をかかえていた.この割合が49%以上の県には山形・三重・埼玉・島根・長野の各県が含まれていた.他方,岩手・大阪・東京・福岡・長崎・岡山の各都府県では37%未満であった.

現在,同居していないものの遊学中の者がいる世帯の割合はI欄に示されている.全国ベースでは4.9%であった.この割合が10%を超えていたのは島根・鳥取・愛媛・佐賀・長野・福島・大分・福井の各県であった.

表 4-13 都道府県別の諸特性

都道府県名	A 妻フルタイム就業率 (%)	B 妻パート就業率 (%)	C 共稼ぎ率 (%)	D 妻平均年齢 (歳)	E 夫平均年収 (万円)	F 幼児ありの世帯率 (%)	G 母親同居率 (%)	H 土地・住宅の借入金ありの世帯率 (%)	I 遊学中ありの世帯率 (%)	J 遊学・高校大学在学生世帯率 (%)	K 夫が公務員の世帯率 (%)	L 持家率 (%)
1 北海道	10.8	14.0	24.7	38.2	428	21.8	10.4	42.3	7.1	20.0	30.8	52.2
2 青森	25.2	18.3	43.5	39.0	401	17.9	22.9	47.0	7.9	24.7	42.6	76.7
3 岩手	33.8	15.7	49.6	39.8	344	19.9	20.6	33.9	9.5	26.9	25.9	64.0
4 宮城	20.2	15.4	35.6	39.1	429	18.6	23.5	40.6	5.7	22.2	25.7	66.4
5 秋田	34.3	11.3	45.6	39.7	388	15.9	26.3	43.4	6.7	24.3	28.9	76.7
6 山形	42.6	15.7	58.2	41.2	381	18.1	30.9	56.3	8.9	27.1	30.5	79.1
7 福島	38.5	12.9	51.5	40.1	421	20.4	25.0	41.1	10.5	26.9	25.9	71.1
8 茨城	19.1	18.0	37.1	38.3	453	19.0	17.2	45.3	5.9	21.2	23.2	77.2
9 栃木	23.9	21.0	44.9	39.5	456	17.2	20.4	45.0	7.7	23.7	22.6	77.7
10 群馬	26.2	18.3	44.5	40.0	419	17.9	26.1	42.6	8.6	27.5	20.2	80.9
11 埼玉	12.1	20.2	32.3	38.1	482	19.4	11.8	51.9	2.3	19.6	19.1	73.5
12 千葉	13.8	17.3	31.1	37.8	501	21.6	14.4	48.0	2.9	18.8	16.3	68.6
13 東京	12.6	15.5	28.1	37.1	509	23.1	9.6	36.1	0.8	15.7	15.4	54.2
14 神奈川	7.4	16.5	23.9	38.4	513	22.5	11.2	44.2	2.2	19.5	15.2	64.1
15 新潟	42.4	15.7	58.1	40.7	418	15.2	33.1	49.7	9.8	24.4	21.5	84.8
16 富山	48.6	14.1	62.7	40.0	416	13.4	33.9	42.5	9.1	25.0	15.3	89.8
17 石川	49.3	13.0	62.3	38.1	423	20.0	33.6	48.0	7.3	24.4	26.0	84.4
18 福井	44.0	12.4	56.4	39.6	440	16.7	32.2	42.4	10.3	24.4	21.0	84.9
19 山梨	27.9	11.7	39.6	39.1	438	16.8	24.9	40.3	7.6	27.3	36.9	72.2
20 長野	33.4	22.9	56.3	40.2	426	18.9	30.3	49.5	10.8	24.4	29.5	79.2

21	岐阜	24.8	22.4	47.2	38.4	417	19.8	25.2	42.2	6.3	21.1	26.3	77.1
22	静岡	24.0	22.9	46.9	39.0	426	18.7	21.7	45.2	6.9	22.2	13.7	73.7
23	愛知	17.1	20.6	37.7	37.5	474	21.6	17.4	40.4	3.2	19.8	16.2	64.5
24	三重	26.5	20.5	47.1	39.2	445	16.6	28.7	53.7	4.5	20.0	26.5	84.9
25	滋賀	28.3	22.1	50.4	39.1	456	21.3	30.7	46.4	3.4	20.7	18.0	86.7
26	京都	18.2	15.6	33.8	39.9	480	17.1	19.7	43.4	3.2	21.1	20.7	78.5
27	大阪	10.9	14.3	25.3	37.8	468	22.1	10.4	34.6	1.7	18.6	13.7	54.6
28	兵庫	12.9	14.2	27.0	38.4	476	20.8	17.5	40.7	3.6	19.2	19.9	66.8
29	奈良	12.9	10.4	23.3	38.6	494	16.6	20.3	44.8	2.7	20.7	28.1	82.8
30	和歌山	16.3	13.8	30.1	37.8	429	17.0	22.2	41.1	6.8	22.5	31.1	72.5
31	鳥取	42.7	10.8	53.4	40.2	399	20.7	33.1	47.4	12.6	25.1	29.2	80.4
32	島根	50.9	13.9	64.9	41.4	397	9.5	34.4	51.8	14.0	33.1	30.1	78.8
33	岡山	30.4	18.4	48.8	37.7	421	24.9	24.2	36.8	6.6	22.5	20.4	65.3
34	広島	24.3	14.5	38.8	38.7	435	19.4	15.9	42.0	8.0	22.4	17.6	65.5
35	山口	19.4	21.1	40.5	37.9	422	18.7	20.3	46.1	7.8	18.1	18.2	71.6
36	徳島	33.1	9.1	42.3	38.9	417	16.5	23.3	47.5	8.4	24.5	35.2	78.5
37	香川	28.1	12.3	40.4	38.2	419	17.5	25.5	37.5	7.0	17.0	20.1	73.5
38	愛媛	22.5	12.1	34.6	38.1	425	22.2	12.7	42.3	11.7	24.0	32.2	70.7
39	高知	44.8	10.6	55.4	37.9	369	25.0	11.6	39.9	8.4	18.9	25.9	64.5
40	福岡	16.1	14.6	30.7	37.8	430	21.6	17.1	36.2	3.5	18.3	19.9	51.6
41	佐賀	34.7	18.2	52.9	39.7	418	15.3	26.4	46.3	11.4	27.0	29.8	73.9
42	長崎	15.7	11.6	27.3	39.3	402	19.1	17.9	36.7	9.2	21.7	24.4	65.1
43	熊本	28.7	14.0	42.7	38.6	402	20.2	15.2	38.5	8.8	21.3	32.0	57.6
44	大分	23.1	16.9	40.0	37.5	405	23.6	15.3	43.4	10.4	22.3	25.0	59.8
45	宮崎	24.5	16.1	40.6	37.7	360	30.3	8.6	40.2	5.1	17.8	28.2	56.1
46	鹿児島	11.9	19.8	31.7	37.1	364	30.6	7.3	38.4	8.4	21.3	30.9	60.7
47	沖縄	25.5	11.3	36.8	36.5	325	31.0	11.0	41.7	3.6	19.7	27.9	50.8
	全国	18.9	16.4	35.3	38.3	454	20.7	16.9	42.1	4.9	20.4	20.8	66.1

この割合に，同居家族の中で高校・大学に在学中の者がいる世帯の割合を加えた指標が J である．全国ベースでは 20% の世帯割合となっていた．この割合が 25% 以上の県には島根・群馬・山梨・山形・佐賀・福島・岩手・鳥取の各県が含まれていた．

K 欄は夫が公務員の世帯割合であり，全国平均で 21% となっていた．この割合が 30% 以上になっていたのは青森(43%)・山梨(37%)・徳島(35%)・愛媛・熊本・和歌山・鹿児島・北海道・山形・島根の道県であった．逆に，この割合が 17% 未満で低かったのは大阪・静岡・神奈川・富山・東京・愛知・千葉の都府県であった．

持家率は L 欄に示されている．持家率が 80% を超えていたのは富山(90%)・滋賀(87%)・福井(85%)・三重(85%)・新潟(85%)・石川(84%)・奈良(83%)・群馬(81%)・鳥取(80%)の諸県であった．他方，持家率が比較的低いところには沖縄(51%)・福岡(52%)・北海道(52%)・東京(54%)・大阪(55%)の都道府県が含まれていた．なお全国平均の持家率は 66% であった．

4.7 妻の就業選択モデル

4.7.1 分散分析

以下では妻の就業形態を①フルタイム②パート③専業主婦(無業)に区分し，その選択要因を明らかにしてみたい．

まず，そのような選択モデルを探索する第 1 段階として，その選択に関連すると従来考えられてきた諸要因を『全消』データの中から選びだし，それらの要因が就業形態の選択にどの程度まで関係していたかを分散分析によって評価することにしよう．

選び出した変数の一覧は表 4-14 のとおりであり，F 値が表 4-15 に示されている．表 4-15 によると，F 値が最も大きかったのは母親同居の有無であった．ついで 3 大都市圏か否か，2 歳以下の幼児の有無，遊学中の者ないし高校・大学在学中の者の有無，住居の所有状況，土地・住宅のための借入金の有無，夫

第4章　共稼ぎ世帯の家計実態と妻の就業選択────89

表4-14　変　数　の　説　明

A. 従属変数 　0　妻フルタイム就業 　1　妻パート就業 　2　専業主婦(無業) B. 母親同居の有無 　1　同居あり(1人以上) 　2　同居なし C. 3大都市圏か否か 　1　3大都市圏 　2　3大都市圏以外 D. 幼児(満2歳以下)の 　有無 　1　幼児あり(1人以上) 　2　子供あり幼児なし 　3　子供なし E. 遊学者・大学生・ 　高校生の有無 　1　1人以上あり 　2　なし(子供あり) 　3　子供なし F. 住宅の所有状況 　1　持家 　2　民営借家・設備専用 　3　民営借家・設備共用 　4　公営住宅 　5　公社・公団住宅 　6　給与住宅 　7　借間	G. 土地・住宅のための 　借入金の有無 　1　借入金あり 　2　借入金なし H. 夫の恒常所得(万円) I. 夫の年間収入(万円) 　1　100未満 　2　100-299 　3　300-399 　4　400-499 　5　500-599 　6　600-799 　7　800+ J. 夫の職業 　1　民間常用労務者 　2　臨時日雇労務者 　3　民間職員 　4　官公職員 K. 非同居遊学者の有無 　1　遊学者あり 　2　遊学者なし L. 妻の年齢(歳) 　1　　-24 　2　25-29 　3　30-34 　4　35-39 　5　40-44 　6　45-49 　7　50-54 　8　55-59	M. 夫の企業規模(従業員数) 　1　　-29 　2　30-499 　3　500-999 　4　1000+ 　5　公務員 　6　不詳 N. 金融資産額(万円) 　〈借入金控除前〉 　1　300未満 　2　300-499 　3　500-999 　4　1000+ O. 宅地保有額(万円) 　〈持家のみ〉 　1　1000未満 　2　1000-1999 　3　2000-2999 　4　3000-3999 　5　4000+ P. 非同居・病気入院中 　の者の有無 　1　あり 　2　なし Q. 土地取得計画 R. 住宅取得計画 　1　3年以内 　2　3-5年 　3　5年以上先 　4　計画なし

の恒常所得[14]，夫の職業，遊学中の者の有無，夫の年間収入，妻の年齢，夫の勤め先企業規模等の F 値が比較的高かった．なお夫の生涯所得と年間収入をくらべると，前者の方が F 値は大きかった．

他方，土地取得計画の有無あるいは住宅取得計画の有無の F 値は小さかった[15]．また非同居かつ病気入院中の者の有無についても F 値は小さかった．さらに1984年には金融資産保有額・宅地保有額等の資産変数の F 値も小さかった[16]．

以上の事前評価に基づいて，つぎに多項ロジット・モデルによる分析を試み

表4-15 妻の就業選択に関する分散分析

要因	F値	自由度	要因	F値	自由度
母親同居の有無	1,732	1	夫の職業	288	3
3大都市圏か否か	1,187	1	遊学者の有無	262	2
幼児の有無	775	2	妻の年齢	221	7
遊学者・大学生・高校生の有無	623	2	夫の企業規模	130	5
住宅の所有状況	554	6	金融資産額	36	3
土地・住宅のための借入金の有無	488	1	宅地保有額	4	4
夫の恒常所得	333	6	病気入院中の者の有無	12	1
夫の年間収入	251	6	土地取得計画の有無	5	3
			住宅取得計画の有無	3	3

たい.

4.7.2 多項ロジット・モデル

妻は, フルタイムで就業するか(F), パートタイムで就業するか(P), 専業主婦となるか(H), という3つの互いに排他的な選択に直面していると仮定しよう. これらに対応する確率をそれぞれ P_F, P_P, P_H とする. 仮定によりこれらの3つの確率の和は1となる. さらに, それぞれの確率は次のような関数型のロジスティック分布に従っていると仮定する.

$$P_i = \exp\{a_i + \Sigma_j(b_{ij}X_j)\} / [1 + \Sigma_i \exp\{a_i + \Sigma_j(b_{ij}X_j)\}], \quad i = F, P$$

$$P_H = 1 / [1 + \Sigma_i \exp(a_i + \Sigma_j(b_{ij}X_j))]$$

ここで, $X_j (j=1, \cdots, m)$ は独立変数である.

妻の就業形態に影響を与えうる独立変数として, ここでは夫の年間収入・妻の賃金率・母親同居の有無・幼児の有無・遊学者等(高校生・大学生込み)の有無・土地(住宅込み)のための借入金の有無・公務員ダミー・持家ダミー・2大都市圏居住ダミー[17]・妻の年齢ダミー等を考慮することにした.

さらに妻の就業選択と夫の年間収入の間には非線型の関係があると仮定した. すなわち夫の年間収入階層について, つぎのようなダミー変数 d_i をまずつくった.

d_1: 夫の年間収入が100万円未満ならば1, それ以外0

d_2：夫の年間収入が100万円以上400万円未満ならば1，それ以外0

d_3：夫の年間収入が400万円以上800万円未満ならば1，それ以外0

d_4：夫の年間収入が800万円以上ならば1，それ以外0

ついで変数 d_i と夫の年間収入 Y_h を用いて，つぎのように変数 YY_i を定義した．

$$YY_1 = d_1 \times Y_h + 100 \times (d_2+d_3+d_4)$$
$$YY_2 = d_2 \times (Y_h-100) + 300 \times (d_3+d_4)$$
$$YY_3 = d_3 \times (Y_h-400) + 400 \times d_4$$
$$YY_4 = d_4 \times (Y_h-800)$$

こうして定義された変数 YY_i を利用すれば，夫の年間収入が妻の就業選択に及ぼす影響を夫の年間収入階層ごとに分けて考察することができる．なお夫の年間収入を階層区分しない1段階のみの線型関数を仮定した場合についても参考のため推定することにした．

推定結果は，上記の分布関数をロジスティック変換し，つぎのような線型関数を仮定して求めた．また，それぞれの方程式は最尤推定法により推定した．

$$\ln(P_i/P_H) = a_i + \Sigma_j(b_{ij}X_j), \qquad i = F, P$$

このとき変数 X_j の P_i に対する限界的な影響は

$$(\partial P_i/\partial X_j) = b_{ij}P_i - P_i\Sigma_i(b_{ij}P_i)$$
$$(\partial P_H/\partial X_j) = -\Sigma_i(\partial P_i/\partial X_i)$$

で与えられ，弾力性の値を計算するのに利用できる．

表4-16は多項ロジット・モデルの推定結果である．まず夫の年間収入が多いほど専業主婦確率は高かった．ただし夫の年間収入が100万円未満および800万円以上の階層ではパラメーターの値は統計的に有意でなかった．なお1段階のみの線型関数を仮定したときのパラメーターの値および t 値（カッコ内）は左からそれぞれ $-0.00381(-11.6)$，$-0.00626(-17.7)$ であった．

つぎに賃金率[18]が高いほど妻のパート就業確率・フルタイム就業確率はいずれも高くなる傾向にあった．また母親が同居している場合，パート就業およびフルタイム就業の確率は高くなったものの，パート就業については統計的に有

表 4-16　多項ロジット・モデルの推定結果

変　数	$\text{Log}(P_P/P_H)$		$\text{Log}(P_F/P_H)$	
定数項	1.62	(0.330)	-0.981	(-0.184)
夫の年間収入				
YY_1	-0.0642	(-1.31)	-0.0235	(-0.443)
YY_2	-0.00398	(-4.76)	-0.00700	(-9.34)
YY_3	-0.00364	(-7.05)	-0.00569	(-10.0)
YY_4	-0.00475	(-1.30)	-0.00992	(-1.53)
賃金率	0.00635	(4.23)	0.00492	(3.52)
母親同居ダミー	0.151	(1.23)	0.865	(8.43)
幼児ダミー	-1.92	(-9.49)	-1.20	(-8.37)
遊学者・高校生・大学生ダミー	0.505	(4.20)	0.673	(5.63)
土地・住宅のための借入金ダミー	0.536	(5.22)	0.582	(6.11)
公務員ダミー	-0.369	(-3.12)	0.442	(4.49)
持家ダミー	-0.114	(-0.969)	0.690	(5.72)
2大都市圏ダミー	-0.516	(-3.78)	-0.910	(-6.73)
妻の年齢ダミー				
(　-24歳)	0.913	(1.99)	1.08	(3.10)
(25-29歳)	0.778	(2.42)	0.842	(3.32)
(30-34歳)	1.17	(4.17)	0.911	(3.98)
(35-39歳)	1.59	(5.80)	0.883	(3.90)
(40-44歳)	1.86	(6.64)	1.44	(6.23)
(45-49歳)	1.84	(6.38)	1.52	(6.31)
(50-54歳)	0.986	(3.30)	0.904	(3.71)
$\text{Log } L$	-3609.05			

注)　カッコ内:t値．年齢ダミーの基準:55-59歳．

意でなかった．さらに2歳以下の幼児がいる場合，専業主婦確率は高くなった．くわえて遊学者や高校・大学在学中の者がいたり，土地・住宅のための借入金があったりすると，パート就業およびフルタイム就業の確率は高くなっていた．他方，夫が公務員である場合，フルタイム就業の確率は高かったものの，パート就業の確率は低かった．持家世帯は借家世帯とくらべると，フルタイム就業の確率が高かった．京浜および京阪神の2大都市圏に居住している世帯は，それ以外の地域に居住している世帯とくらべて専業主婦確率が高かった．以上の諸変数を考慮しても妻の就業選択には年齢別にみてM字型の構造が依然として残っていた．

　表4-17はP_F, P_P, P_Hについて所得弾力性・賃金弾力性を計算した結果であ

表4-17 弾力性

	夫の年間収入 (万円)	フルタイム	パート	専業主婦
所得弾力性	-99	0.49	-2.53	2.24
	100-399	-1.37	-0.45	0.75
	400-799	-2.25	-1.16	0.77
	800以上	-7.91	-3.39	0.76
	全体	-1.95	-0.84	0.89
賃金弾力性		1.52	2.40	-1.16

る．それによると夫の年間収入が100〜799万円の場合，所得弾力性の値(絶対値)はフルタイム就業の方がパート就業より大きかった．他方，賃金弾力性(絶対値)はパート就業の方がフルタイム就業より大きかった．また所得弾力性と賃金弾力性の値を比較すると，フルタイム就業の場合には夫の年間収入が100〜399万円にあるかぎり後者の方が前者より若干大きかった(400万円以上では両者の関係は逆転していた)．パート就業の場合には夫の年間収入が100〜799万円にあるかぎり賃金弾力性の方が所得弾力性よりも大きかった．ここで検討したかぎりでは，妻の労働力市場への参加は夫の年間収入水準に左右される側面があるものの，賃金率の上昇に誘発される可能性がかなり高い[19]．

表4-17に示された所得弾力性のうち「全体」の欄には1段階の線型関係を仮定した場合の値が記されている．フルタイム就業の場合，所得弾力性は賃金弾力性より大きく(いずれも絶対値)，上述の効果(夫の年収が100〜399万円の場合における効果)は検出できない．非線型性の仮定は，この意味では重要であると思われる．

以上の分析の結果，表4-16の説明変数はすべて妻が労働力市場へ参加するさいに重要な決定要因として作用していることがわかった．ただし母親同居の有無および持家か借家かの違いはパート就業の選択には有意な変数となっていなかったこと，夫が公務員の場合には妻のパート就業確率が低いことも判明した．さらに妻の就業選択確率の所得弾力性は夫の年間収入階層によって少なからぬ違いがあり，非線型性を仮定しないと所得効果の作用について判断を誤る

おそれがあることも明らかになった[20].

4.8 おわりに

　本章は，あくまでも1984年という1時点の考察結果である．『全消』は5年おきの調査であるので，1979年や1989年についても本稿と全く同様の分析をすることができる．妻の雇用者率は近年，上昇傾向を示しているが，その要因の本格的解明は3時点の分析結果がそろえば可能となるだろう．ただし，その解明は別の機会に譲りたい．

　本章では妻の就業選択について説明力の高いモデルを探索し，基本的事実を次つぎに明らかにしてきた．ただし，そのような事実を踏み台として就業選択に関する理論仮説を提示するまでにはいたっていない．理論仮説の構築作業は今後の課題である．

　本章では妻の就業選択について，もっぱら労働力供給サイドの分析に終始し，労働力需要サイドの要因については掘り下げた考察をしていない．しかし賃金率や2大都市圏ダミーの効果に関するかぎり，需要サイドの要因をさらに詳しく調べる必要がある．この点も今後に残されている．

　妻の就業選択が家計貯蓄率にどのような影響をおよぼすかという問題についても究明すべき点が少なくない．この点の解明も今後の課題である[21].

　＊　本章は筆者がそれぞれ経済企画庁の客員主任研究官(高山)・客員研究員(有田)であったときに経済企画庁において執筆した論文(高山・有田; 1990)を新たに展開しなおしたものである．本章における計数は上記の論文および『経済分析』116, 118, 121の各号に収載された論文に基づく部分が少なくない．論文準備の初期段階で上野大氏(千代田生命，前経済企画庁委嘱調査員)より一方ならぬご助力を賜った．また1991年9月のJCERミニ・コンファレンスにおいて小椋正立・清家篤・大沢真知子・八代尚宏・山内直人・村木厚子・河井啓希の各氏から有益なご批判・ご助言を頂戴した．さらに1992年1月のNBER-JCERの大磯コンファレンスでもアメリカ側の出席者(D. Bloom, L. J. Kotlikoff等の教授)から有益なご

助言を賜った．記して謝意を表したい．
1) 分析を簡単化し，またレバレッジ・ポイントの作用を避けるため，本章では妻のうち自営業を営む者，年収(世帯ベース)100万円未満の世帯，世帯主の年収1000万円以上の世帯，妻フルタイム就業で妻の年間賃金60万円未満の世帯を対象からはずした．なお妻のうち自営業を営む者は勤労者世帯(世帯主は男性で60歳未満の妻あり)の9.4%(うち家族従業者が7.5%)を占めていた．
2) 『全消』調査の手引によると，パート就業とは「1日の所定労働時間がその事業所の一般労働者より短い場合および同じであっても1週間の所定労働日数がその事業所の一般労働者より少ない場合」を意味している．この定義は労働省『雇用動向調査』『賃金構造基本統計調査』における定義と同じである．
3) 給与所得控除(最低額)55万円＋配偶者控除33万円＝88万円．この金額は控除対象配偶者となるための給与収入の上限である．前年は50万円＋29万円＝79万円であった．パートの賃金年額は，その大半が労働時間の調整を通じて課税最低限以下にコントロールされていたようである．ただしパート就業には残業がなく，家事労働と市場労働を両立させ易い．パート就業の選択にあたっては税制だけでなく，このような労働時間における自由度も考慮されているに違いない．なお日本では出産・育児でいったん就業を中断した後にパートの形で労働力市場に復帰する女性が多い．これは，子供が小さい時に就業を中断しないためにパートの形を選ぶことが少なくないアメリカとは際立って対照的である．Long-Jones(1980)参照．
4) 妻の賃金収入を含む世帯所得の分布は妻の賃金収入を除いた世帯所得の分布と同程度のバラツキ具合であった(変動係数で測って，それぞれ39.4%，39.7%であった)．
5) 本章における税・社会保険料は所得税・住民税・年金保険料・医療保険料のみの合計額であり，その他の税や雇用保険料を含んでいない．その推計プロセスについては『経済分析』116号の第4章を参照してほしい．
6) 『全消』では消費支出年額は与えられていない．ここでは『経済分析』116号の第4章に示した手順により推計した(ただし消費概念は『全消』ベースのまま)．
7) 本章における消費性向は過小推計を免れていない．税・社会保険料は本章の注5で述べたように範囲が限定されている一方，『全消』の耐久消費財支出は過小計上されているおそれが強いからである．

　フルタイム世帯の貯蓄性向が高いことは日本の貯蓄率の動向について1つの重要な示唆を与える．すなわち専業主婦やパートタイマーがフルタイム化するのに

ともなって家計の所得水準は上昇し，貯蓄率も引き上げられる．妻の労働力率は1970年代の中葉以降，上昇傾向にあった．それは日本全体における家計貯蓄率の低下幅を縮小させるように機能していた．妻の労働力率が今後とも上昇しつづけると仮定すると，家計貯蓄率の低下はその分だけスピードダウンすると予想される．

8) 詳細は高山・有田(1992c)の第12表をみよ．
9) ゼロ・データはほとんどなかった(0.77％)．金額はゼロ・データを除いた分の平均値である．
10) 夫の賃金年額が800万円以上の世帯で妻がフルタイムという例はサンプルが少なすぎるので，注意する必要がある．
11) 職業や賃金にみられる夫婦の経済的関係は結婚におけるペアリングがランダムでないことを示唆しているように思われる．
12) 妻の年齢が40歳以上になると，子供は結婚して世帯を分離しはじめる．独立した子供の数は『全消』では不明である．
13) 教育関係費には，10大消費支出のうちの教育費および学校給食・学生服・通学定期・学習用机イス・文房具・辞書事典類・遊学仕送り金等が含まれている．
14) 恒常所得は1年平均の生涯賃金で代理させた．生涯賃金の求め方については『経済分析』118号の分析1，第3章を参照してほしい．
15) 土地・住宅の取得を向う5年以内に計画している世帯について金融資産残高の多寡が妻の就業選択に影響しているかを念のため調べてみたが，F値はともに1.5と小さかった．
16) 『全消』データには学歴に関する情報や賃金率・労働時間(1日あるいは1週あたり)・通勤時間に関する情報は掲載されていない．
17) モデル分析にさいして中京大都市圏を除いた．
18) 賃金率のデータは1984年の『賃金構造基本統計調査』(都道府県別にみたパートタイム女性労働者の1時間あたり所定内給与)を利用した．このデータにはサンプル・セレクション・バイアスがあるので，注意が必要である．なお大沢(1990)は，このバイアスをとり除く試みをしている．
19) アメリカにおける女性の労働力率上昇は所得効果を上回る代替効果によって引き起こされたという主張がある(Mincer, 1962)．この主張が日本でも成立していたことを実証的にはじめて示した論文として大沢(1990)を挙げることができる．なお大沢(1990)は1987年の『就業構造基本調査』(個票データ)を用いて妻の就業選択問題を分析している．それによると，正規従業員については学歴や賃金率の

効果が大きく，非正規従業員の場合には子供の年齢効果が大きくなっていた．
20) 本章の多項ロジット・モデルをさらにリファインし，夫の年間収入以外の説明変数を夫の年間収入や妻の年齢等でネストさせる必要があるかもしれない．
21) 本章の注7参照．高山・山崎・桜井(1996)は1989年の『全国消費実態調査』を用いて妻の就業選択が家計貯蓄率にどのような影響を与えるかを分析している．

第 II 部

高齢者の生活実態と資産保有

第5章　高齢夫婦世帯の所得・消費・資産

5.1　はじめに

　日本の社会保障制度は昭和40年代に整備された．当時は高度成長の絶頂期にあり，将来については楽観論が支配しがちであった．そうした昭和40年代における高齢者イメージは次のようなものであったといえよう．すなわち戦後の混乱の中で今日と明日のための生活の糧を手に入れるのに精一杯であり，遠い先の話である老後のために貯蓄を形成する余裕などはほとんどなかった．過去の蓄積分は戦争で紙くず同然となり，また固定資産も居住用の宅地・住宅を除けば無いに等しい．予想外にも長生きすることになったが，働けなくなった今，生活はひどく苦しい．以上である．実際，当時の高齢者は生活難を訴える者が多数派であった．

　上記のような高齢者イメージは「高齢者かわいそう論」ともいうべき主張を生みだし，それが各種の社会保障制度整備の主要な推進力となったのである．また，それは社会保障制度や租税制度の制度内容を具体的に定めるさいにも当然の前提となった．

　当時からかぞえて既に二十余年が経過した．しかし「高齢者かわいそう論」は今もなお主要なマスコミや政治家諸氏の間に根強く生き残っているようである．高齢者の多数派は本当に今もなお貧乏であり，かわいそうだといえるだろうか．

　高齢者の生活実態については，これまで各種の平均指標を用いて語られるのが通例であった．しかるに高齢者の生活実態はばらつきが大きく，平均値のみでは生活の内実を的確に把握できない．平均値思考から決別しないと高齢者の実像はみえてこないのである．

　高齢者の実像に迫るためには，それにふさわしいデータが用意される必要が

ある．これまでのところ，そのようなデータへのアクセスはきわめて少数の者（主として行政担当者）に限定されていた．ただし高齢者関連の業務統計は各種公表されているものの，それだけでは不十分なものが少なくない．たとえば年金受給に関するデータは各制度別に公表されている．しかし一人で複数の年金を受給している者も少なくない．1984 年の『老人実態調査の概要』(厚生省)によると，65 歳以上の者のうち 14.6％(7 人に 1 人)が 2 つ以上の年金を受給していた．この割合は男女計の数字である．男子だけに限定すると 17.6％(6 人に 1 人)が 2 つ以上の年金を受給していた．また夫婦単位でみると，双方ともに 65 歳以上の世帯では 89％(60 歳以上では 73％)が 2 人とも年金を受給していた（厚生省『国民生活基礎調査』1989 年，による）．年金給付を各制度ごとに，あるいは個人ごとに調べるだけでは不十分である．年金受給の実態を調べるためには生活を営むさいの基本単位である世帯に着目して世帯ベースの年金受給額を知る必要がある．

本章では，1989 年に実施された総務庁統計局『全国消費実態調査』(以下『全消』と略称する)を駆使して，年金受給世帯の生活実態を明らかにしたい．現実がどうなっているかをまず知りたいからである．なお事実の評価や政策へのつなぎの問題については本章の末尾で若干触れるにとどめる．本章の狙いはあくまでも事実の記述にある．

5.2 資料および用語の説明

『全消』は主として年々の『家計調査』(サンプルは約 8000 世帯)を補うことを目的として 1959 年に始められ，それ以後 5 年ごとに実施されている．1984 年調査からは農林漁家世帯を含む全国全世帯に調査対象が拡大された．同調査は単に家計収支だけでなく資産・負債についても調査しており，所得・消費・資産の総合調査として日本で実施されている世帯調査では情報量が最も多いものである．1989 年調査からは土地や住宅等の資産関連調査項目の充実が図られ，家計資産調査の性格をも事実上有するようになった．1989 年調査では約 6

万世帯が調査された．データの信頼性も総じて高いことがすでに確認されている[1]．

本章では1989年における調査結果の一部を整理して紹介するにすぎないが，必要なかぎりで資料と用語の説明をまずしておこう．

5.2.1 調査の対象

実施にあたって調査対象は2人以上の「普通世帯」と「単身者世帯」の2つに分けられ，それぞれ別々に調査された．調査対象から不適格世帯として除外された世帯は次のとおりである．まず普通世帯の中では

　①料理飲食店または旅館を営む併用住宅の世帯
　②下宿または賄いつきの同居人のいる世帯
　③住みこみの従業員が4人以上いる世帯
　④外国人世帯

が除外された．また単身者世帯では

　⑤15歳未満の者
　⑥上記の条件①②④に該当する者
　⑦従業員を同居させている者
　⑧学生
　⑨社会施設および矯正施設の入所者
　⑩入院患者および療養所入所者

が除外対象者であった．高齢者に着目すると入院患者や特別養護老人ホームにいる者は調査されなかった．ただし被生活保護世帯は原則として調査対象に含まれていた．

5.2.2 調査世帯の抽出方法

普通世帯の選定手順はつぎのとおりである．まず市については1989年1月1日現在のすべての市区(656市区)を調査した．町村は2590町村のうち535町村を選定した．ついで調査市区町村の中から4584の調査単位区を抽出し，さ

らに各調査単位区から12世帯ずつを調査世帯として抽出した.

調査世帯の抽出率は市区町村ごとに異なる．たとえば東京都区部では最小抽出率が2237分の1であったが，人口5万人未満の市の最大抽出率は343分の1であった．このため全国ベースの計数を求めるさいには抽出率の調整が必要になった．本章では各種の分布を調べるさいには抽出率調整後の世帯数を利用した．抽出率調整後の世帯数を40倍すると全国ベースの推計世帯数が得られるようになっている．なお1989年1月1日現在，普通世帯は全国で3009万世帯弱あったと推定されている．このうち調査世帯として抽出されたのは5万5008世帯であった.

単身者世帯の場合，30人以上の寮・寄宿舎に居住する者を960世帯（1つの寮・寄宿舎から6世帯）および上記以外の単身者を3124世帯，それぞれ系統抽出法にしたがって選定した．適格世帯数は全国ベースで704万世帯弱あったと推計されたが，このうち調査世帯は4084世帯であった．抽出率は普通世帯と同様に地域別に異なる．抽出率調整後の世帯数を40倍すると母集団の数に一致するようになっている．

5.2.3 調査票および調査事項

調査票は(A)世帯票，(B)耐久財・年収・貯蓄等調査票，(C)家計簿，の3つに分かれている．家計収支は，普通世帯の場合には9月1日～11月30日の3カ月間，単身者世帯の場合には10月1日～11月30日の2カ月間にわたってそれぞれ調査された．また調査票(B)は11月末日現在で記入された．さらに調査票(A)は普通世帯の場合9月1日現在で，また単身者世帯は10月1日現在でそれぞれ調査員に質問調査された．

調査事項は多岐にわたっている．ここでは本章の考察に関連があると思われる事項のみを説明しておきたい．まず年間収入は，すべての世帯について過去1年間(1988年12月～1989年11月)の収入が種類別に世帯主・世帯主の配偶者・その他世帯員の3つに分けて調査された．収入はつぎの10分類にしたがって区別される.

①勤め先からの賃金収入(税込み)

②農林漁業所得(諸経費控除後,税込み)

③②以外の事業所得(同上)

④内職等の所得(原稿料・月謝等を含む,同上)

⑤公的年金・恩給(税込み)

⑥仕送り金

⑦家賃・地代等(諸経費控除後,税込み)

⑧利子・配当(税込み)

⑨その他収入(失業手当・児童手当・生活保護給付・見舞金・祝金など)

⑩現物消費(年間見積額)

年間収入の中には退職一時金を含めない.また私的年金給付は貯蓄のとりくずしとみなし年間収入には含めない.さらに土地・家屋等の財産売却によって手にした収入も年間収入は含んでいない.なお以下の分析では公的年金・恩給を単に「年金」と表示する.

家計収支における支出は①消費支出,②非消費支出(税金・社会保険料・借入金利子等),③その他の支出(預貯金・保険掛金・借入金返済・有価証券購入・財産購入等),の3つに分類されている.このうち②③は非勤労者世帯では調査されていない.また①の消費支出は現金消費支出を意味しており,現物消費を含んでいない.ただし現物消費(見積額)は別掲の形で調査されており,年間収入には含まれている.なお借入金の利子は本来ならば年間収入から控除すべきであるが,本章ではこのような調整はしていない.

貯蓄はつぎの9分類にしたがって1989年11月末の現在高が世帯ごとに調査された(本章および次章で「貯蓄」は金融資産を意味している).

①郵便局・定額貯金(定期・積立を含む)

②郵便局・通常貯金

③銀行等・定期預金(積金を含む)

④銀行等・普通預金(当座・通知等を含む)

⑤生命保険等・掛金累計額(簡易保険・郵便年金・損害保険・農協共済を

含む．掛け捨てのものは含まない)

⑥貸付信託(金銭信託を含む)

⑦債券(国債・地方債・公社債・公社債投信等を含む)

⑧株式(株式投信を含む．時価評価)

⑨社内預金等(無尽等への掛金を含む)

銀行等には信用組合・労働金庫・商工中金・農協等が含まれる．なお借入金の残高もあわせて調査された．本章では貯蓄から借入金を差し引いた金額を「純貯蓄」と呼んでいる．本章における「貯蓄」は粗貯蓄の残高である．また個人営業世帯などの貯蓄には家計用だけでなく営業用も含まれている．さらに現金のまま保有されているいわゆるタンス預金や知人への貸付金は貯蓄には含まれていない．

実物資産はつぎの3つが調査された．

①住宅

②宅地

③耐久消費財

このうち住宅・宅地については1989年調査から現住居以外の保有分についても新規に調査されるようになった．住宅評価額は建築時期や建物の構造等に基づいて総務庁で独自に推計した減価償却後の金額が報告されている．減価償却は定率法によっている．宅地についても国土庁『地価公示』(1990年1月1日時点)および都道府県『地価調査』を利用した総務庁による推計額が報告されている．なお借地に建てられた持家住宅の場合には「借地権」が公示価格の5割(鉄骨・鉄筋コンクリート造の場合のみ6割)に相当するとして推計されている[2]．

耐久消費財は自動車・家具・電気製品等の主要60品目(購入金額5万円以上)が1989年調査では調べられた．総務庁では取得時期等を参考にして減価償却後の評価額を独自に推計し，その結果を報告書に記載している．

高齢夫婦世帯(定義は後述する)の場合には耐久消費財の保有額は必ずしも高くなかったので[3]，本章では考察の対象からはずした．ただしゴルフ会員権・

スポーツクラブ会員権(以下では単に「ゴルフ会員権等」と略称する)は耐久消費財の1項目として調査されているが，性格的にはむしろ金融資産に限りなく近いと判断される．したがって本章ではゴルフ会員権等のみを他の耐久消費財と切り離して別途集計することにした．本章において集計の対象とした実物資産は①住宅②宅地③ゴルフ会員権等，の3つである．

5.2.4 用語の説明

普通世帯というときの「世帯」は，住居および生計を共にしている2人以上の人の集まりを意味している．したがって別居している家族や，同居していても生計を別にしている者は別世帯扱いである．なお「世帯主」は，家計の主たる収入を得ている者を指す．

「集計世帯数」は，集計のさいに実際に用いた世帯数を意味している．調査世帯であっても該当事項が未記入の場合には原則として集計世帯には含めていない．

本章では年金受給世帯を考察の対象としている．ただし『全消』では遺族年金や障害年金の受給についても調査しているので，年金受給者は20歳代の世帯主の中にも含まれる．われわれの関心は高齢者の生活実態にある．そこで本章では，年金受給者のうち年齢60歳以上の者に考察対象を限定した．そのうち特に世帯主が60歳以上の男性であり，年金を受給しながら配偶者(妻)と2人だけで生計を営んでいる世帯を選びだした．この世帯を以下では「高齢夫婦世帯」と略称する．本章で考察の対象としたのは，この高齢夫婦世帯だけである[4]．単身の年金受給世帯やその他の年金受給世帯についての考察は次章以下でとりあげる．

5.3 高齢夫婦世帯の諸属性

本章では「高齢夫婦世帯」の暮らしぶりを調べる．高齢夫婦世帯のサンプルは表5-1に示されているように4743世帯であった[5]．世帯主が60歳以上の男

表5-1 年齢別世帯数(高齢夫婦世帯)

年齢 (歳)	集計世 帯数	推計世帯数 (千世帯, A)	Aの構成 比(%)	[参考]年金受給 世帯の割合(%)
60-64	1,656	819	34.0	73.2
65-69	1,465	744	30.9	92.4
70-74	935	486	20.2	94.8
75+	687	356	14.8	96.4
全体	4,743	2,405	100.0	85.7

出所) 総務庁『全国消費実態調査』1989年.以下同様.

性である夫婦世帯は5487世帯に及んでいたが,そのうち世帯主が年金を受給していないサンプルが744世帯あった.世帯主の年金受給率は85.7%(抽出率調整前では86.4%)であったことになる.なお,ここにいう高齢夫婦世帯は全国ベースで約240万世帯強あったと推計される.

世帯主の年金受給率は年齢階層別に調べることができる.年金受給率は65歳前後で多少とも異なっていた.60歳代前半層のそれは4分の3弱であったが,65歳になると90%超までその比率は上がり,その後も年齢が高くなるにつれて世帯主の年金受給率は上昇していた.

高齢夫婦世帯の年齢別構成比をみると60歳代前半層が一番多くて約3分の1あまり,ついで60歳代後半層が31%,70歳代前半層20%,75歳以上15%の順になっていた.なお年齢は世帯主(夫)の年齢で区分した(以下同様).

高齢夫婦世帯のうち世帯主が就業している世帯の割合は全体として41.2%であり,4割強であった[6].また持家世帯の割合は89.4%程度に達しており,持家率はかなり高かった[7].居住地域をみると3大都市圏(京浜大都市圏・京阪神大都市圏・中京大都市圏)以外の世帯が58.9%を占めていた.

5.4 年金受給額

5.4.1 年金分布:世帯ベース

世帯ベースでみた年金受給額(年額)の分布は図5-1のとおりである.高齢夫婦全体として年金受給額120万円未満が16%,300万円以上25%であり,ば

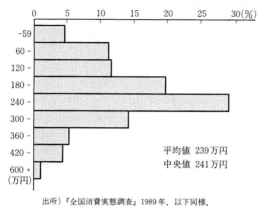

出所)『全国消費実態調査』1989年. 以下同様.
図 5-1 年金受給額の分布(高齢夫婦世帯, 世帯ベース)

らつきは必ずしも小さくなかった. なお, その平均値・中央値・最頻値はいずれも約240万円であり, また変動係数の値は51%であった.

世帯主が就業している高齢夫婦世帯の場合, 年金受給額の分布には2つの山があった. 1つの山のピークは年金額60万円のところにあり, もう1つの山のピークは年金額240万円程度のところにあった. 前者の山は非勤労者対象の旧国民年金の適用を受けていたグループの年金額を示す一方, 後者の山はサラリーマンOB世帯の年金を示していると考えてよいだろう. サラリーマンOB世帯は総じてかなり厚みのある年金を既に受給しているが, 勤労者でなかった者が世帯主となっている世帯の年金は現在においてもなお低水準にとどまっている[8].

夫が就業している世帯と夫婦ともに非就業の世帯を比較すると, 世帯ベースの年金額は総じて後者の方が前者よりも多かった. ちなみに, その中央値はそれぞれ前者が201万円, 後者260万円, また平均値はそれぞれ前者202万円, 後者269万円となっていた. 前者には旧国民年金グループが含まれ, また減額つきである在職老齢年金の受給者も前者に属していたからにほかならない.

5.4.2 年金と就業の関係

年金受給額がふえると世帯主の就業率はどのように変わっていくか．この点を調べたのが表5-2である．まず60歳代前半層をみると，世帯主男性の就業率は年金額(世帯ベース)が高くなるにつれて一般に低くなっていた．就業率が50%を割り込むのは年金額が年間で190万円前後の水準であったと考えても大過ないだろう．ただし年金が300〜360万円の階層における就業率は40%強であり，比較的高かった．この高額年金グループの就業行動については労働需要面も含めて慎重に検討する必要がある．60歳代前半層を全体としてみると，平均就業率は49%であった．なお賃金を稼いでいる世帯主の割合(表5-2では「雇用者率」と表記している)は32%になっていた．世帯ベースの年金受給額が300万円以上の世帯を除くと，世帯主が賃金を稼いでいる世帯の割合も世帯ベースの年金額が大きくなるにつれて一般に低下していた．その割合が50%を割込むのは年金受給額が年額で100万円前後のところにあった．

つぎに60歳代後半層を調べてみよう．ここでも60歳代前半層の就業とほぼ同様のことがいえる．なお65歳以上になると高額年金受給世帯における就業率の反転はなかった．全体として男性世帯主の就業率は44%であった．また賃金を稼いでいた世帯主は60歳代後半層では5人に1人強の割合になっていた．

表5-2 世帯主の就業率(高齢夫婦世帯)

年齢区分	比率(%)	年金受給額(世帯ベース，万円)							全体
		-59	60-	120-	180-	240-	300-	360+	
60歳代前半層	就業率	91.7	85.8	64.1	44.3	34.3	40.6	32.9	48.8
	雇用者率	53.0	47.5	46.8	26.8	22.8	30.2	27.1	31.9
60歳代後半層	就業率	83.4	86.8	56.3	42.1	32.1	31.5	25.5	43.5
	雇用者率	26.6	30.4	25.2	21.6	18.7	19.4	18.9	21.6

5.5 年間収入

5.5.1 年間収入の分布：世帯ベース

つぎに世帯ベースでみた年間収入の分布を調べてみよう．図5-2によると年間収入分布は最頻値が280万円台（10万円きざみ）の単峰型になっており，中央値340万円弱，平均値430万円であった．平均値は上からかぞえてほぼ3分の1の水準に相当していた．また変動係数の値は81％であり，年金分布のそれより若干大きかった．年間収入600万円以上がほぼ6世帯に1世帯の割合であった．また年間収入1000万円以上が4.8％（ほぼ20世帯に1世帯）あった．

年間収入は夫が就業しているかいないかで違いが小さくなかった．ちなみに夫が就業している世帯の年間収入は平均値572万円，中央値450万円，最頻値280万円台（10万円きざみ）であった．他方，夫婦ともに就業していない世帯のそれは平均値322万円，中央値290万円，最頻値250万円前後であり，いずれの指標でみても年間収入の水準は夫が就業している世帯の水準より低かった．

5.5.2 年金分布と年間収入分布の関係：世帯ベース

表5-3は高齢夫婦世帯全体について年金受給額階層別に年間収入の分布を整

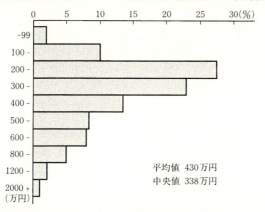

図5-2 年間収入の分布（高齢夫婦世帯，世帯ベース）

表 5-3　年金受給額階層別の年間収入分布(高齢夫婦世帯)

年間収入 (万円)	年　金　受　給　額(万円)								全体
	-59	60-	120-	180-	240-	300-	360-	420+	
-119	17.2	17.5	—	—	—	—	—	—	2.8
120-	11.5	14.3	29.6	—	—	—	—	—	5.6
180-	8.4	14.0	18.1	38.4	—	—	—	—	11.7
240-	18.4	9.3	12.1	17.7	44.8	—	—	—	19.3
300-	10.6	6.6	8.3	11.7	18.9	38.8	—	—	15.2
360-	15.6	14.1	16.0	13.4	15.3	30.3	50.4	15.4	18.8
480-	5.5	7.5	4.0	7.8	8.4	13.4	22.5	38.5	10.6
600-	4.9	8.4	6.6	7.4	8.2	8.9	20.6	35.2	9.9
900-	2.0	3.9	1.5	2.3	1.9	5.4	3.7	5.8	3.0
1200+	5.9	4.3	3.9	1.3	2.6	3.2	2.8	5.1	3.0
平均値(万円)	372	394	377	363	412	510	555	682	430
変動係数(%)	100	108	115	72	69	73	47	51	81
世帯構成(%)	4.7	11.3	11.6	19.9	28.0	14.0	5.2	5.3	100.0

注)　年間収入分布を示す計数は縦に合計すると100%になる．平均値は年間収入の計数である．

理したものである．年金・年間収入は特に断らないかぎり，いずれも世帯ベースの金額を表している．年金が180万円未満の世帯を除くと，一般に年金が多くなるほど年間収入も多かった．なお年金受給額が180万円未満の世帯では年間収入のばらつきが比較的大きかった．

5.5.3　年金受給額が年間収入に占める割合：世帯ベース

　高齢夫婦世帯において年金しか収入のない世帯の割合は23%であった[9]．世帯主の年齢を65歳以上に限定すると，この割合は26%(4世帯に1世帯)となっていた．

　年金が年間収入に占める比率(以下では年金・年収比率という)は表5-4に示されているように世帯によって著しく異なっていた．年金・年収比率が50%以上の世帯は全体として71%となっていた．この割合は年齢とともに高くなっていた(60歳代前半層では65%であるものの，75歳以上では78%まで上昇していた)．年金・年収比率は平均で55.6%であった．この比率は年金額が高くなるにつれて一般に高くなる傾向があった(後掲の表5-7参照)．

表 5-4　年金・年収比率の分布（高齢夫婦世帯）

区分			年金・年収比率(%)						平均世帯年金(万円)	平均世帯年収(万円)
			-19.9	20-	40-	60-	80-	100		
全体	年齢(歳)	60-64	11.4	15.5	17.3	18.8	19.2	17.8	238	448
		65-69	9.8	12.0	14.9	17.5	24.1	21.8	243	447
		70-74	6.2	12.3	14.6	15.7	25.4	25.7	245	436
		75+	5.1	9.4	14.4	14.8	23.4	32.8	226	346
	全体		8.9	12.8	15.6	17.2	22.6	22.9	239	430
	平均年金(万円)		102	182	228	261	296	260	—	—
	平均年収(万円)		941	600	458	373	328	260	—	—
うち夫が就業中			20.2	25.5	27.1	16.2	8.4	2.6	202	572
うち共に非就業			0.8	2.8	5.9	15.3	33.8	41.4	269	322

注）計数は横に合計すると 100% になる.

表 5-5　年金・年収比率が 80% 以上の世帯の年金分布（高齢夫婦世帯）

年金・年収比率(%)	年金受給額(万円)							平均年金(万円)
	-59	60-	120-	180-	240-	300-	360+	
80-99.9	0.0	2.5	6.4	17.7	35.3	20.1	17.8	296
100	1.5	4.9	10.2	23.4	36.0	13.6	10.5	260

　年金・年収比率は就業しているかどうかによってかなり大きく左右される．夫が就業している世帯では年金・年収比率50％未満が60％となっており，多数派である．このグループの年金・年収比率は全体として35％にすぎなかった．他方，夫婦ともに就業していない世帯では，年金しか収入のない世帯がほぼ5世帯に2世帯の割合であった．また年金・年収比率が80％以上の世帯が4分の3に近く，その比率が50％以上の世帯が94％に達していた．このグループの場合，全体としての年金・年収比率は84％であった．

　年金・年収比率が80％以上の世帯をぬきだして，その年金分布を調べてみよう．表5-5はその集計結果である．まず年金しか収入のない世帯の平均年金額は260万円であって，決して低くはなかった．むしろ高目であったといえよう．年間240万円以上の年金を受給している世帯が6割を占めていた．年金が

180万円に満たない世帯は6世帯に1世帯の割合にすぎなかった．つぎに年金・年収比率80%以上100%未満の世帯をみると，平均年金額は296万円であり，このグループもかなり高水準であった．年額で240万円以上の世帯が73%に達していた．180万円未満は9%弱にすぎなかった．これらの事実は，年収に占める年金の割合が相対的に高いグループは比較的高額の年金を受給していたことを物語っている．

5.5.4 年金以外の年間収入と年金の関係

表5-6は年金以外の年間収入と年金の関係を調べたものである．年金以外の年間収入の分布（ただし保有世帯のみ）は最右欄および図5-3に示されている．年金以外の年間収入は全体として平均247万円であり，120万円未満が半数近く(47%)に達していた．なお300万円以上が25%，600万円以上が9.2%あった．また変動係数の値は149%であり，年金を含む年間収入あるいは年金のそれよりかなり大きかった．

年金以外の年間収入階層が同一であっても受給している年金額には大きな違いがあった（表5-6参照）．サラリーマングループの年金は青壮年期の賃金収入

表5-6 年金以外の年間収入階層別にみた年金受給額の分布

年金以外の年間収入(万円)	年金受給額(万円)							平均年金(万円)	年金額の変動係数(%)	年金以外の年間収入(万円) (%)	
	-59	60-	120-	180-	240-	300-	360-	420+			
-119	2.3	8.7	10.6	19.8	30.9	16.2	4.8	6.7	254	45	50	46.7
120-	4.8	15.1	14.4	19.6	20.6	13.5	6.6	5.5	228	51	145	11.6
180-	7.8	13.3	12.9	22.0	19.7	14.5	6.1	3.8	220	49	206	8.9
240-	12.4	14.3	14.4	15.5	21.0	9.9	8.3	4.3	218	72	264	8.1
300-	9.4	17.1	17.8	20.3	21.8	5.6	5.5	2.5	197	53	323	5.8
360-	12.3	24.6	7.6	12.9	26.0	7.9	5.7	2.9	195	60	411	5.6
480-	6.6	14.9	11.0	26.6	17.7	14.8	3.2	5.2	221	52	530	4.2
600-	6.3	22.1	11.1	15.5	19.6	19.6	2.9	2.9	216	57	717	4.8
900-	7.0	31.1	15.5	12.3	11.9	12.7	5.8	3.6	197	69	1,047	1.8
1200+	12.0	16.2	15.2	8.0	28.9	13.5	2.8	3.4	207	66	1,956	2.6
全体	5.6	13.2	12.0	18.9	25.6	14.1	5.3	5.3	233	51	247	100.0
年金(万円)	38	86	149	210	267	322	382	525	—	—	—	

注）計数は横に合計すると100%になる．ただし最右欄の「年金以外の年間収入」の世帯分布を示す計数のみ縦に合計すると100%になる．また表中の金額はいずれも平均値を表す．

第5章 高齢夫婦世帯の所得・消費・資産────115

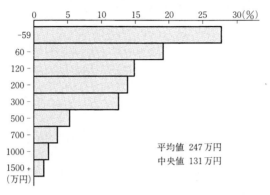

図5-3 年金以外の年間収入の分布(高齢夫婦世帯)

に基づいて定められているものの，それと高齢期における年金以外の収入との関係は必ずしもパラレルではないようである．ただし非勤労者世帯グループの年金は青壮年期の所得水準とは無関係であり，一律定額に定められている．

一方，高齢期には受給する年金額を前提において年金以外の収入をコントロールしている可能性も小さくない．ちなみに表5-6によると，年金受給額が年額で300万円以上の高齢夫婦世帯では年金以外の年間収入が180万円未満である世帯の割合が若干ながら相対的に大きかった．また年金受給額が120万円未満の場合には，年金以外の年間収入240万円以上の世帯が相対的に多かった．少なからぬ高齢夫婦世帯が年金受給額を前提にして，それ以外の収入をどうするかについて考え行動した形跡があるといえよう(後掲の表5-15参照)．

5.5.5 年間収入の内訳

表5-7は高齢夫婦世帯における年間収入の内訳を年金受給額階層別に集計したものである．年間収入は10項目に分類され夫と妻それぞれについて内訳が示されている．上段の数字は所得項目ごとに保有している者の割合を表している．たとえば左上すみの数字37.5％は，世帯としての年金受給額が60万円未満の世帯の中で夫が賃金収入を得ている者はこの数字に示される割合だけいることを意味している．中段の数字は，それぞれの所得項目を手にしている者だ

表5-7 年間収入の内訳(高齢夫婦世帯)

所得項目			年金受給額(万円)								全体
			-59	60-	120-	180-	240-	300-	360-	420+	
保有率(%)	賃金	夫	37.5	28.7	25.9	19.7	19.2	22.5	27.1	16.3	22.7
	賃金	妻	21.8	13.8	13.8	10.9	8.1	4.5	3.3	4.1	9.6
	農業	夫	20.5	22.2	14.8	6.9	4.6	5.2	1.6	2.6	8.8
	農業	妻	5.5	1.4	0.4	0.5	0.3	0.9	0.0	0.1	0.8
	事業	夫	23.4	20.0	10.5	5.9	2.8	4.0	3.4	4.8	7.5
	事業	妻	4.7	3.5	2.0	0.4	0.9	1.2	0.0	0.8	1.4
	内職	夫	2.8	4.3	3.6	2.6	2.7	4.3	3.4	1.7	3.2
	内職	妻	10.6	10.1	8.3	7.2	7.1	8.8	1.8	2.4	7.5
	年金	夫	100.0	100.0	100.0	100.0	100.0	100.0	100.0	100.0	100.0
	年金	妻	15.9	54.7	50.1	42.4	39.2	54.5	65.4	85.1	47.7
	仕送	夫	6.6	8.0	4.8	3.2	1.9	2.3	1.3	1.0	3.4
	仕送	妻	1.0	1.4	0.5	0.9	0.4	0.4	1.8	0.7	0.7
	家賃	夫	14.2	14.4	13.6	9.4	9.2	11.4	13.6	9.1	11.1
	家賃	妻	3.7	1.6	1.7	2.1	1.4	1.1	1.5	3.1	1.8
	利子	夫	23.4	26.8	25.0	29.7	41.0	48.5	54.0	47.0	36.5
	利子	妻	1.6	3.7	5.1	6.5	7.8	11.7	19.7	27.1	8.7
	他	夫	10.5	13.1	12.3	10.0	9.8	11.3	16.9	8.7	11.1
	他	妻	3.0	3.8	3.0	2.7	2.7	3.1	4.8	2.9	3.0
	現物		19.5	31.5	22.6	21.0	18.7	22.0	12.9	20.5	21.3
平均所得金額(保有者のみ、万円)	賃金	夫	345	401	309	292	313	342	292	405	330
	賃金	妻	133	177	138	199	198	176	152	160	175
	農業	夫	109	126	79	62	67	41	55	55	88
	農業	妻	29	64	28	28	31	17	-	100	35
	事業	夫	343	358	471	229	201	292	131	239	323
	事業	妻	138	125	92	74	131	89	-	175	117
	内職	夫	66	49	61	47	43	64	10	54	50
	内職	妻	40	45	41	46	47	33	53	42	43
	年金	夫	35	65	125	190	248	284	316	369	206
	年金	妻	23	38	50	49	48	71	104	199	69
	仕送	夫	68	44	30	52	31	59	46	158	47
	仕送	妻	96	51	14	40	40	38	98	57	52
	家賃	夫	184	133	168	154	190	155	142	81	159
	家賃	妻	102	37	326	190	152	96	179	80	153
	利子	夫	34	50	46	46	44	92	49	53	55
	利子	妻	34	27	32	30	28	34	33	33	31
	他	夫	51	81	92	94	78	71	117	57	83
	他	妻	237	50	50	49	119	54	31	25	73
	現物		13	16	17	23	24	16	14	17	19

表5-7 （つづき）

所得構成比(%)	賃金	夫	34.7	29.3	21.2	15.8	14.6	15.1	14.3	9.7	17.4
	賃金	妻	7.8	6.2	5.1	5.9	3.9	1.6	0.9	1.0	3.9
	農業	夫	6.0	7.1	3.1	1.2	0.8	0.4	0.2	0.2	1.8
	農業	妻	0.4	0.2	0.0	0.0	0.0	0.0	−	0.0	0.1
	事業	夫	21.6	18.2	13.1	3.7	1.4	2.3	0.8	1.7	5.7
	事業	妻	1.8	1.1	0.5	0.1	0.3	0.2	−	0.2	0.4
	内職	夫	0.5	0.5	0.6	0.3	0.3	0.5	0.1	0.1	0.4
	内職	妻	1.1	1.2	0.9	0.9	0.8	0.6	0.2	0.2	0.8
	年金	夫	9.4	16.6	33.2	52.2	60.0	55.7	57.0	54.1	48.0
	年金	妻	1.0	5.3	6.7	5.7	4.5	7.6	12.2	24.9	7.6
	仕送	夫	1.2	0.9	0.4	0.5	0.1	0.3	0.1	0.2	0.4
	仕送	妻	0.3	0.2	0.0	0.1	0.0	0.0	0.3	0.1	0.1
	家賃	夫	7.0	4.9	6.0	4.0	4.2	3.5	3.5	1.1	4.1
	家賃	妻	1.0	0.2	1.4	1.1	0.5	0.2	0.5	0.4	0.6
	利子	夫	2.1	3.4	3.1	3.7	4.4	8.7	4.8	3.6	4.6
	利子	妻	0.1	0.3	0.4	0.5	0.5	0.8	1.2	1.3	0.6
	他	夫	1.4	2.7	3.0	2.6	1.9	1.6	3.6	0.7	2.1
	他	妻	1.9	0.5	0.4	0.4	0.3	0.3	0.1	0.5
	現物		0.7	1.3	1.0	1.3	1.1	0.7	0.3	0.5	1.0
平均年収(万円)			372	394	377	363	413	510	555	682	430

注) 所得項目は本文105頁①〜⑩の順に夫・妻別に区分した．また下段の所得構成比は縦に合計すると100%になる．

けをぬきだして，その項目ごとに平均額(万円単位)を示したものである．また下段の数字は，各所得項目が全体として年間収入の何%を占めているかを表している．

夫が賃金を稼いでいる世帯の割合は全体として23%弱であった．夫の賃金収入は平均で年額330万円に達していた(稼得者のみ)．他方，妻が賃金を稼いでいた世帯は全体として10%たらずであり，その平均額は175万円であった．

農林漁業所得は世帯年金額が120万円に満たない世帯の2割程度が稼いでいた(ただし高齢夫婦世帯全体では10%弱にすぎなかった)．その金額は年間で平均120万円前後(夫が従事している場合)であった．年金受給額が120万円未満の世帯では農林漁業以外の事業所得を手にしている者も20%強あった．その金額は年額で平均350万円前後(夫分)であった．

高齢夫婦世帯では定義により夫は全員年金を受給している．夫の平均年金額は206万円，中央値220万円であった．夫の受給している年金の分布には2つ

の山があった(ピークは33万円および240万円のところにあった). 他方, 妻も年金を受給しているケースが全体で48%を占めていた. ただし世帯年金額が360万円以上の世帯では夫婦そろって年金を受給しているケースがきわめて多かった. 妻の年金受給額は最頻値36万円, 中央値43万円, 平均値69万円であった. その分布の変動係数は99%であり, 夫の年金分布のそれ(52%)よりかなり大きかった.

夫が仕送りを受けていた割合は全体で3%強にすぎず, 仕送り額は年額で平均47万円であった.

夫の中で地代・家賃を稼いでいた者の割合は全体として11%であり, それらの者は金額にして平均160万円弱(年額)を手に入れていた.

貯蓄はすべての世帯が保有していたにもかかわらず, 利子・配当を所得として計上していた世帯は高齢夫婦世帯全体として37%にすぎなかった. したがって表5-7における利子・配当の計数は信頼性の点で疑問が残っている. なお利子・配当を計上している世帯だけに着目すると, 夫婦あわせた利子・配当は年間で平均61万円であり, それら世帯における平均貯蓄残高(3240万円強)の1.88%に相当していた.

高齢夫婦世帯の年間収入構成は全体としてみると, 年間収入の半分強(56%)を年金で調達し, 5分の1強(21%)を賃金で稼ぎだしている格好になっていた. 残りは事業収入, 利子・配当, 家賃・地代等であった. なお年金が年間収入に占める割合は年金受給額が多くなるにつれて一般に高くなっていた. また年間収入が300万円以上360万円未満の世帯に着目すると, 年間収入は平均330万円(高齢夫婦世帯全体の中央値に相当している)であり, その内訳は年金が78%, 賃金6%, 利子・配当5%となっていた(図5-4参照).

つぎに夫が就業している世帯グループに着目してみよう. このグループには賃金を稼いでいる夫が全体の50%, 農林漁業に従事している夫が20%, 農林漁業以外の事業所得を稼いでいる夫が18%それぞれいた[10]. このグループにおいては, 年間収入に占める年金(夫婦合計)の割合は全体として35%にとどまっていた(表5-4参照). 一方, 賃金が35%, 事業所得が11%等とそれぞれ

第5章 高齢夫婦世帯の所得・消費・資産━━━119

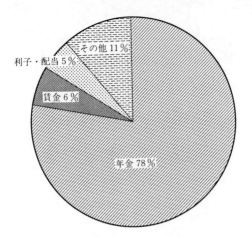

図 5-4 年間収入の内訳(高齢夫婦世帯)
〈年間収入 300 万円以上 360 万円未満〉

なっていた．

　他方，夫婦ともに就業していない世帯グループにおいては，全体として年金が年間収入の84％を占めていた．残りは利子・配当が目立つ程度であり，他の所得項目はほとんど計上されていなかった．

5.6　消費支出とその内訳

5.6.1　消費支出月額の分布

　つぎに月々の消費支出を調べてみよう．その分布は図5-5のとおりである．その平均値は22.9万円，中央値は19.5万円であった．また，その最頻値は5万円きざみでみると15万円以上20万円未満のところにあったが，1万円きざみでみると14万円台の世帯が最も多かった[11]．10万円未満の世帯が10％あった一方，30万円以上が20％，48万円以上が5％それぞれあり，高水準の消費を享受している世帯も少なくなかった．平均値は上から数えて36％の水準に相当していた．なお消費支出の変動係数は67％であり，年収のそれより若干小さかった．

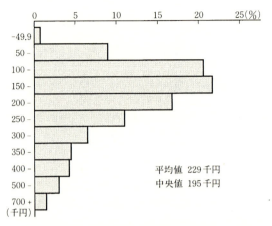

図5-5 消費支出月額の分布(高齢夫婦世帯, 全国)

　以上の計数は高齢夫婦世帯を全国ベースで調べたものである．東京都在住の高齢夫婦世帯のみに限定すると，消費支出の月額は平均値26.8万円，中央値22.1万円，最頻値16万円台(1万円きざみ)とそれぞれなっていた．また3大都市圏以外に在住する高齢夫婦世帯の場合，その計数はそれぞれ21.2万円，18.1万円，14万円台となっていた．東京と地方では消費水準格差が小さくないことに注意する必要がある．

　高齢夫婦世帯の消費水準を現役の勤労者世帯のそれと比較してみよう．ここでは世帯主が30～49歳の男性勤労者であり，無業の妻と2人の子供がいる世帯(以下では単に「サラリーマン4人世帯」と呼ぶ)をとり出して，その消費支出月額の分布を調べることにする．図5-6はその整理結果である．サラリーマン4人世帯の場合，消費支出月額の平均値は29.7万円，中央値27.0万円，最頻値23万円台(1万円きざみ)であった．サラリーマン4人世帯のうち消費支出月額が25万円未満の世帯が40％あった．世帯規模の違い(2人と4人)を考えると，高齢夫婦世帯の大半は現役勤労者世帯に見劣りのしない消費水準をすでに享受していたと考えても大過ないだろう[12]．

　ただし高齢者の中にも依然として生活難を訴える者がいること自体は否定し

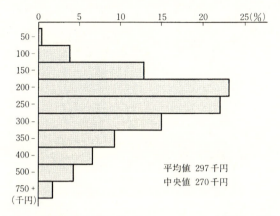

図5-6 消費支出月額の分布(サラリーマン4人世帯,全国)

ようもない．また生活難を訴える者が高齢者以外にいることも事実である．年齢による輪切りが適切でなくなったのではないだろうか．

5.6.2 年間収入階層別の消費支出月額

年間収入階層別に高齢夫婦世帯における消費支出の分布を調べると，どうなるか．その集計結果が表5-8である．消費支出は年間収入が高くなるにつれて一般に大きくなっていた．ただし各年間収入階層ごとにみた消費支出のばらつきは決して小さくなく，消費支出のばらつきぐあいは年金のそれより一般に大きかった．

年間収入と消費支出月額の関係をみると，年間収入180万円以上の所得階層では年間収入の範囲内で支出をしている世帯の割合が圧倒的に多く，年金受給世帯の堅実な生活ぶりがうかがえる．調査期間中における耐久消費財の購入分を調整すれば，いわゆる赤字家計はもっと少なくなっただろう．ただし年間収入180万円未満の世帯では年間収入を上回る消費をしている例も少なくなかった．資産の売却や貯蓄のとりくずし等が一部にあったと推測される．

消費支出は貯蓄残高にも多かれ少なかれ左右される．そこで参考のために所得階層をコントロールしながら貯蓄階層別の平均消費支出月額を調べてみた．

表5-8 年間収入階層別にみた消費支出月額の分布（高齢夫婦世帯）

区分		年間収入(100万円)									全体
		-1.19	1.2-	1.8-	2.4-	3.0-	3.6-	4.8-	6.0-	9.0-	12.0+	
世帯構成(%)		2.8	5.6	11.7	19.3	15.2	18.8	10.6	9.9	3.0	3.0	100.0
平均年齢(歳)		72.0	71.0	70.1	67.9	67.5	67.0	66.6	66.7	66.1	68.3	67.9
平均年収(100万円)		0.9	1.5	2.1	2.7	3.3	4.1	5.3	7.1	10.3	18.9	4.3
平均年金(万円)		70	120	175	226	255	261	302	301	273	274	239
夫の年金(万円)		48	96	150	205	226	226	248	247	254	240	206
平均貯蓄(100万円)		5.3	6.2	6.8	11.2	16.1	19.8	24.1	29.0	35.6	112.1	19.6
土地住宅(100万円)		26	33	28	36	43	47	88	116	101	217	58.9
平均消費(万円)		13.6	13.0	14.5	18.2	20.9	23.4	29.2	30.6	36.4	40.5	22.4
消費支出月額(万円)	-9	58.1	36.3	18.7	8.6	5.7	5.1	1.8	2.1		1.5	9.8
	10-14	23.4	40.8	40.0	25.6	22.4	14.7	8.9	7.9	2.6	7.1	20.8
	15-19	7.3	13.2	25.8	30.3	27.4	24.0	15.1	11.9	5.9	6.4	21.7
	20-24	3.2	4.3	9.7	19.5	19.4	23.0	15.5	20.7	17.0	8.3	17.0
	25-29	3.2	0.9	1.8	9.7	13.4	13.4	20.9	14.8	12.8	8.5	11.1
	30-34	0.9	0.4	2.4	3.3	4.6	8.2	12.4	13.1	8.2	15.5	6.5
	35-39	2.2	0.4	1.0	1.2	3.0	4.2	10.0	8.6	19.2	11.3	4.5
	40+	1.7	3.8	0.6	1.7	4.2	7.4	15.3	21.0	34.3	41.5	8.7
貯蓄とりくずし		73.9	40.8	29.0	25.8	19.6	14.3	14.6	6.2	1.6	0.0	21.2

注）消費支出月額の分布についての計数は縦に合計すると100%になる．「貯蓄とりくずし」は世帯割合(%)を表す．

表5-9 貯蓄階層別にみた平均消費支出月額（高齢夫婦世帯） (万円)

貯蓄(100万円)	年間収入(万円)										全体
	-119	120-	180-	240-	300-	360-	480-	600-	900-	1200+	
-2.9	9.3	10.7	13.6	15.0	16.6	18.1	27.6*	16.2*	31.0*	10.0*	14.0
3-	10.5*	13.6	13.9	17.8	18.4	19.1	24.1*	21.3*	39.8*	25.8*	17.3
6-	11.0*	12.5*	14.9	17.8	21.7	21.8	28.6	23.3	38.5*	23.6*	19.6
10-	50.8*	14.3*	15.5	18.6	20.3	26.1	27.1	30.0	28.7*	29.2*	22.5
15-	6.0*	12.4*	15.0*	20.3	20.8	24.6	29.1	31.4	37.2*	25.7*	24.2
20-	29.2*	15.5*	16.7*	19.5	23.5	24.7	30.7	35.3	36.2*	47.0*	27.8
30-	5.0*	28.4*	28.7*	20.9*	23.2	24.3	31.1	32.2	35.5*	47.2*	29.0
50-	27.0*	42.0*	—	15.7*	21.7*	28.4	28.9*	33.0	40.3*	45.0*	32.6
100+	—	—	—	—	44.2*	17.8*	45.3*	47.6*	37.9*	40.6*	39.7
全体	13.6	13.0	14.5	18.2	20.9	23.4	29.2	30.6	36.4	40.5*	22.4

注）*印は集計世帯数が40未満であったことを示している．

表 5-9 によると，総じて貯蓄が多いほど消費水準も高かった．高齢夫婦世帯においては，いわゆる資産効果が金融資産に関するかぎり確認されたといえよう[13]．

なお消費支出の水準は夫が就業している世帯の方が就業していない世帯より若干ながら高かった．ちなみに高齢夫婦世帯の場合，夫が就業している世帯の消費支出月額は平均で 25.0 万円（中央値 21.2 万円）であった一方，夫婦ともに就業していない世帯のそれは 21.0 万円（中央値 18.3 万円）であった．夫が就業している世帯の方が就業していない世帯より年間収入は（そして貯蓄残高も）全体として高かった．この点が影響していたと考えてよいだろう．

5.6.3 年齢階層別の消費支出

高齢者の場合，消費水準は高齢になるほど低くなるとこれまでいわれてきた．ここでは年間収入階層別にこの点を調べることにしたい．

表 5-10 はその集計結果である．それによると，年金受給世帯の消費水準は一般に加齢によって少しずつ低下していた（とくに年間収入が 180〜480 万円の世帯の場合）．加齢による消費水準の低下は否定しえないように思われる．

5.6.4 消費支出の内訳

つぎに高齢夫婦世帯における消費支出の内訳を調べてみよう．表 5-11 によると，高齢夫婦世帯全体として消費支出のうち 4 分の 1 が食費であった．他方，

表 5-10 年齢階層別の平均消費水準（高齢夫婦世帯） (万円)

年齢区分（歳）	年間収入(万円)									全体
	-119	120-	180-	240-	300-	360-	480-	600-	900-	1200+	
60-64	10.7*	15.2*	16.0	18.9	22.3	25.4	27.6	30.5	36.7*	44.8*	24.3
65-69	24.2*	11.7	15.3	19.0	20.5	23.2	29.8	31.0	34.4*	40.3*	23.0
70-74	10.9*	14.2*	13.5	17.4	21.5	22.5	26.5*	31.6*	38.3*	34.1*	21.0
75+	10.3*	11.5	13.7	15.7	17.5	18.6	37.6*	28.2*	34.0*	47.9*	18.6
全体	13.6	13.0	14.5	18.2	20.9	23.4	29.2	30.6	36.4	40.5	22.4

注）*印は集計世帯数が 70 未満であったことを示している．

交際費やこづかい(さらにはハンドバッグ・アクセサリー・宝石等)を含む「その他」が3割近くて支出割合は最も高かった．また教養・娯楽(11%)，交通・通信(10%)，被服・履物(6%)，住居(6%)，光熱・水道(6%)，家具・家事用品(5%)，保健・医療(4%)であった．

表 5-11 消費支出の内訳(高齢夫婦世帯)

区分		消費支出月額(万円)							全体
		-9.9	10-	15-	20-	25-	30-	35-	40+	
世帯構成(%)		9.8	20.8	21.7	17.0	11.1	6.5	4.5	8.7	100.0
平均消費支出(万円)		7.4	12.3	16.9	21.7	26.8	31.6	36.9	58.0	22.4
支出構成(%)	食料	42.8	35.9	31.4	27.1	24.2	23.0	20.2	13.2	25.0
	住居	3.1	4.0	5.2	4.8	5.7	5.9	7.1	8.4	5.9
	光熱水道	10.7	8.3	7.0	5.8	5.3	4.4	4.1	2.8	5.5
	家具家事	4.2	4.3	4.7	4.4	5.0	5.2	4.4	4.9	4.7
	被服履物	3.1	4.4	5.3	6.0	6.5	7.3	8.1	6.8	6.1
	保健医療	4.6	4.7	4.5	4.6	4.2	4.5	4.1	3.4	4.2
	交通通信	8.2	8.6	9.1	9.5	9.8	9.8	8.1	11.3	9.7
	教育	0.0	0.0	0.0	0.0	0.0	0.0	0.0	0.0	0.0
	教養娯楽	6.6	8.1	9.3	11.6	12.3	12.3	12.8	12.8	11.1
	その他	16.9	21.8	23.7	26.1	27.0	27.6	31.0	36.4	27.8

注) 支出構成は縦に合計すると100%になる．

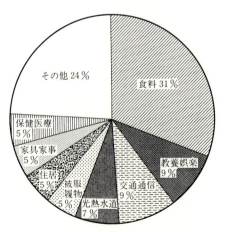

図 5-7 消費支出の内訳(高齢夫婦世帯)
〈月額15万円以上20万円未満〉

表5-12 サラリーマン4人世帯における消費支出の構成

区 分	消 費 支 出(万円)							全体
	-9.9	10-	15-	20-	25-	30-	35-	40+	
食料	48.4	42.0	36.4	33.2	30.1	28.9	27.1	18.9	28.2
住居	3.4	4.3	4.6	5.5	5.9	5.2	5.3	5.4	5.4
光熱水道	12.1	8.7	7.3	6.2	5.3	4.9	4.4	3.2	5.0
家具家事	2.2	3.0	3.5	3.5	3.6	4.1	3.7	3.8	3.7
被服履物	4.5	5.2	5.8	5.8	6.7	6.5	7.4	7.7	6.7
保健医療	2.7	3.9	3.2	2.9	2.5	2.6	2.7	2.3	2.7
交通通信	6.5	7.4	7.9	7.8	8.5	8.4	9.2	17.5	10.5
教育	3.3	4.0	5.1	5.8	6.1	6.1	7.7	10.4	7.1
教養娯楽	6.3	7.6	8.2	9.5	10.1	10.8	11.1	9.6	9.9
その他	10.6	13.9	18.0	19.8	21.2	22.5	21.4	21.2	20.8

　このうち消費水準が上昇するにつれて支出ウェートが下がっていくのは食費および光熱・水道,保健・医療であった．したがって世帯数で最も多い10万円台後半に位置している典型的な世帯では食費や光熱・水道費および保健・医療のウェートが平均的構成比よりも若干ながら高くなっていた（図5-7参照）.

　高齢夫婦世帯の支出構成をサラリーマン4人世帯と比較してみよう．表5-12によると,サラリーマン4人世帯の平均消費支出は29.7万円であり,食費がその28%を,交通・通信費がその11%を,教育費がその7%をそれぞれ占めていた．同一の消費支出階層ごとに高齢夫婦世帯とサラリーマン4人世帯をくらべると,高齢夫婦世帯の場合には教育費がなく,また世帯規模が小さいので食費のウェートも相対的に小さかった．その分が教養・娯楽費や「その他の消費支出」に振り向けられていた格好である．なお高齢夫婦世帯の場合には保健・医療費のウェートが相対的に高かった．さらに一部の高い消費水準世帯を除くと交通・通信費のウェートも総じて高齢夫婦世帯の方が高かったようである[14]．

　なお教養・娯楽費や「その他消費支出」の消費ウェートの高さを生活における「ゆとり度」の一指標と考えれば,高齢夫婦世帯の方がサラリーマン4人世帯より生活にゆとりがあったことになる.

5.7 貯蓄残高とその内訳

5.7.1 貯蓄残高の分布

消費支出から貯蓄残高へ話を移そう．貯蓄額の分布はバラツキが大きい．図5-8 に示されているように，その平均値は 2000 万円弱であったが，これはほぼ上位 30% の水準に相当していた．また，その中央値は 1135 万円であった．100 万円きざみでみると世帯数が最も多いところは 300 万円台にあった．平均値・中央値・最頻値の各水準がこれだけ違うと，平均値だけでは話は通らない．貯蓄額 600 万円未満の世帯が 4 世帯に 1 世帯強の割合であった一方，1500 万円以上が 5 世帯に 2 世帯の割合であった．また 3000 万円以上が 6 世帯に 1 世帯の割合で，さらに 1 億円超の金融資産を保有している世帯も 80 世帯に 1 世帯の割合でそれぞれあった．

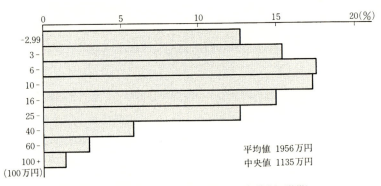

図 5-8 貯蓄残高の分布（負債控除前，高齢夫婦世帯）

5.7.2 加齢と平均貯蓄残高の推移

表 5-13 は年金受給額階層別の平均貯蓄残高を示したものである．年金受給額階層ごとの貯蓄分布はばらつきがきわめて大きい[15]．したがって平均値で語るだけでは十分ではないが，1 つの目安をとりあえずつけておこう．表 5-13

表 5-13　年齢階層別の平均貯蓄残高(高齢夫婦世帯)　(万円)

世帯区分	年齢区分(歳)	年　金　受　給　額(万円)							全体
		-59	60-	120-	180-	240-	300-	360-	420+	
世帯主就業	60-64	1255	1399	1371	1531	1843	2457	2794*	3457*	1736
	65-69	935	1266	1022	3777	2325	2918	2958*	6093*	2299
	70-74	1510*	1303	2415*	1668	4191*	14658*	4362*	2652*	4164
	75+	624*	1089*	1829*	1609*	2567*	5094*	3611*	3553*	1996
	小計	1124	1302	1554	2339	2420	5529	3299	4133	2384
共に非就業	60-64	587*	1484*	1705*	1171	1500	1950	2637*	2548	1689
	65-69	1047*	1084*	723*	1058	1650	2407	3456*	3310*	1860
	70-74	1560*	686*	699*	944	1852	2438	3096*	1596*	1619
	75+	1496*	522	846	1191	1508	1719*	2836*	2292*	1351
	小計	1259*	781	956	1088	1620	2192	3055	2521	1654

注)　*印は集計世帯数が60未満であったことを示している．

によると，まず夫が年金を受給しながら就業している世帯の平均残高は75歳未満に関するかぎり加齢とともに低下するという事実は必ずしも観察されなかった．夫が就業している場合，年金受給額240万円以上のグループでは貯蓄残高はむしろ年とともに増加する傾向が一般的に認められた．他方，年金受給額がそれより低い階層では加齢とともに貯蓄残高は減少した公算が強い．この2つの相反する動きを前提におくと，所得分布の形によっては加齢とともに貯蓄残高が全体として減少することも増加することもありうると考えるべきだろう．なお夫婦ともに就業していない世帯においても，ほぼ同様の傾向が認められた．

加齢による貯蓄残高の低下は75歳以上になってはじめて生じる者が多いようである．ただし使用データはクロスセクション・データであり，コーホート・データではない．本書第2章で述べたように同一コーホートに着目すると，高齢期においても加齢による貯蓄残高の低下は全体として観察されない(平均値のみ．単身者世帯を除外した場合)．

5.7.3　貯蓄残高の内訳

貯蓄残高の内訳は表5-14において保有率・項目別平均残高(保有世帯のみの平均)・項目別の貯蓄構成，の順で示されている．まず保有率をみると貯蓄残

高が低くても銀行等の預金を保有する世帯が比較的多かった．貯蓄残高が増大するにつれて，まず定期性の預貯金および生命保険を保有する世帯がふえだし，ついで貸付信託・債券・株式の順で保有率は上昇していた．なお各項目とも保有率は貯蓄残高が大きいほど一般に高かった．

つぎに保有世帯のみの項目別平均残高をみると，全体として株式が最も多く 1900 万円弱，ついで貸付信託・金銭信託が 680 万円強，銀行定期 580 万円，債券・公社債投信 560 万円強，郵便局定期・定額および生命保険がそれぞれ 370 万円強となっていた．

注目に値いすると思われるのは通貨性預貯金の残高が高齢者の場合かなり高水準(平均で郵便局 50 万円強，銀行等 110 万円弱)にあったという点である．貯蓄残高が低い世帯でも月々の消費支出の 2〜3 倍に相当する通貨性の預貯金を保有していた．このような事実はさらに究明する必要がある(たとえば年金給付の年間支払い回数との関連について)が，ここではこれ以上とりあげない．

貯蓄残高の構成は次のとおりである．すなわち貯蓄残高が低い階層では生命保険等や定期性および通貨性預貯金の形で金融資産を保有するのが一般であるが，ストックが大きくなるにしたがって貸付信託・債券等の保有額もふくらんでいく．株式等は貯蓄残高 2000 万円以上でポピュラーになる．貯蓄残高に占める割合は全体としてみると，株式等が 25%，銀行定期 24% 強，生命保険等および郵便局定期・定額がそれぞれ 14%，貸付信託 9%，債券等 7% になっていた．ただし貯蓄残高が違うと，その構成は随分ちがうので注意しなければならない．ちなみに中央値のある 1000〜1500 万円のグループの場合は図 5-9 のようになっていた．このグループの場合，銀行定期および郵便局定期・定額で貯蓄全体のほぼ 50% を占め，さらに生命保険等が 20% 弱となっていた．他方，株式等は貯蓄残高の 5% にとどまっていた．

通貨性預貯金や生命保険等のウェートは貯蓄残高が大きくなるとともに低下していた．また貯蓄残高が 600 万円以上になると定期性預貯金のウェートも徐々に低下するようである．他方，貸付信託・債券等・株式等のウェートは貯蓄残高が増大するとともに上昇する傾向がある．

表 5-14 貯蓄残高の分布とその内訳（高齢夫婦世帯）

区分		貯蓄残高(100万円)									全体
		-2.99	3-	6-	10-	15-	20-	30-	50-	100+	
世帯構成(%)		12.7	15.3	17.4	14.3	10.7	13.4	10.4	4.6	1.3	100.0
平均年齢(歳)		69.4	68.4	68.0	67.7	67.2	67.2	67.2	68.1	69.0	67.9
平均年金(万円)		175	203	223	245	252	283	292	288	313	239
平均消費(万円)		14.0	17.3	19.6	22.5	24.2	27.8	29.0	32.6	39.7	22.4
利子(夫, 万円)		8.5	14.6	19.6	35.8	40.7	43.9	62.0	105.4	343.8	54.6
利子(妻, 万円)		6.7	30.6	12.0	14.8	16.6	24.5	36.7	48.8	72.0	30.9
利子未記入(%)		91.6	84.8	74.3	62.9	55.7	40.5	34.6	25.6	11.3	62.8
貯蓄残高(100万円)		1.6	4.3	7.8	12.2	17.1	24.3	38.0	67.0	278.6	19.6
項目別保有率(%)	郵便定額	43.2	61.6	73.6	81.2	80.7	82.5	88.2	88.6	88.7	73.3
	郵便通常	42.8	49.3	52.7	56.9	55.2	52.2	57.5	50.5	59.8	52.2
	銀行定期	52.4	77.6	86.7	87.3	87.1	89.0	89.1	90.9	94.3	81.9
	銀行普通	62.5	76.4	78.1	79.4	81.0	85.8	88.7	85.2	77.6	78.8
	生命保険	46.5	69.9	76.6	77.2	82.2	85.3	86.5	87.1	81.2	75.2
	貸付信託	1.9	4.4	14.5	25.3	34.6	46.1	48.9	53.9	56.6	25.2
	債券等	1.7	5.5	12.9	21.6	29.3	43.1	51.0	69.6	72.8	24.7
	株式等	1.3	4.2	11.3	20.2	29.4	46.1	60.7	77.4	89.0	26.0
	社内預金	2.6	3.8	3.1	5.5	8.3	7.3	7.5	11.1	6.6	5.5
	うち年金	3.0	4.1	4.6	7.4	7.4	11.9	16.0	19.7	19.1	8.1
平均残高 (保有世帯のみ、万円)	郵便定額	78	148	232	328	423	491	633	738	851	374
	郵便通常	34	39	44	54	47	64	70	65	59	51
	銀行定期	87	190	304	419	584	719	1050	1887	2822	581
	銀行普通	44	61	78	106	115	138	159	221	293	108
	生命保険	84	155	227	307	378	479	665	850	1380	375
	貸付信託	56	135	280	417	511	619	998	1316	1163	682
	債券等	51	102	147	281	360	479	766	905	1943	563
	株式等	62	135	177	299	437	664	1042	2541	23454	1871
	社内預金	54	67	136	197	299	345	447	564	222	282
	うち年金	71	88	122	219	503	485	732	773	420	447
貯蓄構成(%)	郵便定額	20.5	21.1	22.0	21.8	19.9	16.7	14.7	9.8	2.7	14.0
	郵便通常	8.8	4.5	3.0	2.5	1.5	1.4	1.1	0.5	0.1	1.4
	銀行定期	27.7	34.1	34.0	29.9	29.6	26.4	24.6	25.6	9.6	24.3
	銀行普通	16.7	10.7	7.9	6.9	5.4	4.9	3.7	2.8	0.8	4.4
	生命保険	23.7	25.1	22.4	19.4	18.1	16.8	15.2	11.1	4.0	14.4
	貸付信託	0.7	1.4	5.2	8.6	10.3	11.8	12.9	10.6	2.4	8.8
	債券等	0.5	1.3	2.5	5.0	6.2	8.5	10.3	9.4	5.1	7.1
	株式等	0.5	1.3	2.6	5.0	7.5	12.6	16.7	29.4	75.2	24.8
	社内預金	0.9	0.1	0.5	0.9	1.4	1.0	0.9	0.9	0.1	0.8
	うち年金	1.3	0.8	0.7	1.3	2.2	2.4	3.1	2.3	0.3	1.8

注） 上段の「利子」は「利子・配当」収入の平均値（記入者のみ）を表し，また利子未記入は世帯ベースの計数である．下段の貯蓄構成は縦に合計すると100%になる（別掲「うち年金」を除く）．

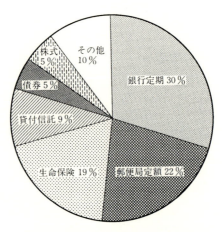

図 5-9　貯蓄残高の内訳(高齢夫婦世帯)
〈貯蓄残高 1000 万円以上 1500 万円未満〉

なお 1989 年の『全消』では貯蓄のうち年金タイプの貯蓄掛金残高がはじめて別記する形で調査された．その保有率は高齢夫婦世帯全体では 8.1% であった．ただし貯蓄残高 5000 万円以上のグループにおける保有率は 20% に近かった．保有世帯のみのその残高は総じて貯蓄総残高が高いほど高く，全体として平均 450 万円弱であった．ただし貯蓄残高全体に占める割合は 1989 年段階ではきわめて低く，全体として 2% 弱にとどまっていた．

表 5-14 には調査票に計上されていた利子・配当額(年額)および利子・配当未記入世帯の割合も掲げておいた．

5.8　実物資産の分布とその構成

高齢夫婦世帯の持家率は全体として 89% であり，持家率はきわめて高かった．本節では実物資産の分布および実物資産保有額と年金受給額の関係を調べることにする[16]．

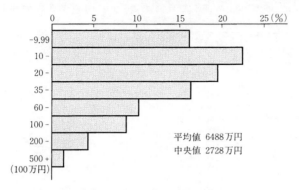

図 5-10　土地・住宅評価額(高齢夫婦世帯，全国)

5.8.1　土地・住宅保有額の分布

　図 5-10 は土地・住宅保有世帯のみに着目して，その保有額(土地・住宅の合計額)の分布を整理したものである．その平均値は 6500 万円弱であり，また中央値 2700 万円強，最頻値 1400 万円台(100 万円きざみ)であった．平均値は上位 4 分の 1 強の水準に相当していた．分布のばらつきはきわめて大きく，変動係数の値は 210% 弱であった．1000 万円未満が 16% あった一方，5000 万円以上が 31%，1 億円以上 16%，2 億 5000 万円以上が 5% 強それぞれあった．

　東京都在住の高齢夫婦世帯(土地・住宅資産保有世帯のみ)を抜きだして同様の整理をしてみたところ，その保有額は平均値が 2 億 4000 万円強[17]，中央値 1 億 6000 万円弱であった．また 1 億円以上 64%，2 億円以上 39%，5 億円以上 11% 強，10 億円以上 3.2% とそれぞれなっていた．東京在住の高齢夫婦世帯における土地・住宅資産の保有額は 1989 年末時点において桁違いに大きく，他を圧していた．ただし変動係数の値は 136% であり，ばらつきがかなり大きかったことに注意する必要がある．

5.8.2　土地・住宅資産保有額と年金受給額の関係

　表 5-15 は土地・住宅資産保有額と年金受給額の関係を「年金以外の年間収

表 5-15 年金以外の年間収入階層別および土地・住宅資産階層別にみた
平均年金受給額(高齢夫婦世帯)　　　　　　　　　　(万円)

土地住宅資産 (100万円)	年間収入(万円)										全体	平均土地住宅 (100万円)
	-119	120-	180-	240-	300-	360-	480-	600-	900-	1200+		
0.0	222	195	169	256*	118*	133*	174*	183*	—	270*	202	0.0
0.01-	214	183	161	159	179	118*	163*	147*	239*	363*	194	5.9
10-	245	195	201	195	188	199	160*	145	146*	173*	220	14.8
20-	275	251	218	162	216	221	228	200*	227*	212*	250	24.7
30-	274	252	270	198	180	184	219	198	156*	222*	249	39.6
50-	286	252	244	272	215	205	214	239	217*	205*	255	69.7
100-	270	329*	219	253	209*	201	284*	211	272*	173*	248	137.1
200+	273	200*	267*	331*	228*	269*	263*	289*	145*	212	246	423.6
全体	254	228	220	218	197	195	221	216	197	207	233	66.6
年金以外の年収	50	145	206	264	323	411	530	717	1047	1956	248	—

注)　最下行の計数は平均値(万円単位)である．*印は集計世帯数が20未満であったことを示す．

入」階層別に調べたものである．その関係は必ずしも明確ではない．ただし土地・住宅資産が3000万円未満の世帯では総じて土地・住宅資産が多い世帯ほど年金受給額は高かったようである．土地・住宅資産3000万円以上の世帯が受給している年金額も一般に高水準であった．

5.9　正味資産の分布とその構成

貯蓄残高から負債を控除した金額(貯蓄純残高)に土地・住宅評価額およびゴルフ会員権等の評価額を加えた金額を本章では以下「正味資産」と呼ぶ．

5.9.1　正味資産の分布

正味資産の分布は図5-11に示したとおりである．その平均値は7800万円であり，また中央値3900万円弱，最頻値2100万円台(100万円きざみ)であった．平均値は上位26%強の水準に相当していた．なお変動係数の値は195%であり，かなり大きかった．正味資産1000万円未満の階層が10%弱あった一方，1億円以上が22%強，2億5000万円以上が5.5%，5億円以上が1.5%あった．

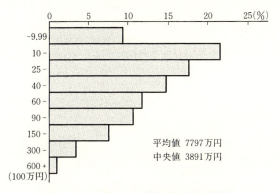

図 5-11　正味資産の分布（高齢夫婦世帯）

5.9.2　年間収入との関係

　表 5-16 は年間収入と正味資産のクロステーブルである．年間収入が同一であっても正味資産には大きな違いが認められた．フローとストックは必ずしもパラレルではない．所得基準だけですべてを割り切ろうとしても，そのような考え方は今日もはや通用しないだろう．フローばかりでなくストックをも十二分に考慮した新たな公平観が求められているのである[18]．

表 5-16　年間収入階層別の正味資産分布（高齢夫婦世帯）

正味資産 (100万円)	年間収入(万円)									全体	平均年収 (万円)
	-119	120-	180-	240-	300-	360-	480-	600-	900-	1200+		
-0	—	—	—	0.0	0.2	0.2	0.8	—	—	0.9	0.2	850
0.01-	38.6	33.8	22.1	10.5	6.9	8.0	2.3	3.4	3.2	—	9.2	299
10-	25.5	24.1	24.9	17.6	16.4	11.2	6.4	6.0	2.8	5.1	13.0	357
20-	13.5	14.5	19.1	19.4	16.9	13.1	8.5	9.5	3.6	6.1	13.5	388
30-	14.3	14.0	14.7	23.7	22.0	22.8	18.1	13.2	13.8	4.3	18.7	413
50-	6.8	7.8	10.5	18.3	25.9	26.6	31.4	26.9	29.0	9.2	22.9	483
100-	—	1.5	5.5	7.3	8.3	13.5	21.4	24.1	24.7	20.2	13.4	598
200+	1.3	4.2	3.2	3.3	3.5	4.6	10.9	16.7	22.9	54.2	9.0	930
平均(100万円)	24	47	38	51	62	67	108	149	135	328	78	—
変動係数(%)	187	254	139	130	197	125	125	197	89	120	195	—

　注）　計数は縦に合計すると 100％になる．また平均は正味資産の計数である．

5.9.3 正味資産の構成

表 5-17 は正味資産の構成を調べたものである．高齢夫婦世帯の持家率は正味資産が 1000 万円未満では 40% にすぎなかったが，正味資産 1000 万円台では 85%，2000 万円以上では 100% に近かった．負債をかかえている世帯の割合は全体として 23% であり，ゴルフ会員権等（ゴルフ以外のスポーツクラブ会員権を含む）を保有している世帯の割合は 8% 強であった．

各資産の保有世帯だけに着目して，その平均保有額を調べた結果が表 5-17 の中段にまとめられている．負債残高の平均値は 580 万円であり，ゴルフ会員

表 5-17　正味資産の構成（高齢夫婦世帯）

区分		正味資産(100万円)								全体
		-0	0.01-	10-	20-	30-	50-	100-	200+	
世帯構成(%)		0.2	9.2	13.0	13.5	18.7	22.9	13.4	9.0	100.0
持家率(%)		30.7	40.2	85.2	95.1	98.1	98.8	99.0	99.6	89.4
家賃地代収入あり(%)		24.6	2.0	4.4	6.0	8.3	13.1	23.6	43.9	12.2
平均年間収入(万円)		867	299	357	388	413	483	598	930	481
平均年金受給額(万円)		168	158	198	220	238	260	263	257	233
平均消費支出(万円)		21.6	14.8	17.6	20.1	22.2	24.6	27.2	33.8	22.4
正味資産(100万円)		-29	5	15	25	39	71	138	433	78.0
保有率(%)	貯蓄	100.0	100.0	100.0	100.0	100.0	100.0	100.0	100.0	100.0
	負債	100.0	21.7	25.3	27.3	19.4	21.3	23.2	23.8	23.0
	ゴルフ会員権等	−	1.1	3.1	4.8	5.1	9.2	16.3	30.5	8.4
	土地住宅	30.7	43.0	87.6	96.8	99.3	99.4	99.9	100.0	90.8
平均保有額	貯蓄	8.8	3.6	6.8	10.0	14.4	22.9	31.3	71.3	19.6
	負債	74.9	1.7	2.3	2.1	2.7	2.4	7.6	31.4	5.8
	貯蓄純残高	-67.9	3.2	6.2	9.4	13.9	22.4	29.5	63.9	18.2
	ゴルフ会員権等	−	0.4	1.6	0.8	2.0	3.3	11.4	23.4	10.2
	土地住宅	122	5	10	16	25	48	107	362	64.9
資産構成(%)	貯蓄	-30.9	68.3	45.3	39.9	36.8	32.4	22.6	16.5	25.1
	負債	262.5	-7.0	-3.9	-2.3	-1.3	-0.7	-1.3	-1.7	-1.7
	貯蓄純残高	231.5	61.4	41.4	37.6	35.4	31.7	21.4	14.7	23.4
	ゴルフ会員権等	0.0	0.1	0.3	0.2	0.3	0.4	1.3	1.7	1.1
	土地住宅	-131.5	38.5	58.3	62.3	64.3	67.9	77.3	83.6	75.5

注) 中段の平均保有額は保有世帯のみの平均値(単位：100万円)である．また資産構成は下 3 行を縦に合計すると 100% になる．

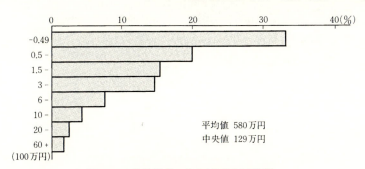

図5-12 負債残高の分布(高齢夫婦世帯)

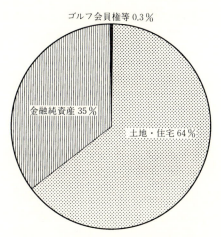

図5-13 正味資産の構成(高齢夫婦世帯)
〈3000万円以上5000万円未満〉

権等のそれは1000万円強であった．負債残高の中央値は129万円，最頻値は1～49万円(50万円きざみ)にあり(世帯数の約3分の1)，変動係数は375％であった．負債残高300万円以上が30％強，500万円以上が20％，1000万円以上が9％弱，2000万円以上が4.4％，5000万円以上が2.2％それぞれあった(図5-12参照)．他方，ゴルフ会員権等の中央値は126万円，最頻値は10万円台(10万円きざみ)にあり，変動係数の値は237％であった．

正味資産は全体として，その4分の3強を土地・住宅が占めていた．ただし土地・住宅のウェートは正味資産が多いほど高かった．したがって中央値を含

む3000万円以上5000万円未満の階層における土地・住宅資産のウェイトは64%にとどまっていた(図5-13参照).

5.10 おわりに

最後に本章における主要な考察結果の含意を述べておこう.

①「高齢者かわいそう論」は今日もはや根拠薄弱である.生活実態からみても,また意識においても高齢者の多数派は貧乏ではない.ただし少数派にとどまるとはいえ高齢者のなかに今もなお生活難にあえいでいる人びとが残されている.

②年金しか収入のない者あるいは年収に占める年金の割合が相対的に高い世帯は比較的高額の年金を受給している.年金受給額が比較的低い場合,年金以外の収入を手にしている世帯が多い.

③高齢者の経済状況は高齢者本人(または高齢者の配偶者)が就業しているか否かによって違いが大きい.

④高齢者はストック・エコノミーの主役である.

⑤高齢者の生活実態はばらつきが大きい.平均値思考から決別しないと高齢者の実像はみえてこない.

⑥東京圏と地方では生活水準格差が小さくない.「東京国」の感覚に基づく発言や政策立案は見直す必要がある.公的年金の水準は最大公約数的性格を有している.公的年金が「中の下」の生活を保障する全国一律の制度であるとすれば,サラリーマンの公的年金は地方における消費支出の最頻値(または中央値)を基準とするのが適切ではないだろうか.全国平均値に基づく現行水準は高すぎるように思われる.

⑦フローとストックはかならずしもパラレルではない.フロー偏重の議論には問題が多い.

以上の論点が高齢単身世帯や3世代世帯の高齢者についても成立するか否かをチェックする必要があることはあらためていうまでもないだろう.ただし上

記の論点のうち，とくに①の主張を棄却するような結果がでてくるとは思えない．

* 本章は高山・有田(1992 a)および Takayama(1994 c)に基づく．本章および次章の基礎となった論文は TCER 箱根コンファレンス(1992年)，郵政研究所ミニ・コンファレンス(1992年)，JCER-NBER 箱根コンファレンス(1993年)で発表した．
1) 1984年調査結果の信頼性については『経済分析』116号の第3章および第4章をみよ．
2) 他方，現住居以外に宅地を保有している場合，それが借地権つきであるか否かを1989年調査では調べていない．
3) 高齢夫婦世帯の保有していた耐久消費財は1989年時点で平均157万円であった．そのうちゴルフ会員権等が86万円(平均値，ゼロ・データ込み)を占めていた．
4) 厚生省『国民生活基礎調査』によると，65歳以上の高齢者のうち夫婦のみで生活を営んでいる者は1990年時点において全体の26%を占めていた．また子供等と同居している者が63%，単身者が11%それぞれいた．なお近年，夫婦のみの世帯や単身者世帯の割合が着実に上昇しており，早晩，子供等と同居している者の方が少数派に転じると予想される．また子供等と同居していても高齢者みずからが世帯主ないし世帯主の配偶者となっている者の割合が42%に及んでいた(1986年『国民生活基礎調査』)．
5) 調査期間中に世帯票の調査項目のいずれかに変更があった世帯(たとえば退職や増改築さらには出生・死亡など)および消費支出・貯蓄現在高・年間収入・耐久消費財のうちいずれかの計数が未記入となっている世帯は本章の集計からは除外した．
6) 1984年調査では60歳代前半の世帯主の就業率は54.5%であった．この5年間に世帯主の就業率は5.7%低下したことになる．これは日本における早期退職化の動きを示す1つの証左である．
7) 持家率は60歳代前半層で91%，60歳代後半層90%，70歳代前半層88%，75歳以上86%となっていた．
8) 夫婦ともに非就業あるいは妻のみ就業の高齢夫婦世帯の場合，サラリーマンOB世帯がその大半を占めるので年金分布は単峰型となっていた．
9) 「年金しか収入がない」というのは，あくまでも年収票記入ベースの話である．ちなみに金融資産はすべての世帯が保有しているが，そのうち利子・配当を年収

票に記入しているのは高齢夫婦世帯の37%にすぎなかった(後述参照).
10) 世帯年金額が120万円未満のグループにおいて夫が就業している場合,夫が農林漁業に従事している割合は約30%,また農林漁業以外の事業に従事している割合もほぼ30%であった.
11) 5年前の1984年調査における最頻値は13万円台にあった.この間に最頻値は月額で1万円前後上昇しただけである.
12) 生活意識の面では今日「老若逆転」ともいうべき現象が生じている.高山(1992 b)の図4-4(92頁)および図6-5(143頁)をみよ.
13) 高山編著(1992 a)によると,住宅取得を計画しているグループの金融資産効果はマイナスであった.なお実物資産の資産効果は必ずしも顕著でなかった(高山・有田;1992 a,第12表参照).
14) 高齢夫婦世帯のうち借家グループだけを抜きだし,消費水準10万円台後半(約30%)に位置するサンプルに着目すると,住居費が支出の16%強を占めていた.他方,サラリーマン4人世帯の場合,借家グループの住居費ウェートは総じて11%前後であった.
15) 貯蓄と年金受給額の関係については高山・有田(1992 a)の第16表をみよ.
16) バブルの崩壊により地価低下が大都市圏で今日,顕著である.本章の土地評価額はバブル時代のものであり,注意を促したい.
17) 『全消』によると,1989年におけるサラリーマン4人世帯の年間賃金(中央値)は550万円であった.サラリーマンを40年間つづけるとすると,その間における生涯賃金の中央値はほぼ2億2200万円(1989年価格による一時金換算,税込み)になる勘定である.
18) 年金と正味資産の関係は,年間収入と正味資産の関係と質的にほぼ同様である.高山・有田(1992 a)の第20表をみよ.

第6章 高齢単身世帯の所得・消費・資産

　高齢夫婦世帯における最近の生活実態については，すでに本書第5章で議論した．本章は高齢単身世帯に着目して，その生活実態を明らかにしようとするものである．「高齢者かわいそう論」が今日においてもなお事実に基礎を置いているか否かを調べることに本章の目的があり，第5章とワンセットになっている．

　使用した資料は1989年の総務庁『全国消費実態調査』である．資料の性格や用語については第5章で詳細に説明したので，ここでは繰り返さない．なお本章では60歳以上で年金を受給している単身者を「高齢単身世帯」と呼んでいる．

6.1 世帯の特性

　表6-1は年齢階層別に世帯数を整理したものである．集計サンプルは1107世帯，うち男性160人，女性947人であり，女性が85.5%を占めていた．高齢で年金を受給している単身者は女性が圧倒的に多い．1989年時点において全国ベースで高齢単身世帯はほぼ200万人(うち女性が171万人)の母集団になっていた．

表6-1　年齢階層別世帯数(高齢単身世帯)

年齢 (歳)	集計世帯数	推計世帯数 (千世帯, A)	Aの構成比 (%)	男子割合 (%)	[参考]年金受給 世帯の割合(%)
60-64	280	460	23.0	13.1	69.5
65-69	330	576	28.8	9.5	92.6
70-74	278	556	27.8	13.1	93.3
75+	219	409	20.4	25.3	91.4
全体	1,107	2,001	100.0	14.5	86.0

出所）　総務庁『全国消費実態調査』1989年．以下同様．

なお60歳以上の単身者で年金を受給している者の割合は86%であった．年金受給者比率は65歳以上になると90%超となっていた．

年齢階層別にみると60歳代後半層が29%，70歳代前半層が28%であり，比較的多かった．

持家に住んでいる世帯は66%にとどまっており，借家・借間住まいの者が少なくなかった．男性の4割弱，女性の3分の1が借家・借間住まいであった．また3大都市圏居住者の持家率は58%にとどまる一方，3大都市圏以外における持家率は74%であった．

男性の就業率は36%，女性のそれは23%にとどまっており，就業していない者の割合が圧倒的に高かった．また男性の方が就業率は若干高かった．なお加齢にともなって一般に就業率は低下していた．

男性世帯の45%が3大都市圏に住んでいる一方，女性世帯で3大都市圏に住んでいる者は48%強であった．高齢単身世帯全体として48%弱が3大都市圏に居住していた．

6.2　基本的な分布図

高齢単身世帯の暮らしぶりを分布図で表しておこう．ここではサンプル全体について図示することにする．

図6-1は年金受給額(年額)の世帯分布である．その平均値は127万円，中央値は119万円，最頻値120万円(10万円きざみ)であった．60万円(月額5万円)未満の者が19%いる一方で，180万円以上20%，240万円以上9.0%，300万円以上が3.9%となっていた．変動係数の値は60%であった．

つぎに年間収入分布はどうなっていたか．図6-2によると，その平均値は189万円，中央値160万円，最頻値120万円台(10万円きざみ)であった．年収60万円未満の者が6.7%いる一方，240万円以上が25%，300万円以上14%，360万円以上が6.6%，480万円以上が3.0%となっていた．なお平均年収は上位38%の水準に相当していた．変動係数の値は67%であり，年金分布のそれ

141

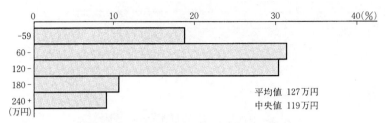

図 6-1 年金受給額の分布（高齢単身世帯）

出所）『全国消費実態調査』1989年. 以下同様.

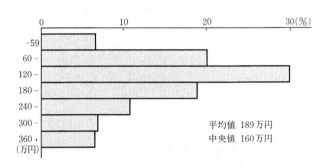

図 6-2 年間収入の分布（高齢単身世帯）

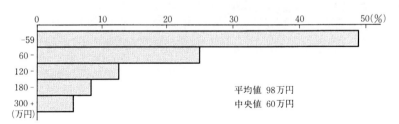

図 6-3 年金以外の年間収入の分布（高齢単身世帯）

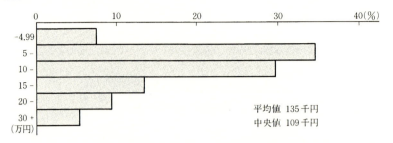

図 6-4 消費支出月額の分布(高齢単身世帯)

より若干大きかった.

年間収入から年金を除いた金額の世帯分布は図 6-3 のようになっていた.ここでは年金しか収入のない世帯(全体の 36%)を除外している.年金以外の年間収入(年額)は平均値 98 万円,中央値 60 万円,最頻値 10 万円台(10 万円きざみ)であった.20 万円未満が 20%,40 万円未満が 36% となっていた一方,100 万円以上 33%,120 万円以上 27%,180 万円以上 14%,300 万円以上 5.7%,480 万円以上 1.6% となっていた.また,その変動係数の値は 128% であった.

図 6-4 は消費支出月額の分布を調べたものである.その平均値 13.5 万円,中央値 10.9 万円,最頻値は 1 万円きざみでみると 10 万円台となっていた.平均消費額は上位 36% の水準であった.5 万円未満が 7.5% いる一方で,15 万円以上が 28%,20 万円以上 15%,30 万円以上 5.3%,40 万円以上 1.8% となっていた.変動係数の値は 77% であり,年収のそれよりさらに大きかった.

消費支出は東京都と 3 大都市圏以外(地方)で水準が多少とも違っていた.東京都の場合,その平均値は 14.0 万円,中央値 12.0 万円,最頻値 14 万円台であった.他方,3 大都市圏以外の場合,その平均値は 12.8 万円,中央値 10.4 万円,最頻値 8 万円台であった.

貯蓄残高(負債控除前)の分布は図 6-5 に示されている.その平均値は 898 万円,中央値 542 万円,最頻値は 200 万円きざみでみると 200 万円未満(100 万円きざみでみると 100 万円未満)のところにあった.平均値は上位 34% の水準にあった.貯蓄残高 300 万円未満が 33% いる一方,1000 万円以上が 29%,

第6章 高齢単身世帯の所得・消費・資産────143

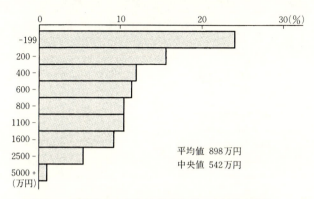

図6-5 貯蓄残高の分布(負債控除前,高齢単身世帯)

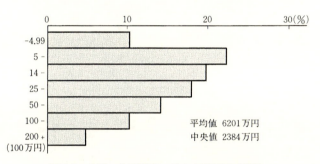

図6-6 土地・住宅資産の分布(高齢単身世帯)

1500万円以上19%,2000万円以上10%,3000万円以上4.9%,5000万円以上1.0%となっていた.変動係数の値は126%であり,消費支出のそれよりいっそう大きかった.

図6-6は土地・住宅保有世帯のみに着目して,その保有額(土地・住宅の合計額)の分布を整理したものである.その平均値は6200万円強であり,また中央値2400万円弱,最頻値400万円以上600万円未満(200万円きざみ)であった.1000万円未満が24%いる一方,5000万円以上が30%弱,1億円以上15%,2億円以上5%,5億円以上2.5%となっていた.平均値は上位26%弱の水準に相当していた.なお変動係数の値は190%であり,きわめて大きかった.

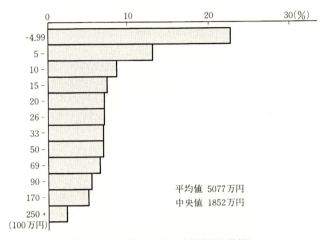

図 6-7 正味資産の分布(高齢単身世帯)

東京都在住の高齢単身世帯(土地・住宅資産保有世帯のみ)を抜きだして同様の整理をしてみたところ,その保有額は平均値が1億9500万円,中央値1億7000万円,最頻値6500万円台(100万円きざみ),1億円以上53%,2億円以上21%,5億円以上16%となっていた.他方,3大都市圏以外に居住する高齢単身世帯の場合,土地・住宅保有額の平均値は2300万円,中央値1300万円強であった.

図6-7は正味資産(金融資産-負債+土地・住宅資産+ゴルフ会員権等)の世帯分布である.その平均値は5077万円,中央値は1852万円,最頻値は200万円きざみでみると200万円未満(100万円きざみでみると100万円未満)であり,また変動係数の値は206%であった.その平均値は上位26%の水準に相当していた.200万円未満が11%,500万円未満が23%,1000万円未満が32%いた一方,3000万円以上42%,5000万円以上32%,1億円以上14%,2億円以上5.8%,5億円以上1.7%となっていた.

6.3 年金と就業の関係

年金受給額の多寡と就業率との間には一定の関係があるだろうか．この点を調べたのが表6-2である．まず60歳代前半層をみると，全体として就業率は29%となっていた．また年金受給額が年額で60万円以上になると就業率は50%未満になっていた．他方，60歳代後半層の就業率は全体として27%であった．年金受給額が高い者ほど就業率は総じて低い．ただし年金受給額が180万円以上の者については必ずしもそうなっていない．

なお賃金を稼いでいる者の割合は60歳代前半層では19%，60歳代後半層では14%にとどまった[1]．

表6-2 就業率(高齢単身世帯)

年齢区分	比率(%)	年金受給額(世帯ベース，万円)					全体
		-59	60-	120-	180-	240+	
60歳代前半層	就業率	64.6	39.0	13.0	17.9	5.8	29.2
	雇用者率	38.3	27.9	5.6	10.7	3.4	18.7
60歳代後半層	就業率	55.7	37.7	11.4	18.3	15.4	27.2
	雇用者率	34.3	16.6	4.7	12.1	6.3	13.9

6.4 年金が年収に占める割合

高齢単身世帯のうち年金しか収入のない者の割合は全体として36%であった(表6-3参照)．

年金・年収比率は人によって違いが小さくない．その比率が50%以上の高齢単身世帯は全体として76.5%に達していた．ただし本人が就業中の場合には年金・年収比率50%以上の者は40%にとどまる一方，非就業の場合には89%の圧倒的多数が年金・年収比率50%以上となっていた．なお年金・年収比率は平均で67%であった．この比率は一般に年金が高くなるにつれて上昇していた(後掲表6-6参照)．

表 6-3 年金・年収比率の分布(高齢単身世帯)

区分			年金・年収比率(%)					平均年金(万円)	平均年収(万円)
			-19.9	20-	40-	60-	80-	100		
全体	年齢(歳)	60-64	7.1	10.5	15.5	16.4	17.0	33.6	135	208
		65-69	6.4	11.3	13.2	9.4	19.7	40.1	135	197
		70-74	5.7	7.6	21.1	14.5	15.4	35.8	123	186
		75+	1.4	16.9	10.7	23.9	13.3	33.8	110	161
	全体		5.3	11.2	15.4	15.4	16.6	36.1	127	189
	平均年金(万円)		41	72	114	117	168	147	—	—
	平均年収(万円)		367	230	224	167	185	147	—	—
うち就業中(%)			18.5	26.3	29.3	12.6	10.2	3.1	99	252
うち非就業(%)			0.9	6.2	10.8	16.3	18.7	47.1	136	168

　年金・年収比率が80%以上の単身者をぬきだして,その年金分布を別途調べてみた.年金しか収入のない高齢単身世帯の平均年金額は147万円であり,必ずしも低額ではなかった.ちなみに年金120万円以上が63%に及んでいた一方,年金が60万円に満たない世帯の割合は10%にとどまっていた.つぎに年金・年収比率が80%以上100%未満の高齢単身世帯における平均年金額は168万円であり,決して低額ではなかった.年額で120万円以上の世帯が75%を占める一方,60万円未満は5%にすぎなかった.なお高齢単身世帯全体としての平均年金額は既述のように127万円,中央値119万円であった.

　これらの事実をみると,年金・年収比率の割合が相対的に高いグループは高齢単身世帯においても比較的高額の年金を受給していたことになる.

6.5　年金以外の年間収入と年金の関係

　表6-4は年金以外の年間収入と年金の関係を調べたものである.年金以外の年間収入の分布(ただし保有世帯のみ)は最右欄に示されている.年金以外の年間収入は全体として平均98万円であり,60万円未満が半数近く(49%)に達していた.なお120万円以上が27%,240万円以上が8.5%,480万円以上が

第6章 高齢単身世帯の所得・消費・資産——147

表6-4 年金以外の年間収入階層別にみた年金受給額の分布(高齢単身世帯)

年金以外の年間収入 (万円)	年金受給額(万円)					平均年金 (万円)	年金額の変動係数 (%)	年金以外の年間収入	
	-59	60-	120-	180-	240+			(万円)	(%)
-59	19.0	32.6	30.3	10.5	7.6	123	60	26	48.5
60-	29.2	43.6	16.8	4.9	5.6	97	67	85	24.7
120-	21.3	23.5	43.2	7.6	4.3	125	55	143	12.6
180-	39.5	23.7	17.9	14.7	4.1	99	68	209	5.7
240-	29.4	20.1	29.2	7.8	13.6	119	65	266	2.7
300-	25.2	11.7	38.4	—	24.7	160	64	327	1.6
360+	22.1	47.3	15.8	12.9	2.0	97	65	531	4.1
全体	23.5	33.6	27.4	8.8	6.7	115	60	98	100.0
年金(万円)	35	87	146	205	293	—	—	—	—
年金以外の年間収入(万円)	114	95	83	117	90	—	—	—	—

注) 計数は横に合計すると100%になる．ただし最右欄の「年金以外の年間収入」の世帯分布を示す計数のみ縦に合計すると100%になる．また表中の金額はいずれも平均値を表す．

1.6%となっていた．また変動係数の値は128%であった[2]．

年金以外の年間収入階層が同一であっても受給している年金額には大きな違いがあった．ちなみに年金以外の年間収入が多くなっても年金受給額は必ずしも高くはなっていなかった．高齢単身世帯の場合，年金以外の年間収入は年金受給額とはあまり相関が高くなかったようである．

6.6 年間収入とその内訳

高齢単身世帯全体における年金受給額階層別の年収分布は表6-5に示されている．一般に年金が高くなるにつれて年収もふえる．ただし各年金受給額階層ごとにみた年収はばらつきが小さくなかった．とくに60万円未満の低額年金受給世帯における年収のばらつきが比較的大きかった．

高齢単身世帯のうち女性で就業していない者だけに着目してみよう．女性で非就業の者の割合は全体の65.6%に達しており，高齢単身世帯全体の3分の2近くを占めていた．非就業女性の平均年収は高齢単身世帯全体のそれより若干

表 6-5 年金受給額階層別の年間収入分布
         (高齢単身世帯)

年間収入	年金受給額(万円)					全体
(万円)	-59	60-	120-	180-	240+	
-59	35.8	—	—	—	—	6.7
60-	25.7	48.6	—	—	—	20.0
120-	17.9	24.0	62.8	—	—	29.9
180-	6.7	16.1	17.9	67.3	—	18.9
240-	7.3	4.7	10.8	15.9	34.3	10.9
300-	2.5	2.2	4.0	4.1	46.1	7.0
360+	4.0	4.5	4.4	12.7	19.6	6.6
平均値(万円)	127	155	193	266	336	189
変動係数(%)	88	55	41	72	31	67
世帯構成(%)	18.7	31.3	30.3	10.6	9.0	100.0

注) 年間収入分布を示す計数は縦に合計すると 100% になる．平均値は年間収入の計数である．

低い 167 万円であり，また平均年金額は 134 万円(高齢単身世帯全体のそれより若干高め)であった．なお非就業女性の場合，年収分布の変動係数は 55% であり，年金のそれ(58%)と大差がなかった．

就業している者と就業していない者を比較すると，前者の方が総じて年収は高く，年金額は逆に低かった(表 6-3 の下段参照)．また男性と女性を比較すると，男性の方が総じて年金・年収ともに高かった(平均年金額は男性 135 万円，女性 125 万円であり，平均年収は男性 225 万円，女性 183 万円であった).

つぎに年収の内訳を調べてみよう．表 6-6 上段の数字は所得項目ごとの保有率を示している．また中段の数字は所得項目別の平均額(保有者のみ)である．さらに下段の数字は項目別の所得構成を表している．

高齢単身世帯のうち賃金収入を得ていた者は 12.7% にすぎなかった．賃金の平均は年額で 160 万円弱であった．また内職をしている者は全体として 7% にすぎず，その平均所得は年額 36 万円となっていた．さらに仕送りを受けている者が低額年金受給階層では少なくなかった．年金受給額が月額 5 万円未満の階層では 28% が，また月額 5 万円以上 10 万円未満の階層では 22% が仕送りをうけていた．仕送りをうけていた者は高齢単身世帯全体として 16% であ

第6章 高齢単身世帯の所得・消費・資産

表6-6 年間収入の内訳(高齢単身世帯)

所得項目		年金受給額(万円)					全体
		-59	60-	120-	180-	240+	
保有率(%)	賃金収入	16.8	19.0	7.7	7.9	4.4	12.7
	農林漁業	3.0	2.8	1.1	0.9	0.0	1.9
	事業所得	10.9	5.0	2.4	3.6	3.4	5.0
	内職	8.4	10.0	5.1	4.1	3.4	7.0
	年金	100.0	100.0	100.0	100.0	100.0	100.0
	仕送り	28.1	21.5	9.3	6.1	6.2	16.0
	家賃地代	14.7	7.2	7.7	10.7	11.7	9.5
	利子配当	22.0	27.4	32.7	30.4	32.3	28.8
	その他	18.7	8.4	14.3	9.6	7.1	12.1
	現物	9.5	7.7	3.7	9.5	11.5	7.4
平均所得金額(保有者のみ、万円)	賃金収入	187	132	141	315	111	159
	農林漁業	49	38	27	53	―	40
	事業所得	90	140	278	160	238	147
	内職	42	35	27	47	52	36
	年金	35	90	145	204	293	127
	仕送り	57	35	47	17	38	44
	家賃地代	77	120	84	106	82	93
	利子配当	27	31	27	39	40	31
	その他	44	41	62	44	29	49
	現物	41	5	14	7	10	16
所得構成比(%)	賃金収入	24.8	16.2	5.6	9.3	1.5	10.6
	農林漁業	1.1	0.7	0.2	0.2	―	0.4
	事業所得	7.8	4.5	3.5	2.2	2.4	3.9
	内職	2.8	2.3	0.7	0.7	0.5	1.3
	年金	27.8	57.9	75.2	76.6	87.2	67.0
	仕送り	12.6	4.9	2.3	0.4	0.7	3.7
	家賃地代	8.9	5.6	3.3	4.3	2.9	4.7
	利子配当	4.6	5.5	4.5	4.5	3.8	4.7
	その他	6.4	2.2	4.6	1.6	0.6	3.1
	現物	3.1	0.3	0.3	0.3	0.4	0.6
平均年収(万円)		127	155	193	266	336	189

注) 事業所得は農林漁業所得以外の事業所得を表す．下段の所得構成比は縦に合計すると100%になる．

った(平均額は44万円)．家賃・地代を収入としている者は全体の9.5%，平均額は93万円となっていた．利子・配当を所得として計上していた者は全体として30%たらずであった．貯蓄保有率は100%であったので，利子・配当についての計数は信頼性の点で問題が残っている．なお計上した者のみの平均額をみると31万円であった．利子・配当計上者の平均貯蓄残高は1450万円であ

150

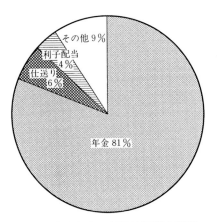

図 6-8　年間収入の内訳（高齢単身世帯）
〈年間収入 120 万円以上 180 万円未満〉

り，年平均の利回りは 2.1% であった．

　高齢単身世帯全体として年収の 67% を年金が占めていた．年金の年収に占めるウェートは一般に年金が高くなるにつれて上昇していた．賃金は全体として 11% 弱の割合であった．なお低年金受給世帯 (60 万円未満) では，年金は年収の 28% を占めるにすぎず，賃金 (25%) や仕送り (13%) などの収入ウェートが比較的高かった．なお年間収入 120 万円以上 180 万円未満の高齢単身世帯の場合，年金の年収に占める割合は 81% となっており，高齢単身世帯全体の 67% より高目であった（図 6-8 参照）．

　非就業女性の年収構成はどうか．就業していないので賃金を稼いでいる者はゼロに等しかった．また家賃・地代を手にしている者が 8%，あるいは利子・配当を所得として計上している者が 31% いた．さらに 5 人に 1 人が仕送りを受けていた．とくに年金月額 5 万円未満の場合，仕送りを受けている者の割合は 37% に及んでいた．年収の構成は年金に著しく偏っており，全体として 80% に達していた．なお年金月額 5 万円未満の階層では年金・年収比率は 40% になっていた．年収のうち仕送りのウェートが年金についで大きく，年金月額 5 万円未満の低額年金受給階層では 23% にも及んでいた．

　なお就業している場合，年金・年収比率は全体よりかなり低く，平均で男女

計 39%，男性 35%，女性 41% であった．

6.7 消費支出とその内訳

表 6-7 は高齢単身世帯全体について年間収入階層別に消費支出の分布を整理したものである．消費支出は一般に年収が多いほど高かった．ただし年収が同一階層にあっても消費のばらつきぐあいは小さくなかった．

全体として年収の範囲内に消費支出を抑えている者が多数派であったが，年収 180 万円未満の階層では年収を上回る消費をしている（可能性のある）者も少なくなかった．とくに年収 60 万円未満ではいわゆる赤字家計が 87% に達していた．

男女別に消費支出月額をみると，その平均は男性 13.6 万円，女性 13.5 万円であった．また中央値は男性 11.8 万円，女性 10.8 万円となっていた．なお最

表 6-7 年間収入階層別にみた消費支出月額の分布（高齢単身世帯）

区分		年間収入(万円)						全体
		-59	60-	120-	180-	240-	300-	360+	
世帯構成(%)		6.7	20.0	29.9	18.9	10.9	7.0	6.6	100.0
平均年齢(歳)		74.5	69.9	69.6	69.7	68.0	67.7	68.5	69.6
平均年収(万円)		41	95	146	201	268	320	521	189
平均年金(万円)		34	77	118	143	171	227	183	127
平均貯蓄(万円)		363	440	735	984	1045	1423	2516	898
土地住宅(100万円)		14.7	15.4	52.6	32.4	53.8	32.2	119.9	42.0
平均消費(万円)		6.6	8.8	12.4	14.8	14.7	16.9	22.9	13.0
消費支出月額(万円)	-4.99	32.3	12.7	5.5	4.4	2.2	0.7	0.6	7.5
	5-	50.4	55.1	36.4	21.0	20.2	36.7	8.5	34.6
	10-	11.3	24.5	36.0	30.1	47.6	23.6	12.1	29.7
	15-	2.4	2.7	10.9	29.2	13.2	13.4	24.9	13.5
	20-	1.1	2.4	4.1	9.2	8.3	9.7	20.9	6.5
	25-	2.5	0.3	1.4	1.6	3.4	5.8	17.6	2.9
	30+	—	2.2	5.7	4.6	5.0	10.1	15.4	5.3
貯蓄とりくずし		87.1	48.8	39.1	11.4	14.8	6.3	10.5	40.4

注）消費支出月額の分布についての計数は縦に合計すると 100% になる．
「貯蓄とりくずし」は世帯割合(%)を表す．

頻値は男性が10万円台，女性6万円台にあった(1万円きざみ)．さらに変動係数の値は男性が71%，女性が78%であった．他方，就業している者と就業していない者を比較すると，前者の方が消費水準は高かった[3]．

表6-8は消費支出の内訳(10大費目別)を消費支出階層別に集計したものである．高齢単身世帯は全体として消費支出の22%強を食費にあてていた．他

表6-8 消費支出の内訳(高齢単身世帯)

区分		消費支出月額(万円)							全体
		-4.99	5-	10-	15-	20-	25-	30+	
世帯構成(%)		7.5	34.6	29.7	13.5	6.5	2.9	5.3	100.0
平均消費支出(万円)		3.3	6.9	11.8	16.8	21.6	27.2	45.4	13.0
支出構成(%)	食料	40.1	31.8	25.7	21.4	19.8	13.8	9.4	22.2
	住居	7.3	9.6	12.3	10.5	13.3	14.8	15.4	12.2
	光熱水道	14.6	8.6	6.4	5.4	4.1	3.6	2.3	5.7
	家具家事	3.4	3.9	4.4	5.6	3.0	4.1	3.4	4.1
	被服履物	3.0	3.8	7.0	8.7	5.7	7.8	11.5	7.3
	保健医療	2.9	3.9	3.5	2.8	4.7	5.2	3.1	3.6
	交通通信	6.6	8.3	8.6	7.9	8.2	9.1	9.5	8.5
	教育	0.0	0.0	0.0	0.0	0.0	0.0	0.0	0.0
	教養娯楽	6.9	10.5	9.7	9.8	12.7	9.4	11.6	10.4
	その他	15.1	19.6	22.5	27.9	28.6	32.4	34.0	26.0

注) 支出構成は縦に合計すると100%になる．

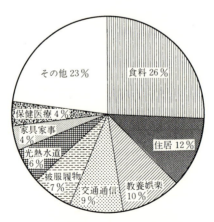

図6-9 消費支出の内訳(高齢単身世帯)
〈月額10万円以上15万円未満〉

方,「その他」消費支出は26%であり,最大のウェートを占めていた.また住居費12%,教養・娯楽10%,交通・通信9%,被服・履物7%,光熱水道6%等となっていた.高齢夫婦世帯と比較すると,高齢単身世帯の方が住居費のウェートが比較的高かった(持家比率が低かったため).消費水準が上昇するにつれて支出ウェートが下がるのは食費と光熱・水道費のみであった.なお消費支出10万円以上15万円未満(平均11.8万円)の階層における消費支出の構成は図6-9のとおりである.

6.8 貯蓄残高とその内訳

表6-9は年齢階層別の平均貯蓄残高(負債控除前)を非就業の高齢単身世帯について示したものである.サンプル数が少ないので慎重に読む必要があるものの,加齢とともに貯蓄残高が減少するという事実は一部で観察された.ただし,それとは反対の事実も観察されている.なお資料はクロスセクション・データであって,コーホート・データではない(念のため).

男女別に貯蓄残高を調べると,その平均値は男性1083万円,女性866万円となっていた.また中央値はそれぞれ550万円,542万円であった.さらに最頻値は男性が100万円未満,女性100万円台(いずれも100万円きざみ)にあった.なお変動係数の値は男性137%,女性122%となっていた[4].

表6-9 年齢階層別の平均貯蓄残高
(高齢単身世帯) (万円)

年齢区分(歳)	年金受給額(万円)					全体
	-59	60-	120-	180-	240+	
60-64	434*	833	913	1423	1693	1061
65-69	256*	820	965	1049	637*	823
70-74	497	541	966	795*	2740*	850
75+	456	669	655	458*	1199*	627
合計	429	710	911	996	1380	839

注) 集計は就業していない世帯のみに限定した.なお*印は集計世帯数が30未満であったことを示している.

表6-10 貯蓄残高の分布とその内訳(高齢単身世帯)

区分		貯蓄残高(万円)							全体
		-99	100-	300-	600-	1000-	1500-	2000-	3000+	
世帯構成(%)		12.2	20.6	18.9	19.5	9.4	9.3	5.3	4.9	100.0
平均年齢(歳)		71.3	69.6	70.7	69.1	67.1	69.5	71.8	66.2	69.6
平均年金(万円)		97	114	114	130	137	161	138	195	127
平均消費(万円)		9.9	10.2	11.6	12.6	14.8	16.7	22.1	19.7	13.0
利子・配当(万円)		7.0	6.7	14.1	18.6	28.6	21.4	59.1	79.2	30.7
利子未記入(%)		98.3	91.8	75.5	74.8	46.4	35.2	45.8	29.7	71.2
貯蓄残高(万円)		48	189	433	776	1218	1642	2446	4599	898
項目別保有率(%)	郵便定額	33.2	46.1	65.4	83.0	91.2	89.7	94.2	89.2	68.3
	郵便通常	41.6	37.6	47.0	52.1	66.7	57.6	70.6	67.0	50.5
	銀行定期	31.7	61.7	76.2	84.7	91.6	57.1	88.9	86.4	70.3
	銀行普通	57.4	59.2	63.3	74.3	80.9	88.7	84.8	71.0	69.4
	生命保険	10.5	36.9	43.4	55.1	67.9	45.0	65.2	67.6	45.1
	貸付信託	0.9	5.4	7.9	20.0	24.2	26.0	54.6	54.5	16.8
	債券等	1.3	1.0	6.1	9.8	28.7	18.3	29.7	58.6	12.2
	株式等	—	1.3	4.9	11.3	19.7	60.8	62.5	47.1	16.5
	社内預金	—	0.4	0.4	3.2	3.6	1.4	7.0	8.0	2.0
	うち年金	2.5	2.9	2.8	3.8	8.2	0.6	12.4	8.7	4.1
平均残高(保有世帯のみ、万円)	郵便定額	34	104	188	272	349	290	426	813	277
	郵便通常	15	31	55	54	37	63	64	70	47
	銀行定期	40	113	212	316	420	693	850	1172	371
	銀行普通	24	41	61	57	90	147	134	162	76
	生命保険	32	75	122	197	231	360	325	925	241
	貸付信託	3	104	185	223	343	438	761	748	432
	債券等	11	108	150	190	347	342	694	831	453
	株式等	—	107	161	286	351	782	462	2450	790
	社内預金	—	39	30	247	248	411	110	324	229
	うち年金	18	68	176	156	294	800	356	752	264
貯蓄構成(%)	郵便定額	23.7	25.3	28.3	29.1	26.2	15.9	16.4	15.8	21.1
	郵便通常	13.1	6.1	5.9	3.6	2.0	2.2	1.9	1.0	2.7
	銀行定期	26.9	36.9	37.3	34.5	31.6	24.1	30.9	22.0	29.0
	銀行普通	29.0	12.8	8.9	5.5	6.0	7.9	4.7	2.5	5.9
	生命保険	7.0	14.7	12.2	14.0	12.9	9.9	8.7	13.6	12.1
	貸付信託	0.1	2.9	3.4	5.8	6.8	6.9	17.0	8.9	8.1
	債券等	0.3	0.6	2.1	2.4	8.2	3.8	8.4	10.6	6.2
	株式等	—	0.7	1.8	4.2	5.7	28.9	11.8	25.1	14.5
	社内預金	—	0.1	0.0	1.0	0.7	0.3	0.3	0.6	0.5
	うち年金	0.9	1.1	1.2	0.8	2.0	0.3	1.8	1.4	1.2

注) 上段の「利子・配当」は「利子・配当」収入の平均値(記入者のみ)を表す。下段の貯蓄構成は縦に合計すると100%になる(別掲分「うち年金」を除く)。

第6章 高齢単身世帯の所得・消費・資産 ——— 155

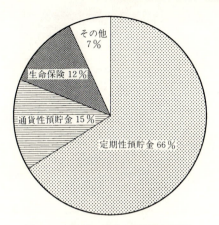

図6-10 貯蓄の構成(高齢単身世帯)
〈300万円以上600万円未満〉

　貯蓄残高の世帯分布は表6-10の最上段に示されている．その下の数字は貯蓄項目ごとの保有率と平均残高(保有世帯のみ)である．最下段は項目別の残高構成比を表している．貯蓄項目の中では全体として定期性預貯金のウェートが50%となっており，比較的大きかった．貯蓄残高の中央値が含まれる300万円以上600万円未満の階層に着目すると，定期性預貯金の割合は66%となっており，高齢単身世帯全体の50%水準よりかなり高めになっていた(図6-10参照)．なお高齢単身世帯においても通貨性預貯金の残高が比較的高く，保有者のみに着目すると平均値で郵便局に47万円，銀行等に76万円が定額や定期とならずに預けられていた．また，この表には利子・配当の金額や利子未記入世帯の割合も参考のために掲げておいた．

6.9　正味資産の構成

　表6-11は正味資産の構成を調べたものである．高齢単身世帯の持家率は正味資産が1000万円未満では23%にすぎなかったが，正味資産1000万円台では76%，2000万円以上では100%に近かった．負債をかかえている世帯の割合は全体として11%であり，またゴルフ会員権等(ゴルフ以外のスポーツクラ

表 6-11 正味資産の構成(高齢単身世帯)

区分		正味資産(100万円)							全体
		-0	0.01-	10-	20-	30-	50-	100-	200+	
世帯構成(%)		0.1	31.9	14.3	11.3	10.8	17.5	8.2	5.8	100.0
持家率(%)		0.0	22.9	75.7	91.9	93.5	96.5	100.0	95.7	66.1
家賃地代収入あり(%)		—	0.9	4.0	11.6	14.7	19.0	33.9	14.6	9.5
平均年間収入(万円)		193	156	187	250	204	247	307	302	213
平均年金受給額(万円)		101	93	103	117	138	131	138	144	115
平均消費支出(万円)		11.0	10.2	13.3	13.7	13.2	14.8	16.2	20.9	13.0
正味資産(100万円)		-0.5	4.1	14.7	24.8	37.9	72.5	149.1	388.1	50.8
保有率(%)	貯蓄	100.0	100.0	100.0	100.0	100.0	100.0	100.0	100.0	100.0
	負債	100.0	6.7	9.4	16.4	9.3	8.2	7.6	45.6	10.8
	ゴルフ会員権等	—	1.0	0.5	2.8	4.0	9.6	3.2	4.3	3.0
	土地住宅	—	23.3	78.6	92.9	95.1	99.6	100.0	100.0	67.7
平均保有額	貯蓄	100	320	648	913	1143	1664	1781	1855	898
	負債	150	60	130	119	202	228	947	112	163
	貯蓄純残高	-50	316	638	898	1125	1645	1709	1803	881
	ゴルフ会員権等	—	14	16	17	32	27	101	20	29
	土地住宅	—	4	11	17	28	56	132	370	62
資産構成(%)	貯蓄	-200.0	77.3	44.0	36.8	30.2	23.0	12.0	4.8	17.7
	負債	300.0	-1.0	-0.8	-0.8	-0.5	-0.3	-0.5	-0.1	-0.4
	貯蓄純残高	100.0	76.3	43.1	36.0	29.7	22.7	11.5	4.7	17.3
	ゴルフ会員権等	0.0	0.0	0.0	0.0	0.0	0.0	0.0	0.0	0.0
	土地住宅	0.0	23.6	56.9	64.0	70.3	77.3	88.5	95.4	82.7

注) 中段の平均保有額は保有世帯のみの平均値(土地・住宅以外は万円単位,土地・住宅のみ100万円単位)である．また資産構成は下3行を縦に合計すると100%になる．

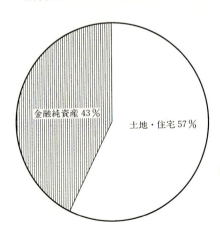

図 6-11 正味資産の構成(高齢単身世帯)
〈1000万円以上2000万円未満〉

ブ会員権を含む)を保有している世帯の割合は3%にすぎなかった.

各資産の保有世帯だけに着目して,その保有額の平均値を調べてみると(表6-11中段),負債控除前の貯蓄残高898万円,負債163万円,負債控除後の貯蓄残高881万円,ゴルフ会員権等29万円,土地・住宅6200万円とそれぞれなっていた[5].

全体として正味資産の83%を土地・住宅が占めていた.ただし土地・住宅のウェイトは正味資産が多いほど高かった.したがって中央値を含む1000万円以上2000万円未満の階層における土地・住宅資産のウェイトは57%にとどまっていた(図6-11参照).

* 本章は高山・有田(1992b),Takayama(1994c)に基づく.
1) 1984年の『全消』によると,高齢単身世帯のうち60歳代前半層の就業率は34%,賃金を稼いでいる者の割合は25%であった.60歳代前半層の就業率・雇用者率はいずれもこの5年間に低下したことを意味している.
2) 非就業女性の高齢単身世帯における「年金以外の年間収入」は平均値61万円,中央値39万円,最頻値30万円台(10万円きざみ)であった.
3) 高齢単身世帯のうち非就業の女性世帯だけに着目すると,消費支出月額の平均値は13.1万円,中央値10.6万円,最頻値6万円台(世帯ウェイトで9.9%)であった.
4) 非就業女性の高齢単身世帯における貯蓄残高は平均値854万円,中央値580万円であり,またその最頻値は200万円きざみでみると200万円未満(100万円きざみでみると100万円未満)であった.
5) 非就業女性の高齢単身世帯に着目すると,土地・住宅資産(保有世帯のみ)の平均値は5900万円弱,中央値2400万円強,最頻値1000万円以上1200万円未満(200万円きざみ)であった.なお,この世帯グループにおける持家率は66%であった.

第7章　同居高齢者の経済状況

7.1　本章の目的

　高齢夫婦世帯や高齢単身世帯の経済的側面はデータさえ入手できれば比較的容易に明らかにしうる．しかし同居高齢者の経済状況を分析することは必ずしも容易でない．分析フレームがいまだに確立されていないからである．本章では1つの分析フレームを具体的に提示しながら同居高齢者に関するこれまでの通念を再検討してみたい．

　周知のように日本の高齢者は子供と同居するケースが今日でも多数派を占めている．早晩，同居高齢者は少数派に転じると予測されるものの，同居高齢者の経済状況が不明のままでは日本における高齢者の実像を的確につかんだことにはならない．本章の分析が日本における高齢者の全体像を偏りのないバランスのとれた形で理解するさいの一助となることを願っている．

　日本の同居高齢者は欧米には "the dependent old" として紹介されるのが一般的である．経済的に恵まれないために子供と同居し子供の世話になっているという理解である．このような紹介は最近でも少なくない．安藤ほか(1986)，Hayashi-Ando-Ferris(1988)はその例である．「日本の同居高齢者は経済的に恵まれていない」という通念は現実のデータによって支持されるだろうか．この点を再検討することも本章の狙いの1つである．

　以下，7.2節で同居高齢者の基本的属性を整理し，7.3節で同居高齢者の経済状況や同居の経済機能を解明する．そして7.4節で本章における主要な結論を述べる．

　なお同居・非同居の決定要因は本章の補論で議論する．

7.2 同居高齢者の基本的属性

本章では60歳以上の世帯員を「高齢者」と呼び，その基本的属性から説明する．使用データは総務庁『全国消費実態調査』(単身者を含む．1989年)である．

7.2.1 同居の有無

まず同居の有無から調べてみよう．表7-1は高齢者の続柄別に同居の有無を整理した結果である．60歳以上の世帯員のうち集計に用いたサンプルは3万2675人であり，全国ベースで1793万人強(うち男性41.9%，女性58.1%)いたと推計される．表7-1から次のことがわかる．

(1) 1989年時点において60歳以上の高齢者は世帯主(最多収入者)ないしその配偶者である者が61%強を占めていた(男女計)[1]．男性高齢者の場合，その割合は72%弱に達していた一方，女性高齢者の場合でも，その割合は54%弱であった．日本における高齢者の多数派はすでに最多収入者ないしその配偶者となっている．

(2) 1989年時点において高齢者のうち単身で暮らしている者が13%弱，夫婦のみの世帯の世帯員である者が27%，子供等と同居中の者が60%を占めていた(男女計)．ただし未婚の子供と同居中の者も13%おり，少なくなかった．男女別にみると単身暮らしは女性に比較的多く(19%弱)，夫婦のみ世帯の世帯員は男性の方が比較的多かった(37%)．また子供等との同居割合は女性の方がやや高かった．

(3) 続柄別に世帯類型を区分すると，高齢者全体として既婚の子供と同居中の者が最も多かった(うち配偶者のいない者が18%強，配偶者のいる者が16%弱であった)．ついで夫婦のみ世帯の世帯主が15%強，単身者13%弱，夫婦のみ世帯における世帯主の配偶者12%弱，の順であった．男女別にみると男性の場合，夫婦のみ世帯の世帯主が最も多く(37%弱)，ついで既婚の子

表7-1 同居の有無(60歳以上の高齢者)

(1) 男女計
(%)

世帯類型	続柄					計
	世帯主	配偶者	父母1	父母2	その他	
単身世帯	30.3	—	—	—	—	12.8
夫婦のみ	36.6	60.9	—	—	—	27.1
既婚の子供と同居	11.9	18.1	95.0	91.0	51.0	43.7
未婚の子供と同居	16.3	15.5	5.0	9.0	27.7	13.0
その他と同居	5.0	5.4	—	—	21.3	3.5
計	42.3	19.1	16.8	20.2	1.6	100.0

(2) 男性
(%)

世帯類型	続柄					計
	世帯主	配偶者	父母1	父母2	その他	
単身世帯	6.2	—	—	—	—	4.4
夫婦のみ	51.5	63.1	—	—	—	37.1
既婚の子供と同居	16.2	5.5	94.8	94.3	45.3	38.0
未婚の子供と同居	20.4	25.4	5.2	5.7	30.5	16.3
その他と同居	5.7	6.0	—	—	24.2	4.2
計	71.0	0.8	21.0	6.6	0.6	100.0

(3) 女性
(%)

世帯類型	続柄					計
	世帯主	配偶者	父母1	父母2	その他	
単身世帯	87.7	—	—	—	—	18.8
夫婦のみ	1.0	60.9	—	—	—	20.0
既婚の子供と同居	1.5	18.4	95.2	90.5	52.1	47.8
未婚の子供と同居	6.5	15.3	4.8	9.5	27.2	10.5
その他と同居	3.3	5.4	—	—	20.7	2.9
計	21.5	32.3	13.8	30.1	2.4	100.0

注) 最下段以外は縦に合計すると100%になる．最下段は横に合計すると100%になる．父母1は父母とも健在の(高齢者本人の配偶者がいる)場合，父母2は父母のいずれかが健在の(高齢者本人の配偶者がいない)場合をそれぞれ指す．
出所) 『全国消費実態調査』1989年．以下同様．

供と同居中であり配偶者のいる者20％弱，未婚の子供と同居中であり世帯主の者15％弱，が比較的多かった．他方，女性の場合には既婚の子供と同居中であり配偶者のいない者27％強，夫婦のみ世帯における世帯主の配偶者20％

弱,単身者19%弱,の順であった.男女間には明らかに違いがあった.

なお世帯主ないし世帯主の配偶者である割合は高年齢になるほど低くなる傾向があった.ちなみに60〜64歳層におけるその割合は男性87%,女性77%であった.その割合が50%を下回るのは男性の場合80〜84歳層からであり(35%),85歳以上では16%弱にすぎなかった.女性の場合,その割合は70〜74歳層から50%を下回りはじめ(49%),75〜79歳層26%,80〜84歳層19%,85歳以上5%となっていた.もっとも,このような加齢にともなう変化が世代に固有のものなのか,年齢の変化のみによる効果なのかについてはさらに調べる必要がある.

7.2.2 就業率

欧米諸国とくらべると日本における高齢者の就業率は高い.表7-2は1989年の『全国消費実態調査』(単身者込み)を用いて60歳以上の高齢者をとりだし,その就業率を整理した結果である.高齢者の就業率は男女別および年齢階層別に違いが大きい.また同居の有無別にみても続柄別にみても就業率に大差がある.たとえば未婚の子供と同居中の高齢者や世帯主である高齢者の就業率は比較的高い.さらに3大都市圏に居住している高齢者の就業率も相対的に高い(全国ベースの高齢者就業率が32%強であったのに対して,3大都市圏では39%であった).

日本では戦後,都市化・重化学工業化の動きが顕著であった.そして今日ではサービス産業化が進んでいる.そのなかで就業者のサラリーマン化が急速に進行した.本節では,このサラリーマン化の動きをデータで跡づけてみたい.

まず本人の職業が民間職員・民間労務者・公務員・法人経営者・臨時日雇いの場合はサラリーマン現役である.つぎに本人の年金受給額(年額)が60万円以上の場合,その本人をサラリーマンOBとみなすことができると考えた.さらに配偶者がサラリーマン現役ないしサラリーマンOBである場合,その本人もサラリーマン・グループに含まれるとした.本章における「サラリーマン・グループ」の定義は通常のものと異なるので,注意を促したい.

表 7-2 就業率とサラリーマン・グループの割合 (%)

区　分	就業率	サラリーマン・グループ
男女計	32.4	61.5
単身世帯	30.2	79.2
夫婦のみ	36.6	85.6
既婚の子供と同居	25.5	38.9
未婚の子供と同居	44.1	68.5
その他と同居	51.4	67.6
世帯主	51.5	78.5
配偶者	27.2	78.6
父母1	22.8	54.0
父母2	7.7	20.4
その他	6.7	8.3
三大都市圏	39.0	—
男(年齢計)	49.6	66.4
60-64歳	66.7	74.3
65-69	52.2	72.6
70-74	39.8	65.9
75-79	29.0	53.4
80-84	21.3	39.2
85+	8.2	27.3
女(年齢計)	20.1	58.0
60-64歳	33.2	74.0
65-69	22.7	68.9
70-74	15.1	56.3
75-79	7.2	38.5
80-84	3.3	24.0
85+	1.6	16.3

　このように考えてデータを整理した結果が表7-2の右欄に示されている．それによると男性のサラリーマン・グループ比率は1989年時点において75〜79歳層で50％を上回っており，60〜64歳層では74％に達していた．他方，女性のサラリーマン・グループ比率も70〜74歳層で50％を凌駕していた．日本における高齢者の多数派(60％強)はすでにサラリーマン・グループである．

7.2.3　親子の職業関係

　親子の職業関係はどうなっているか．職業についての質問は通常，調査時点の職業がほとんどであり，現役時の職業は不問に付される．そのため親子の職

表 7-3　親子の職業関係(同居世帯のみ)

1) 親：男女計 (%)

親の職業	子供の職業		計	世帯割合
	サラリーマン	非サラリーマン		
サラリーマン	93.6	6.4	100.0	45.4
非サラリーマン	46.0	54.0	100.0	54.6
計	67.6	32.4	100.0	100.0

2) 親が男性の場合 (%)

親の職業	子供の職業		計	世帯割合
	サラリーマン	非サラリーマン		
サラリーマン	91.9	8.1	100.0	50.1
非サラリーマン	41.8	58.2	100.0	49.9
計	66.9	33.1	100.0	100.0

3) 親が女性の場合 (%)

親の職業	子供の職業		計	世帯割合
	サラリーマン	非サラリーマン		
サラリーマン	94.9	5.1	100.0	42.2
非サラリーマン	48.4	51.6	100.0	57.8
計	68.0	32.0	100.0	100.0

注)　親の年齢は60歳以上である．

業関係を明らかにすることは政府統計ではきわめて困難であった[2]．本項では高齢者についてサラリーマン・グループの判定を前項で述べたようにする．そして同居世帯にかぎって親子の職業関係を調べることにする．そのさい子供世代についても前項に述べた3つの基準(のいずれか)にもとづいてサラリーマン・グループの判定を試みる．なお同居している子供世代については職業欄に記入があり，かつ乳幼児・学生でない者のみにサンプルを限定した．

　表7-3は1989年の『全国消費実態調査』を利用して親子の職業関係(同居世帯のみ)を整理したものである．親は60歳以上とした．サラリーマン・非サラリーマンの区別は上述したとおりであり，調査時点の職業では必ずしもない．

第7章 同居高齢者の経済状況──165

まず男女計でみると親の世代はサラリーマン世代が45%であったが，子供世代ではサラリーマン比率が68%となっていた．親がサラリーマンであった子供の94%はサラリーマン・グループに入っていた．一方，親がサラリーマンでなかった子供の半数近く(46%)がサラリーマンに転じていた．

なお親がサラリーマンでなかった子供がサラリーマンとなった割合は3大都市圏居住者の場合には53%(男女計)とやや高く，また親が高年齢になるほど高かった．ちなみに男親85歳以上の場合，その割合は61%であったが，男親60〜64歳層では24%にとどまっていた．

前項で述べたように親世代のサラリーマン率は全体として60%強であった．同居世帯における親世代のサラリーマン率は45%であるので，注意を促したい．非同居世帯の方が親世代・子供世代ともサラリーマン率は表7-3の計数より高いと推定できよう．

7.2.4 高齢者本人の年間収入

『全国消費実態調査』では世帯員の年間収入を10項目に分けて個人別(同一世帯4人まで)に調査している(本書5.2.3項参照)．そこで，この1989年調査を利用して高齢者(60歳以上)本人の年間収入をつぎに調べてみたい．

表7-4は同居の有無別および男女別にデータを整理した結果である．それによると高齢者本人の年収は全体として平均値187万円，中央値108万円であった(ゼロ値込み)．また本人年収ゼロの者が27%いた一方，480万円以上の者が8.5%いた．本人年収が最も高いグループは未婚の子供と同居中の男性高齢者である．他方，それが最も低いのは既婚の子供と同居中の女性高齢者にほかならない．総じて男性高齢者の年収は女性高齢者のそれよりはるかに高い．ちなみに年収の平均値は男性323万円，女性89万円であった．また年収の中央値はそれぞれ250万円，38万円であった(いずれもゼロ値込み)．本人年収ゼロの者が女性の場合38%に達していたこと(男性は11%)，および収入のある者について年収の男女格差が大きいこと，の2つがその理由である．

従来，同居高齢者の所得は総じて低く，そのためにかれらは"the depen-

表7-4 高齢者本人の年間収入

1) 男 女 計

世帯区分	人数割合	本人年収(人数割合)		本人年収(万円)	
		ゼロ	480万円以上	平均値	中央値
単身世帯	12.8%	—	5.4%	210	162
夫婦のみ	27.1	14.7%	12.4	253	195
既婚の子供と同居	43.7	45.2	4.3	109	33
未婚の子供と同居	13.0	17.2	15.8	269	180
その他と同居	3.5	14.9	13.5	254	205
計	100.0	26.5	8.5	187	108

2) 男 性

世帯区分	人数割合	本人年収(人数割合)		本人年収(万円)	
		ゼロ	480万円以上	平均値	中央値
単身世帯	4.4%	—	8.5%	233	182
夫婦のみ	37.1	0.3%	21.1	394	295
既婚の子供と同居	38.0	27.8	10.6	209	124
未婚の子供と同居	16.3	2.5	28.4	430	321
その他と同居	4.2	1.7	25.5	400	315
計	100.0	11.1	17.9	323	250

3) 女 性

世帯区分	人数割合	本人年収(人数割合)		本人年収(万円)	
		ゼロ	480万円以上	平均値	中央値
単身世帯	18.8%	—	4.9%	206	159
夫婦のみ	20.0	34.0%	0.8	65	33
既婚の子供と同居	47.8	55.2	0.7	52	0
未婚の子供と同居	10.5	33.6	1.6	89	42
その他と同居	2.9	28.6	1.1	103	54
計	100.0	37.6	1.6	89	38

dent old"として位置づけられてきた．たしかに既婚の子供と同居している高齢者(とくに女性高齢者)本人の年間収入は低い．既婚の子供と同居している女性高齢者の55%は所得ゼロである(1989年時点)．しかし未婚の子供と同居している高齢者や子供以外の者と同居している高齢者の年間収入は夫婦世帯における世帯員のそれとくらべて低くない．女性の場合，単身世帯の年間収入は相対的に高いものの，それは所得ゼロの者がいないからである．

いずれにせよ子供等と同居していても高齢者本人が世帯主(最多収入者)ないし世帯主の配偶者である者が同居者の36%もいる．くわえて同居高齢者であっても未婚の子供や子供以外の者と同居している者の年間収入はどちらかというと高目である．この2つから判断すると，"the dependent old" という従来の位置づけは事実の半分を語っているにすぎない．日本における同居高齢者が経済的に恵まれないとは必ずしもいえないのである．

7.3 同居高齢者の経済状況

同居高齢者の経済状況を明らかにする試みは，これまではほとんどなかった．先駆的論文としては Hayashi-Ando-Ferris(1988) が有名である[3]．かれらは同居世帯のデータを子供世代の年齢に着目しながら再集計し，同居していない子供世代の経済状況との残差を求め，その残差を同居高齢者によるものとみなした．このような分析フレームの設定はきわめて斬新であり，注目に値する．ただし①親子の職業関係に十分な注意が払われていないこと，②子供等と同居していても高齢者みずから世帯主(最多収入者)となっている者が少なくないことを等閑視していること，③世帯人員を厳密にコントロールしていないこと，等，かれらの統計処理に問題がないわけではない．

本節では，上述の問題点に注目しながら同居高齢者の経済状況を説明してみたい．利用データは1989年の『全国消費実態調査』である．

7.3.1 世帯モデルの設定

以下では典型的な世帯モデルを複数設定し，その経済的側面を調べることにする．

(1) 同居6人世帯A(子供が世帯主)

これは典型的な3世代世帯であり，高齢者本人とその配偶者および子供夫婦さらに孫2人の世帯である．ラベルAは子供が世帯主であることを示す．そ

表 7-5　同居 6 人世帯 A（子供が世帯主）の諸特性

1) 子供の年齢階層別

区　分	子供（世帯主）の年齢区分（歳）						計
	30-34	35-39	40-44	45-49	50-54	55-59	
世帯割合(%)	10.2	29.4	34.6	17.1	6.8	2.0	100.0
本人年齢(歳)	65.7	67.6	71.0	76.0	78.9	82.9	71.1
サラリーマン比率							
本人(%)	64.9	54.2	52.7	39.8	28.6	28.4	50.1
子供(%)	86.9	83.9	85.4	74.7	72.6	60.6	81.9
3 大都市圏(%)	35.2	29.4	32.7	35.6	38.6	40.6	33.0
世帯年収	728	755	812	866	882	996	804
子供年収	460	482	528	574	503	668	517
本人年収	144	124	113	95	92	43	114
可処分所得	629	654	703	746	762	801	694
消費支出年額	378	403	448	474	524	550	441
貯蓄フロー	251	251	255	263	238	251	253
貯蓄率(%)	39.9	38.3	36.3	35.2	31.2	31.4	36.5
金融資産残高	728	953	1,227	1,289	1,185	1,771	1,114
借入金残高	303	380	354	245	262	916	343
借入金あり(%)	7.4	9.0	12.1	11.9	18.8	17.9	11.2
純金融資産	425	573	873	1,044	923	855	771
土地・住宅	5,541	3,849	4,403	5,238	4,693	7,537	4,581
ゴルフ会員権	0	15	24	26	0	58	18
正味資産	5,966	4,437	5,300	6,307	5,616	8,450	5,371

の経済的側面を子供夫婦（世帯主）の年齢および高齢者本人の年齢に着目しながら整理したのが表 7-5 である．集計世帯数は 1371 サンプルであった．

同居 6 人世帯 A の場合，親本人が非サラリーマン・グループ（定義は本書 7.2.2 項で述べたものにしたがっている）であり，子供はサラリーマンであるという組みあわせが 39% あった．3 大都市圏における居住率は 33% であり，相対的に低かった．子供世帯主の平均年齢は 41 歳強，子供世帯主の年間収入は平均で 517 万円であった．一方，高齢者本人の平均年齢は 71 歳強，その年間収入は平均で 114 万円であった．世帯ベースの年間収入は平均で 800 万円強と高く，世帯主の年齢が高くなるほど世帯ベースの年間収入も高くなる傾向にあった．貯蓄率（全消ベース，以下同様）も全体として 36.5% と高かった．保有資産額にも総じて恵まれていた．

同居 6 人世帯 A の場合，持家率は 98.8% であり，持家世帯の敷地面積は平均値 503 m^2，中央値 330 m^2 であった．そして住宅の延べ床面積は平均値 168 m^2，中央値 153 m^2 であった．また世帯主（子供世代）の妻のうちサラリーを稼

2) 本人の年齢階層別

区分	本人(高齢者)の年齢区分(歳)					計
	60-64	65-69	70-74	75-79	80+	
世帯割合(%)	18.9	25.8	24.8	18.1	12.5	100.0
子供年齢(歳)	36.8	38.9	41.8	44.4	47.7	41.3
サラリーマン比率						
本人(%)	60.1	54.5	53.0	43.7	29.1	50.1
子供(%)	88.4	82.7	85.0	73.4	76.9	81.9
3大都市圏(%)	34.7	29.4	29.6	36.4	40.2	33.0
世帯年収	764	792	819	830	825	804
子供年収	471	512	518	547	550	517
本人年収	139	123	124	91	69	114
可処分所得	657	680	715	720	704	694
消費支出年額	404	419	451	460	493	441
貯蓄フロー	253	261	264	260	210	253
貯蓄率(%)	38.5	38.4	36.9	36.1	29.9	36.5
金融資産残高	983	1,096	1,141	1,080	1,348	1,114
借入金残高	295	346	319	335	468	343
借入金あり(%)	8.6	10.9	9.4	12.0	18.4	11.2
純金融資産	688	750	822	745	880	771
土地・住宅	3,882	3,729	4,739	6,017	5,006	4,581
ゴルフ会員権	10	30	19	8	20	18
正味資産	4,579	4,508	5,580	4,770	5,906	5,371

注) 1. 同居6人世帯A(子供が世帯主):本人(60歳以上)+妻+子供夫婦+孫2人.
2. 集計世帯数は1371サンプルである(全国推計世帯数:67万世帯).
3. 親が非サラリーマンで子供がサラリーマンの組みあわせが39%,親子とも非サラリーマンの組みあわせが11%,親子ともサラリーマンの組みあわせが43%であった.
4. 金額は平均値(万円)である.年齢も平均値である(以下,表7-13まで同様である).
5. 「借入金あり」は世帯割合である(以下,表7-10まで同様である).

いでいる者が48%,自営業等の職に就いている者が20%いた(専業主婦は32%であった).保有資産額が比較的高いのは持家率が高いからであり,また年間収入が相対的に高いのは世帯主(子供世代)の妻の就業率が高いからであると推測しうる.

(2) 同居5人世帯A(子供が世帯主)

このモデルと同居6人世帯Aとの違いは高齢者本人に配偶者がいないことだけである.他の世帯員の構成や世帯主は同居6人世帯Aの場合と変わらない.同居5人世帯Aの経済的側面は表7-6に整理されている.集計世帯数は

表 7-6　同居 5 人世帯 A (子供が世帯主) の諸特性

1) 子供の年齢階層別

区分	子供(世帯主)の年齢区分(歳)						計
	30-34	35-39	40-44	45-49	50-54	55-59	
世帯割合(%)	4.1	16.5	26.9	27.7	17.8	6.9	100.0
本人年齢(歳)	66.5	67.4	71.6	75.1	77.7	81.6	73.4
サラリーマン比率							
本人(%)	45.6	35.1	28.7	25.4	15.5	7.5	25.7
子供(%)	88.7	87.1	81.5	78.9	76.7	68.6	80.3
3大都市圏(%)	38.5	39.2	39.9	45.5	48.8	49.9	43.6
世帯年収	564	684	732	856	1,033	1,065	828
子供年収	437	500	558	620	722	632	595
本人年収	82	72	55	71	39	60	61
可処分所得	494	578	622	708	828	864	687
消費支出年額	356	381	405	475	547	563	455
貯蓄フロー	138	196	217	232	281	301	232
貯蓄率(%)	27.9	34.0	34.9	32.8	33.9	34.8	33.7
金融資産残高	563	1,027	973	1,420	1,276	2,112	1,222
借入金残高	561	561	465	785	379	503	561
借入金あり(%)	11.3	9.6	10.0	14.5	13.7	16.7	12.4
純金融資産	2	466	508	635	897	1,609	661
土地・住宅	4,344	4,758	6,356	6,799	6,613	12,486	6,602
ゴルフ会員権	4	18	46	30	136	145	58
正味資産	4,350	5,242	6,910	7,464	7,645	14,239	7,321

2365 サンプルであった.

　同居 5 人世帯 A の場合，親本人が非サラリーマン・グループであって子供はサラリーマンであるという組みあわせが 58% あり，過半数を占めた．3 大都市圏における居住率は 44% であり，同居 6 人世帯 A より多少とも高かった．子供世帯主の平均年齢は 45 歳であり，その平均年間収入は 595 万円であった．いずれも同居 6 人世帯 A より高い．一方，高齢者本人の平均年齢は 73 歳強で同居 6 人世帯 A のそれより高く，その平均年間収入は 61 万円であった．この金額は同居 6 人世帯 A のそれの半分に近い．なお世帯ベースの年間収入は平均で 830 万円弱であり，同居 6 人世帯 A のそれより若干高かった．貯蓄率は全体として 34% 弱であり，相対的に高い．保有資産額も比較的高いといえよう．

　この世帯の持家率は 95.8% であり，ほとんどが持家世帯である．持家世帯に限定すると，その敷地面積は平均値 407 m^2，中央値 264 m^2 であった．また住宅の延べ床面積は平均値 146 m^2，中央値 132 m^2 であった (いずれも同居 6

2) 本人の年齢階層別

区分	本人(高齢者)の年齢区分(歳)					計
	60-64	65-69	70-74	75-79	80+	
世帯割合(%)	11.0	19.5	25.2	23.9	20.3	100.0
子供年齢(歳)	38.3	41.1	44.7	47.4	49.8	45.0
サラリーマン比率						
本人(%)	37.9	34.2	24.9	23.9	14.0	25.7
子供(%)	84.2	81.7	82.1	75.7	80.0	80.3
3大都市圏(%)	36.4	32.9	46.0	47.8	49.7	43.6
世帯年収	696	704	807	925	930	828
子供年収	499	514	599	665	637	595
本人年収	80	61	53	70	49	61
可処分所得	583	607	674	746	765	687
消費支出年額	384	413	448	495	495	455
貯蓄フロー	199	194	226	251	270	232
貯蓄率(%)	34.2	31.9	33.5	33.7	35.3	33.7
金融資産残高	1,224	896	1,233	1,383	1,331	1,222
借入金残高	601	395	449	843	506	561
借入金あり(%)	9.4	14.2	12.4	11.6	13.1	12.4
純金融資産	623	501	784	540	825	661
土地・住宅	5,692	4,581	6,552	7,671	7,849	6,602
ゴルフ会員権	8	92	38	66	67	58
正味資産	6,322	6,174	7,374	8,277	8,741	7,321

注) 1. 同居5人世帯A(子供が世帯主):本人(60歳以上)+子供夫婦+孫2人.
2. 集計世帯数は2365サンプルである(全国推計世帯数:120万世帯).
3. 親が非サラリーマンで子供がサラリーマンの組みあわせが58%,親子とも非サラリーマンの組みあわせが16%,親子ともサラリーマンの組みあわせが22%であった.

人世帯Aよりやや狭い).さらに世帯主(子供世代)の妻の就業率も総じて高く,サラリーを稼ぐ者40%,自営業等の職に就いている者22%(専業主婦38%)であった.

(3) 同居6人世帯B(高齢者本人が世帯主)

同居6人世帯Aとの違いは高齢者本人が世帯主であることだけである.この世帯の経済的側面は表7-7に示されている.集計世帯数は641サンプルであった.

同居6人世帯Bの場合,親本人が非サラリーマン・グループであって子供はサラリーマンであるという組みあわせが25%あった.同居6人世帯Aとくらべると,この割合は低い.その分だけ親子ともサラリーマン・グループない

表7-7 同居6人世帯B(高齢者本人が世帯主)の諸特性

1) 子供の年齢階層別

区分	子供の年齢区分(歳)						計
	30-34	35-39	40-44	45-49	50-54	55-59	
世帯割合(%)	20.8	41.2	26.8	8.1	2.9	0.0	100.0
本人年齢(歳)	64.3	66.1	69.2	73.6	77.4	78.5	67.5
サラリーマン比率							
本人(%)	61.6	64.1	60.2	46.8	55.3	80.8	60.9
子供(%)	67.2	80.4	83.5	59.5	55.8	80.8	76.1
3大都市圏(%)	20.5	29.4	30.6	35.7	59.0	0.0	29.1
世帯年収	790	919	956	896	1,277	1,310	912
子供年収	278	349	353	358	335	352	336
本人年収	405	400	423	348	705	465	412
可処分所得	668	765	797	749	975	1,123	760
消費支出年額	406	436	437	469	463	426	434
貯蓄フロー	262	329	360	280	512	697	326
貯蓄率(%)	39.2	43.0	45.2	37.4	52.5	62.1	42.9
金融資産残高	1,063	1,425	1,615	1,423	4,992	2,586	1,508
借入金残高	268	256	526	277	355	59	335
借入金あり(%)	15.1	10.2	9.8	20.3	2.3	—	11.7
純金融資産	795	1,169	1,089	1,146	4,637	2,527	1,173
土地・住宅	3,397	6,796	8,494	6,775	8,658	4,503	6,586
ゴルフ会員権	16	69	111	15	2,456	0	134
正味資産	4,209	8,033	9,694	7,936	15,752	7,030	7,893

し親子とも非サラリーマン・グループである組みあわせが多い．また3大都市圏における居住率は29%であり，相対的に低い．高齢者本人の平均年齢は67.5歳であり(相対的に若い)，その平均年間収入はかなり高かった(412万円)．子供夫婦(夫)の平均年齢は38.5歳，その平均年収は336万円であり，同居6人世帯Aより180万円ほど低い[4]．なお世帯ベースの年間収入は平均で912万円であり，同居6人世帯Aより110万円ほど高かった．貯蓄率は全体として43%であり，また資産保有額にも総じてかなりの厚みがあった．

この世帯の持家率は99.1%であった．持家世帯の敷地面積は平均値575 m^2, 中央値406 m^{2}であり，同居6人世帯Aのそれよりも広い．また延べ床面積は平均値188 m^2, 中央値165 m^{2}であった．

なお同居5人世帯B(高齢者本人が世帯主)はサンプルが少なく，データを整理しなかった．

2) 本人の年齢階層別

区　分	本人(高齢者)の年齢区分(歳)					計
	60-64	65-69	70-74	75-79	80+	
世帯割合(%)	36.6	31.7	19.0	11.0	1.9	100.0
子供年齢(歳)	36.1	37.7	40.8	44.1	45.7	38.5
サラリーマン比率						
本人(%)	61.7	62.9	58.0	61.6	41.3	60.9
子供(%)	72.9	83.2	77.2	67.4	58.7	76.1
3大都市圏(%)	24.2	29.0	30.6	46.4	11.2	29.1
世帯年収	893	877	940	1,027	9.0	912
子供年収	322	336	350	355	333	336
本人年収	418	381	414	490	373	412
可処分所得	738	747	782	829	755	760
消費支出年額	437	450	411	416	428	434
貯蓄フロー	301	297	370	413	327	326
貯蓄率(%)	40.8	39.8	47.4	49.8	43.3	42.9
金融資産残高	1,241	1,509	1,544	2,292	1,703	1,508
借入金残高	311	190	281	961	87	335
借入金あり(%)	12.6	11.6	10.7	11.6	4.9	11.7
純金融資産	930	1,319	1,263	1,331	1,616	1,173
土地・住宅	5,099	7,155	6,884	9,990	3,094	6,586
ゴルフ会員権	59	53	32	807	60	134
正味資産	6,088	8,527	8,179	12,128	4,769	7,893

注)　1. 同居6人世帯B(高齢者本人が世帯主)：本人＋配偶者＋子供夫婦＋孫2人.
　　 2. 集計世帯数は641サンプルである(全国推計世帯数：30万世帯).
　　 3. 親が非サラリーマンで子供がサラリーマンの組みあわせが25%，親子とも非サラリーマンの組みあわせが14%，親子ともサラリーマンの組みあわせが51%であった.

(4) 核家族4人世帯A

これは60歳以上の高齢者が同居していない世帯であり，夫婦と子供2人で構成されている．集計世帯数は1万1861サンプルであり，この世帯の経済的側面は表7-8に示したとおりである．

この世帯はサラリーマン・グループに属すサンプルが圧倒的に多く(88%)，3大都市圏居住率も55%と高い．世帯主の平均年齢は43歳弱であり，その平均年収は591万円であった．この水準は同居6人世帯Aの子供世代(夫)のそれより高く，同居5人世帯Aの子供世代(夫)のそれとほぼ同じである．また同居6人世帯Bの子供世代(夫)の平均年収よりかなり高い．一方，世帯ベースの年収は平均で699万円であり，貯蓄率は30%であった．この貯蓄率は同居世帯よりも明らかに低い．さらに資産保有額も総じて同居世帯より少ない．

表7-8 核家族4人世帯Aの諸特性

区 分	世帯主の年齢区分(歳)						計
	30-34	35-39	40-44	45-49	50-54	55-59	
世帯割合(%)	12.7	22.8	25.1	21.1	12.0	6.4	100.0
サラリーマン比率(%)	92.1	91.2	88.2	85.4	83.4	76.8	87.5
3大都市圏(%)	48.7	50.7	54.0	59.4	62.6	63.8	55.4
世帯年収	489	569	659	769	935	1,061	699
世帯主年収	451	518	592	654	708	704	591
可処分所得	421	481	547	628	751	851	577
消費支出年額	323	339	381	452	506	512	402
貯蓄フロー	98	142	166	175	244	339	174
貯蓄率(%)	23.2	29.5	30.4	27.9	32.6	39.9	30.2
金融資産残高	460	610	775	999	1,337	1,587	863
借入金残高	356	455	544	498	595	462	490
借入金あり(%)	18.2	12.3	12.0	15.0	14.3	13.4	13.9
純金融資産	104	155	231	501	742	1,125	373
土地・住宅	2,248	2,502	3,143	4,097	5,813	8,832	3,765
ゴルフ会員権	13	20	36	62	103	142	50
正味資産	2,365	2,677	3,412	4,661	6,658	10,098	4,188

注) 1. 核家族4人世帯A：夫婦＋子供2人(世帯主年齢30-59歳)．
  2. 集計世帯数は1万1861サンプルである(全国推計世帯数：677万世帯)．

核家族4人世帯Aの場合，持家率は68%であり，同居世帯よりもはるかに低い．また持家世帯の敷地面積は平均値230 m^2，中央値172 m^{2}である．住宅の延べ床面積は平均値94 m^2，中央値86 m^{2}であり，いずれも同居世帯より狭い．世帯主の妻のうちサラリーを稼いでいる者31%，自営業等の職に就いている者13%，無職(専業主婦)56%であり，同居世帯とくらべると専業主婦の割合が高い．

(5) 高齢夫婦世帯B

これは世帯主60歳以上であり，かつ夫婦のみの世帯である．本書第5章の高齢夫婦世帯と基本的に同じであるものの，世帯主で年金を受給していない世帯も含んでいる．違いは，この点だけである．集計世帯数は5380サンプルであり，その経済的側面は表7-9にまとめられている．本書第5章のくりかえしに近くなるので，ここでは特別の説明を省略したい．

表 7-9　高齢夫婦世帯Bの諸特性

区分	本人(高齢者)の年齢階層区分(歳)					計
	60-64	65-69	70-74	75-79	80+	
世帯割合(%)	39.7	28.8	18.4	9.6	3.5	100.0
サラリーマン比率(%)	87.5	88.8	88.3	87.4	81.3	87.8
3大都市圏(%)	40.5	42.2	44.4	45.5	50.0	42.5
世帯年収	510	461	437	357	305	460
世帯主年収	439	400	378	303	247	397
可処分所得	422	386	357	315	275	385
消費支出年額	320	293	270	245	203	292
貯蓄フロー	103	93	88	70	72	93
貯蓄率(%)	24.3	24.1	24.5	22.2	26.2	24.1
金融資産残高	1,776	1,994	2,515	1,465	1,513	1,936
借入金残高	148	145	94	184	43	137
借入金あり(%)	25.8	27.2	27.8	29.5	26.2	26.9
純金融資産残高	1,628	1,849	2,421	1,281	1,470	1,799
土地・住宅	4,922	6,916	7,323	8,013	6,446	6,287
ゴルフ会員権	97	120	117	73	59	104
正味資産	6,647	8,885	9,861	9,368	7,975	8,190

注)　集計世帯数は5380サンプルである(全国推計世帯数:275万世帯).

表 7-10　高齢単身世帯Bの諸特性

区分	世帯主の年齢区分(歳)					計
	60-64	65-69	70-74	75-79	80+	
世帯割合(%)	28.6	26.8	25.6	11.0	8.0	100.0
サラリーマン比率(%)	80.5	86.0	79.3	76.7	54.5	79.2
3大都市圏(%)	47.1	44.1	52.9	39.5	67.4	48.6
世帯主年収	261	206	192	168	169	211
可処分所得	222	186	172	155	155	187
消費支出年額	194	148	188	160	131	171
貯蓄フロー	28	38	-17	-5	24	15
貯蓄率(%)	12.8	20.3	-9.7	-3.4	15.4	8.2
金融資産残高	971	822	872	685	917	870
借入金残高	23	42	12	4	5	22
借入金あり(%)	42.9	35.8	49.7	45.8	52.7	43.8
純金融資産残高	948	780	860	681	912	848
土地・住宅	3,639	3,776	6,524	2,580	2,617	4,215
ゴルフ会員権	3	0	0	0	0	1
正味資産	4,590	4,556	7,386	3,261	3,530	5,064

注)　集計世帯数は1233サンプルである(全国推計世帯数:229万世帯).

(6)　高齢単身世帯 B

これも基本的に本書第6章で説明した高齢単身世帯と同じである．違いは年金を受給していない単身者を含んでいる点にある（集計世帯数：1233 サンプル）．その経済的側面は表 7-10 に示したとおりである．本書第6章とほとんど重複するので，ここでも説明は省略する．

7.3.2　同居高齢者分の推定

以下では親子の職業関係および世帯規模をコントロールしながら同居高齢者分の所得・消費支出等を推計してみたい．まず同居高齢夫婦分からはじめる．

表 7-11 の 1) はその整理結果である．Hayashi-Ando-Ferris (1988) にならい同居 6 人世帯 A の計数（平均値）から核家族 4 人世帯 A の計数（平均値）を引算して値を求めた．そのさい同居高齢者は世帯主でない者に限定し，また親が非サラリーマン・グループで子供がサラリーマン・グループの組みあわせに限定した[5]．

表 7-11 の 1) によると同居高齢者分に帰属する所得・消費支出はいずれもつつましい[6]．この点は非サラリーマン・グループの高齢夫婦世帯 B（表 7-11 の 2)）と比べると明白である．なお同居世帯の場合，消費支出に規模の経済が作用することを無視してはならないだろう．ただし年々の貯蓄フローは 70 歳代まで総じて同居高齢夫婦分の方が同居していない高齢夫婦分より多くなる傾向がある一方，この傾向は 80 歳前後で逆転するようである．なお資産保有額はいずれも然るべき部分が子供世代の持分になっているとみなして表 7-11 の 1) は計算してあるが，この点は現実的でない（したがって同居高齢者分が過小推計となっている）おそれもあるので，注意を促しておきたい．

つぎに同居高齢単身者分を推計してみよう．表 7-12 の 1) がその整理結果である．計数は同居 5 人世帯 A の計数（平均値）から核家族 4 人世帯 A の計数（平均値）を引算して求めた．世帯主や親子の職業関係のコントロールは前表と同様である．また比較のために高齢単身者 B についても非サラリーマン・グ

表7-11 同居高齢者分の推定(夫婦分)

1) 同居高齢夫婦分 (万円)

区　分	子供(世帯主)の年齢区分(歳)						計
	30-34	35-39	40-44	45-49	50-54	55-59	
親の年齢(歳)	65.5	67.8	71.1	75.9	79.5	82.6	71.0
年間収入	239	159	165	122	−60	192	229
可処分所得	204	164	172	145	12	18	129
消費支出	27	62	61	53	55	33	36
貯蓄フロー	177	101	111	91	−9	−15	94
純金融資産	205	449	597	430	394	−383	385
土地・住宅	1,396	1,276	1,397	1,749	−209	−4,811	814
正味資産	1,587	1,719	1,987	2,140	71	−5,241	1,169

注) 同居6人世帯A(親が非サラリーマン，子がサラリーマン)−核家族4人世帯A(サラリーマン)．

2) 高齢夫婦世帯B(非サラリーマン) (万円)

区　分	世帯主の年齢区分(歳)					計
	60-64	65-69	70-74	75-79	80+	
年間収入	414	396	369	327	293	384
可処分所得	352	342	320	292	264	332
消費支出	289	277	253	228	202	267
貯蓄フロー	63	64	67	63	62	64
純金融資産	1,533	1,582	1,619	1,103	1,460	1,513
土地・住宅	4,708	6,149	6,338	7,729	6,117	5,891
正味資産	6,258	7,805	8,030	8,858	7,639	7,462

注) 年間収入は世帯ベースである．

ループに限定した計数を表7-12の2)に掲げておいた．所得や消費支出の傾向は同居高齢夫婦分と基本的に変わらない．一方，同居していない高齢単身者の貯蓄フローはマイナス(貯蓄とりくずし)のケースが少なくないものの，同居している高齢単身者の貯蓄フローは総じてプラスである．同居は消費支出の節約を可能にし，貯蓄とりくずしの必要性を小さくしているのではないだろうか[7]．

なお同居している高齢者(親)が世帯主の場合，高齢者の経済状況はかなり恵まれている．これは表7-7ですでに示したとおりであるので，ここでは，これ以上の分析をしない．

表 7-12　同居高齢者分の推定（1 人分）

1) 同居高齢者分　　　　　　　　　　　　　　　　　　（万円）

区　分	子供（世帯主）の年齢区分（歳）						計
	30-34	35-39	40-44	45-49	50-54	55-59	
親の年齢（歳）	67.2	67.8	71.8	75.2	77.7	81.6	73.4
年間収入	62	116	69	65	77	92	129
可処分所得	64	109	78	77	79	84	120
消費支出	24	51	25	28	18	36	53
貯蓄フロー	41	59	52	47	61	48	68
純金融資産	207	183	211	381	195	350	304
土地・住宅	2,503	2,270	2,373	1,818	439	3,211	2,277
正味資産	2,254	2,455	2,573	2,174	686	3,641	2,594

注） 同居 5 人世帯 A（親が非サラリーマン，子がサラリーマン）－核家族 4 人世帯 A（サラリーマン）．

2) 高齢単身者 B（非サラリーマン）　　　　　　　　　（万円）

区　分	世帯主の年齢区分（歳）					計
	60-64	65-69	70-74	75-79	80+	
年間収入	197	184	182	160	153	181
可処分所得	172	166	163	148	142	162
消費支出	199	140	182	158	124	167
貯蓄フロー	-27	26	-19	-10	17	-5
純金融資産	1,027	800	836	681	882	858
土地・住宅	3,258	3,484	6,778	2,314	2,668	4,124
正味資産	4,285	4,284	7,614	2,995	3,550	4,982

7.3.3　同居子供世代分の推定

　子供と同居している高齢者（親）が世帯主の場合には，むしろ同居している子供世代分を推計した方が読者の参考に資すだろう．表 7-13 は，その整理結果である．計数は同居 6 人世帯 B の計数（平均値）から高齢夫婦世帯 B の計数（平均値）を引算して求めた．世帯主や親子の職業関係もこれまでと同様にコントロールした．また比較のために核家族 4 人世帯 A についてサラリーマン・グループにサンプルを限定した計数を表 7-13 の 2)に示しておいた．表 7-13 によると，同居している方が所得や消費支出は少なく，逆に貯蓄フローは総じて多い．また高齢者（親）と同居している子供世代の保有資産額はひどく低い水準

表7-13 同居子供世代分の推定(4人分)

1) 同居子供世代分   (万円)

区 分	世帯主の年齢区分(歳)					計
	60-64	65-69	70-74	75-79	80+	
子供の年齢(歳)	36.4	38.0	39.8	42.6	46.1	38.4
年間収入	421	490	558	626	648	503
可処分所得	362	408	452	461	499	412
消費支出	167	167	170	181	355	174
貯蓄フロー	195	241	282	280	144	239
純金融資産	−739	−99	−257	−199	926	−309
土地・住宅	−30	935	−117	−995	−2,882	189
正味資産	−785	819	−425	−1,220	−2,019	−294

注) 1. 同居6人世帯B(親が非サラリーマン,子がサラリーマン)－高齢夫婦世帯B(非サラリーマン).
2. 年間収入は世帯ベースである.

2) 核家族4人世帯A(サラリーマン)   (万円)

区 分	子供(世帯主)の年齢区分(歳)					計
	30-34	35-39	40-44	45-49	50-54	55-59	
年間収入	490	568	665	779	971	1,089	698
可処分所得	423	483	555	640	780	879	580
消費支出	328	343	385	460	534	556	408
貯蓄フロー	95	140	170	181	246	323	171
純金融資産	128	152	226	508	714	1,173	358
土地・住宅	2,290	2,446	3,051	3,985	5,650	9,155	3,609
正味資産	2,432	2,615	3,308	4,555	6,478	10,486	4,015

にとどまっている.資産は世代間移転の形でいずれ手にすることができる(あるいは資産の利用権をすでに享受している)からであろうか[8].

7.4 おわりに

本章における主要な結論は以下のとおりである.

(1) 日本における高齢者(60歳以上)の多数派は今日においても子供等と同居している.ただし同居率は年々低下しており,早晩50％水準を下回ると見込まれる.

(2) 日本の高齢者は世帯主(最多収入者)ないし世帯主の配偶者となっている者が多く, 1989年時点ですでにそのような者が多数派(60歳以上の61%強)となっていた.

(3) 今日, 日本の高齢者はサラリーマン経験者あるいはその配偶者である者が多数派である.

(4) 高齢者自身が世帯主ないし世帯主の配偶者であるケースが1989年時点において同居高齢者の36%を占めていた. また同居高齢者であっても未婚の子供や子供以外の者と同居している者の年間収入は比較的高い. 日本における同居高齢者が "the dependent old"(経済的に恵まれない高齢者)であるという従来の通念は事実の半分にすぎない.

(5) 同居世帯の持家率はきわめて高い. また同居すると消費支出の節約が可能となり, 貯蓄フローにも厚みが加わる. 同居世帯では貯蓄をとりくずす必要性がきわめて小さいようである.

子供との同居率は年々低下している. この傾向は日本の貯蓄率を引き下げるおそれが強い. ただし, この点は異時点間のデータを用いて検証する必要がある. この究明は今後の課題としたい.

* 本章は高山・有田(1996)に基づく. なお高山・有田(1996)は所得・消費・貯蓄概念をSNAベースに切りかえた分析をしている.
1) 『国民生活基礎調査』によると60歳以上の高齢者のうち世帯主ないし世帯主の配偶者である者の割合は年々上昇しており, 1992年時点で73%に達していた.
2) 富永(1979)は独自の全国調査に基づく社会移動の例外的研究書である.
3) これ以外に八代・前田(1994), 経済企画庁編(1995)がある.
4) 高齢者本人の平均年収が子供のそれを下回る年齢階層が例外的にある(子供45-49歳). これは記入ミスではないだろうか.
5) ただし核家族4人世帯Aの親の職業は区分けが不可能であった. 親がサラリーマン・グループであったサンプルが部分的に含まれていると考えるべきだろう.
6) 同居6人世帯Aで親が非サラリーマン, 子供がサラリーマンの組みあわせは3大都市圏居住率が33%である. 他方, 控除対象の核家族4人世帯A(サラリーマン)の3大都市圏居住率は57%である. 所得や消費支出は一般に3大都市圏の方

が高いので，表7-11の1)に記載した所得や消費支出は過小推計のおそれがある(ただし同居世帯の方が子供世代の妻の就業している確率が高く，その分だけ子供世代の所得や消費支出は高目になるはずである．これによる過大推計分も別途，考慮しなければならない)．なお同表の2)における高齢夫婦世帯B(非サラリーマン)の3大都市圏居住率は39%である．

7) 表7-12の1)で利用した同居5人世帯Aの3大都市圏居住率は45%である．また同表の2)で利用した高齢単身世帯Bのそれは47%である．

8) 表7-13の1)で利用した同居6人世帯Bの3大都市圏居住率は28%である一方，高齢夫婦世帯Bのそれは39%である．

第7章補論　同居・非同居の決定要因

　日本の高齢者は子供との同居・非同居すなわち世帯形態をどのような要因にもとづいて選択しているか．この点の解明は高齢者の貯蓄行動を知るための準備作業として欠かせないと思われる．この補論では1989年の厚生省『国民生活基礎調査』を用いて，プロビット・モデルを利用しながら子供との同居・非同居の決定要因を明らかにする．

　この問題はデータに制約があったため日本ではこれまでほとんど試みられなかった[1]．他方，アメリカ合衆国においてはすでに先駆的な研究がいくつかある[2]．それによると，高所得者ほど独立して暮らし，加齢とともに同居あるいは施設に入る確率が高くなる．また高齢者の場合，健康の悪化や配偶者の死を契機にして生活形態の変わる可能性が高いことが知られている．

　以下では次のプロビット・モデルを用いる．

$$I = (定数項) + a \times (年齢) + b \times (性別ダミー) + c \times (介護ダミー)$$
$$+ d \times (公的年金受給額) + e \times (公的年金以外の所得)$$
$$+ f \times (配偶者の有無ダミー) + g \times (都市規模ダミー) + (誤差項)$$

ここでIは高齢者(60歳以上)が子供と同居している場合に1をとり，そうでない場合にゼロをとる変数である．性別ダミーは女性が1，男性がゼロである．介護ダミーは介護を必要とするとき1をとり，必要としないときゼロをとる．

表 7A-1　同居確率の推計結果

変　数	係　数	t 値
定数項	-0.6425	-4.58
年齢	0.0015	8.48
性別ダミー	-0.1827	-6.21
介護ダミー	0.2424	3.39
公的年金受給額	-0.2193×10^{-2}	-14.70
公的年金以外の所得	-0.8243×10^{-4}	-1.93
配偶者の有無ダミー	-0.2975	-9.89
都市規模ダミー	0.8633×10^{-1}	10.84
サンプル数	11,428	
対数尤度	-7412.2	

資料）『国民生活基礎調査』(1989年).

配偶者の有無ダミーは配偶者がいるとき1をとり，配偶者がいないときゼロをとる変数である．都市規模ダミーは規模が小さくなる順に1〜5の整数で与えられている．

モデルの推定は子供がいる高齢者に限って試みた．推定結果は表7A-1のとおりである．公的年金以外の所得が有意でないものの，他の変数はすべて有意である．

表7A-1によると，加齢とともに子供等と同居する確率が高くなり，また介護が必要となれば同居確率は上昇する．性別では女性の方が同居しない確率が高い．また配偶者がいると同居しない確率が高い．さらに公的年金収入が高いほど同居しない確率は高くなる．居住地域では都市規模が大きくなるほど同居しない傾向が強まる．

以上の分析結果はアメリカ合衆国のそれと基本的に同じである．サラリーマンOBがふえて公的年金受給額にそれなりの厚みのある者がふえつつあること，都市在住の高齢者がふえつつあること，この2つから，子供との同居率は今後とも着実に低下していくと推論してよいだろう．

1) 例外は安藤ほか(1986)，Ohtake(1991)である．
2) たとえば Schwartz-Danziger-Smolensky (1984)， Kotlikoff-Morris (1988)，Boersch-Supan-Kotlikoff-Morris(1988)をみよ．

第 III 部

世代間の所得再分配

第8章 可処分所得の世代間分配

8.1 はじめに

　日本では人口高齢化が急速に進展している．そのなかで高齢者の生活を社会的にサポートするための費用も急増しており，その費用を誰が，いつ，どうやって賄うかという問題が重大になってきた．日本は，これまでどちらかというと「若者の社会」であったので，この問題は重大ではなかった．しかし21世紀の日本は確実に「高齢者の社会」になる．その社会をどうやって乗り切っていくか．そのさい上記の問題について，あらかじめ社会的な合意を形成しておこうというのである．

　高齢者を社会的にサポートするための費用は，これまでの日本に関するかぎり主として現役の勤労世代が負担してきた．しかし，いずれ「3人に1人は65歳以上の高齢者」という時代を迎える．その時代を従来のやり方で乗り切ろうとしても無理が多く，現役組の不満が爆発するおそれが強い．

　それでは一体どうしたらよいのか．この点に関するかぎり社会的合意は今のところない．経済学者の間でも，この点で意見は分かれている．これが現在の状況である．

　この問題は「世代間の公平」をどう考えるかという問題と密接に関連している．公平観は人によって異なることが少なくない．現に「世代間の公平」を概念化する試みは，ここ15～20年にわたって哲学者・政治学者・経済学者によってなされてきたが，議論が収斂しつつあるという徴候は今のところない[1]．

　本章では，まず8.2節で経済学者が提案した2つの代表的な考え方を紹介する．コトリコフ教授およびマスグレイブ教授の考え方である．そして両者の政治的な実現可能性に言及した後，8.3節ではマスグレイブ流の「世代間の公平」観念を念頭に置きつつ，可処分所得の世代間分配が日本で実際にどうなっ

ていたかを調べる．ここでは総務庁『全国消費実態調査』を利用した．8.3節の統計解析はあくまでも現実がどうなっていたかを究明するためのものである．特定時点における世代間の所得分配状況が公平であり，それを維持すべきであるというような政策判断はいっさい含んでいない(念のため)．むしろ政策判断のための基礎資料を提出することに8.3節における分析のねらいがある．

8.4節では，急増していく高齢者をサポートするための費用をどのような財源で賄うかについて3つの選択肢を示し，財源選択の違いによって世代間の所得分配がどのように異なるかを明らかにしたい．

8.5節では，本章における主要な結論を述べ，それに基づく形で今後の政策論議に向けた新しい問題を提起したい．

8.2　世代間の公平：2つの考え方

本節ではL.コトリコフ教授の提案した「世代会計」の考え方およびR.マスグレイブ教授の提案した公的年金負担をめぐる世代間公平の考え方をそれぞれ紹介し議論する．そして両者の政治的実現可能性に言及する．

8.2.1　コトリコフ教授の「世代会計」

最近，経済学者・財政学者・行政担当者の注目を集めている考え方は「世代会計」流の公平観である．この考え方はL.コトリコフ教授によって提唱された(Kotlikoff; 1992)．世代会計とは，政府の実施すべき政策を比較検討するための新しい手法であり，ブッシュ政権下の1993年会計年度アメリカ合衆国予算教書(1992年1月)において1つの章を割いて取りあげられたこともあって，アメリカ合衆国内外で関心が高まりつつある．

世代会計において政策判断の基準となっているのは生涯純支払い税率という概念である．これは生涯における税・社会保険料の支払い額の現在価値から生涯における社会保障給付(公的年金・メディケア・失業保険・家族手当・食料切符等)の現在価値を控除し，その額を生涯所得の現在価値で除した値を具体

的には意味している．

　この生涯純支払い税率を各世代ごとに推計し比較して政策判断の基準にしようというのである．推計結果によると，たとえばベビーブーム世代より後に生まれたアメリカ人はその前に生まれた世代より生涯純支払い税率が高いこと，将来世代の生涯純支払い税率は現在の世代にくらべて著しく高くなること，などが判明した．

　世代会計は現行の政策および代替的な政策を各世代の利害に着目しながら具体的な計数をつけて評価しようとするものである．従来，年々の財政赤字をどうするかということばかりに目を奪われがちであった．しかし真の問題は単年度ベースの財政収支にはなく，むしろ将来にわたる長期間の財政収支にあり，子供や孫の世代の利害が無視ないし軽視されている点にある．このことを世代会計という枠組みを通じて明らかにしようとしたのである．

　世代会計については，すでに問題点の指摘も少なくない(たとえば尾崎・貝塚(1994)，岩本(1995)をみよ)．その主要なものは以下のとおりである．

　(1)　財政移転のうち考慮されているのは社会保障関連のものだけであり，教育や公共投資さらには治安維持や司法制度等のもたらす便益が無視されている．

　(2)　公債(政府部門の債務)の返済が究極的には将来世代の負担になるように仮定されているので，はじめから将来世代の負担が過重ぎみになっている．

　(3)　結論は将来における経済成長率や割引率によって左右され，恣意的になりがちである．

　(4)　現存する世代には現行の税・社会保険料制度が将来時点においても適用される．一方，将来世代には現存世代とはまったく異なる税・社会保険料制度が適用される．このような異なる税・社会保険料制度は将来時点において政府の純責務をゼロにするために必要となる．

　(5)　世代会計では個人と政府の取引関係を年齢別に調べる必要がある．しかし，そのようなデータは既存の財政統計にはない．そこで恣意的な仮定をいくつか置いて年齢別データを求めざるをえない．

(6) 生涯負担や生涯移転給付という言葉が用いられているが，過去の負担と給付は計算から除外されており，異なる世代間の利害を厳密に比較する形にはなっていない．

上記の(6)で指摘したようにコトリコフ教授自身は世代間の公平を厳密に議論することは周到に避けている．現時点でゼロ歳の者と将来世代の利害を比較するときに，はじめて「世代間の公平」観念が顔を出す．そして生涯純支払い税率が世代別にみてあまり異ならないようなシステムへの切りかえを事実上，求めている．

世代会計の提案は公的年金をめぐる，いわゆる「損得論」（拠出と給付の関係を世代別に推計し，世代別の損得を論じるもの）と性格が似ている．公的年金の損得論者にとって最大の難点となっていたのは「二重の負担問題」[2]を政治的にどう克服するかという問題であった．世代会計においても代替案の採用は，いずれもこの「二重の負担問題」に直面する．公的年金において，この問題解決がきわめて困難であったように，財政問題を世代会計的アプローチで解決することには様々の政治的困難が待ちうけている．この点を第7の問題点として，あわせて指摘しておきたい．

8.2.2 マスグレイブ教授の「世代間の公平」観

公的年金においては，上記の「二重の負担問題」を政治的に突破することが政治的にきわめて困難であるという見方がドイツをはじめとするヨーロッパ主要国および日本で広まりつつある．これらの国において代わりに採用されたのは，いわゆるネットスライドへの切りかえであった．ネットスライドへの切りかえは英語文献でみるかぎり Musgrave(1981) が最初に提案したものである．そこで，次にマスグレイブ教授による「世代間の公平」についての考え方を紹介してみたい．

マスグレイブ教授は，老齢年金をめぐる世代間契約の結び方には複数の方法があると論じた上で，そのなかで世代間契約として最も公平な方法は手取りでみた可処分所得の世代間比率をどの時点をとっても一定不変に維持する方法で

第8章 可処分所得の世代間分配 —— 189

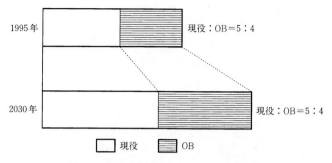

図8-1 新年金制度におけるパイの分け前

あると主張した[3]. 高齢化の進展や経済成長の度合いによって世代別にみた負担や給付は異なるかもしれないが, 仮にどの時点においても1人あたり可処分所得の分配比率が現役とOBの間で常に一定であって変わらなければ,「世代間の公平」は達成されるというのである.

公的年金は「1つのパイを現役とOBでどう分けあうか」についてのルールを定めるものにほかならない. いわば「親子が1つの財布をどう分けあうか」という問題と基本的に同じである. 自分が現役で働いている時も, 引退して子供に世話をしてもらう時も, 財布の分け方(親子間)に変わりはない. そうであれば納得がいくというのである.

図8-1は1994年の11月に日本で成立した新年金法において, この可処分所得の世代間分配がどう定められているかを典型的な民間サラリーマンを例にとって示したものである. 月収ベースでみるかぎり現役対OBの可処分所得比率は今後, 常に5対4に維持される. これは過去賃金の再評価指標を税・社会保険料込みのグロス賃金ベースから税・社会保険料を控除したネット賃金ベースに切りかえたことによって可能となった.「ネットスライドへの切りかえ」といわれるのは, このためにほかならない(本書第9章参照).

ネットスライドへの切りかえにより, 高齢化に伴って発生する公的負担増は現役だけでなくOBも等しく引きうけていくことに事実上なる[4]. これは新しい費用負担原則の導入を意味している. このような原則が公的年金の分野でい

ち早く確立されたことは注目に値しよう．この新原則は今後，年金以外の社会保障分野や税制改革においても早晩，参照されることになるだろう．

　マスグレイブ流の公平観が広く受けいれられるためには，現役世代の手取り所得が毎年少しずつでもいいから着実にふえていく必要がある．マイナス成長がつづいて「親の世代より豊かになれない」という思いが子供世代の心を支配しはじめたら，子供世代は世代間の分配比率を変更したい旨，要求しはじめるだろう[5]．

　マスグレイブ流の公平観は可処分所得のみを考慮しており，資産保有や相続・贈与を無視している．この点も問題点として指摘しておきたい．

　また維持すべき世代間の分配比率をどう定めるかという問題も別にある．単に現在の分配比率を今後維持するだけでよいとは必ずしも言えない．この問題についても，あらかじめ議論をつめておく必要がある．

　次節では，マスグレイブ流の公平観を念頭に置きつつ，可処分所得における世代間の分配が実際にどうなっていたかを最近の日本を例にとって調べる．

8.3　年齢階層別の1人あたり所得：1984年と1989年の比較

　本節では年齢階層別の1人あたり所得が実際にどうなっていたかを調べる[6]．いわば1人ひとりのパイの分け前が年齢階層別にみてどうなっていたか，その現実を明らかにしたい．このような作業の目的は，世代間の分配が公平であるか否かを評価するための基礎データを提供することにある．資料は1984年および1989年の『全国消費実態調査』である．ここでは1984年から1989年にかけて世代間の分配にどのような変化が生じたかを示すことにする．ただし1984年における世代間の分配状況が望ましいというような価値判断はしていない（念のため）．世代間の分配が実際どうなっていればよいかという問題は，本章では本格的に議論しない．

8.3.1 推計の手順

　まず本章では所得として以下の4つの概念を使用している．分析の中心となるのは「現物給付込みの再分配後所得」である．他の3つは，いずれもそれを導出する準備段階の諸概念である．

　(1)　現金ベースの再分配前所得——『全国消費実態調査』に記載されている「年間収入」から(公的)年金・恩給を控除したものである．公的年金の給付や恩給は所得再分配制度の一環であると考えた．年間収入は，賃金・俸給，農林漁業所得，農林漁業以外の事業所得，内職収入，年金・恩給，仕送り，家賃・地代，利子・配当，その他の現金収入，現物収入，の10項目に分類されている．現物収入(農家の自家消費分等)は記入例がきわめて少なく，また金額も小さいので，ここでは除外することをしなかった．厳密さにやや欠けるものの，「現金ベースの」という形容に大過はないと思われる．なお退職一時金や財産売却収入・キャピタルゲインはこの所得には含まれない．

　(2)　現金ベースの再分配後所得——所得(1)から所得税・住民税・社会保険料(本人)負担を控除し，年金・恩給を加えたものである．所得税・住民税・社会保険料の年間負担額は『全国消費実態調査』には記載されていない．そこで各年の税制・社会保険制度を忠実に反映した負担額を年間収入項目や世帯属性に基づいて別途推計した[7]．なお社会保険料としては年金・医療保険料を考慮しただけであり，雇用保険料は捨象した．

　(3)　現物込みの再分配前所得——所得(1)に持家の帰属家賃を加える一方，持家の減価償却分を控除した．またローン金利支払分も負債残高に基づいて別途推計し，所得(1)から控除した．なお『全国消費実態調査』に記載されている利子・配当は過小に計上されているおそれが強い．そこで各種の金融資産保有額に基づいて利子・配当を別途推計した．所得(3)では利子・配当を別途推計したものに置きかえている．帰属家賃の推計方法は後述するとおりである．持家の減価償却分は法定耐用年数に基づいて定率法により推計した．

　(4)　現物込みの再分配後所得——所得(3)から所得税・住民税・社会保険料(本人)負担分を控除する一方，年金・恩給，医療現物給付，教育現物給付の

3つを加えて求めた．医療現物給付は『国民医療費』の現物給付率，年齢階層別1人あたり医療費等に基づいて推計した[8]．また教育現物給付は幼稚園・小学校・中学校・高等学校・高等専門学校・大学・大学院の教育にかかわる経費のうち，国・地方が負担した分を用いて推計した[9]．

　持家の帰属家賃については，すでに1984年分を推計した経験がある．そこでは持家を資産保有の1形態としてとらえ，家賃は基本的に資産収益であると想定して家賃関数を特定化し回帰分析を試みた[10]．1989年分も同様に考えて推計作業を行った[11]．推計結果によると持家の帰属家賃年額は全国ベースで平均値139.7万円，中央値114.3万円であった（2人以上の普通世帯）．1カ月平均では12万円弱となる勘定であり，それなりに高水準の金額であるといえよう．また年齢階層別にみると40歳未満層が若干高目であるものの，年齢の違いで帰属家賃に大差はなかった[12]．

　つぎにデータ処理にさいして1人あたり所得をどう推計するかが問題となった．通常の場合，年齢階層別データは世帯主の年齢によって整理されている．そこで本章では，まず世帯主の年齢に着目し，世帯所得を世帯人員数で除して1人あたり所得を求めた．以下の図表で年齢区分が19歳以下（−19）からはじめられている計数は，このような処理をしたものであり，「世帯主ベース」の年齢区分である．

　1人あたり所得を年齢階層別に整理する方法はもう1つある．それは各世帯員の年齢に直接着目し，世帯所得に対する個人別の請求権を推計した後，あくまでも各世帯員の年齢にこだわりながら年齢階層別の1人あたり所得（の総計や平均値）を世帯横断的に計算するという方法である．これは「個人ベース」の年齢区分であり，マイクロ・データが利用可能にならないと整理することができない．以下の図表で年齢区分が4歳以下（−4）からはじめられている計数は，このようなデータ処理によって求めたものである．

　ところで世帯所得に対する個人別の請求権は次のように計算した．まず医療現物給付と教育現物給付は対象となる世帯員に直接帰属すると考えた．この2つの現物給付以外の所得については各世帯員が平等に請求権を有すると考え，

世帯所得を等分した．これは，所得税の納付額を求めるさいに夫婦間で所得をいったん合計し，その2分の1ずつに対してそれぞれの税額を計算するという2分2乗制や年金における所得分割案(夫婦の所得合計額の2分の1ずつに対して夫婦それぞれの年金請求権を持たせる考え方)を援用したものである．夫婦の間であれば問題はほとんどないと思われるが，幼児と大人の間でもこのような処理をすることに疑問がないわけではない．ただし，この疑問に正面から答えようとすると，いわゆるequivalence scale問題という難問を解決する必要に迫られる．後者の問題は，それだけでも1つの論文や著作をもって解明すべきものであるので，本章では取り扱わないことにした．

なお本章では税・社会保険料も各世帯員の間で等分に負担すると想定した．

『全国消費実態調査』では2人以上の普通世帯と単身者世帯の調査方法が異なっており，集計も別々に行われている．本章ではデータ整理にあたって普通世帯と単身者世帯を同一のデータベースに入れ，両者を一緒にして計数を再集計した．

表8-1は世帯主(最多収入者)ベースの計数であり，年齢階層別の世帯分布および世帯人員分布を調べたものである．まず世帯主の年齢階層別に世帯をみると25～69歳層にサンプルが集中している．75歳以上の世帯は今のところきわめて少ない．1984年から1989年にかけて世帯ウェートが増大したのは45～49歳層および55歳以上の年齢階層である．一方，世帯人員の構成(人口構成)を世帯主の年齢階層別にみると，この5年間に40歳未満の世帯で人口ウェートが相対的に低下した．代わりに40歳以上の世帯で人口ウェートが上昇した．なお平均世帯人員は，この間に全体として3.36人から3.26人に減少した．

表8-2は各世帯員に直接着目した個人ベースの年齢階層分布である．80歳以上の年齢階層で『全国消費実態調査』の調査対象となっている者は今のところきわめて少ない[13]．ただし1984年から1989年にかけて40歳以上の年齢階層および15～24歳層の人口ウェートは上昇した．

表 8-1　平均世帯人員(世帯主ベース)

年齢区分	世帯数 '84	'89	増減	世帯人員 '84	'89	増減	平均世帯人員 '84	'89	増減
-19	0.6%	0.4%	−	0.2%	0.1%	−	1.03人	1.06人	−
20-	4.0	3.2	−	1.5	1.3	−	1.25	1.26	+
25-	7.2	6.3	−	4.6	4.2	−	2.14	2.14	0
30-	11.6	8.7	−	11.9	9.1	−	3.47	3.40	−
35-	14.2	12.5	−	17.4	15.6	−	4.11	4.05	−
40-	13.4	13.4	0	16.8	17.4	+	4.20	4.22	+
45-	11.7	12.2	+	13.8	14.7	+	3.95	3.93	−
50-	10.7	10.6	−	11.1	11.3	+	3.49	3.46	−
55-	9.9	10.0	+	9.5	9.6	+	3.22	3.13	−
60-	6.8	9.3	+	5.8	7.7	+	2.85	2.70	−
65-	4.9	6.0	+	3.8	4.5	+	2.63	2.41	−
70-	3.0	4.2	+	2.3	2.7	+	2.53	2.13	−
75-	1.4	2.0	+	0.9	1.4	+	2.21	2.18	−
80-	0.4	0.9	+	0.3	0.5	+	2.10	1.80	−
85-	0.1	0.1	0	0.1	0.1	0	2.26	2.31	+
90+	0.0	0.0	0	0.0	0.0	0	2.51	2.57	+
全体	100	100		100	100		3.36	3.26	−

出所)　『全国消費実態調査』. 以下同様.

表 8-2　年齢階層別の人口(個人ベース)

年齢区分	人口 '84	'89	増減
-4	9.1%	6.8%	−
5-	8.7	7.7	−
10-	8.8	8.1	−
15-	6.4	7.3	+
20-	5.0	5.2	+
25-	6.3	6.0	−
30-	8.6	7.0	−
35-	8.9	8.4	−
40-	7.8	8.1	+
45-	6.4	7.1	+
50-	6.0	6.1	+
55-	5.5	5.7	+
60-	4.3	5.6	+
65-	3.1	4.0	+
70-	2.4	2.9	+
75-	1.6	2.0	+
80-	0.9	1.2	+
85-	0.4	0.5	+
90+	0.1	0.2	+
全体	100	100	

8.3.2　可処分所得の世代間分配：1989年の実態および1984年との比較

(1)　世帯主ベース

まず世帯主ベースの計数がどうなっていたか．この点から調べることにしよう．データの再集計結果によると，1989年における現金ベースの1人あたり所得は再分配前が168万円，再分配後が153万円であった(いずれも単身者世帯を含む全世帯ベースの平均値)．図8-2は，この全年齢平均値を100とおいて，世帯主の年齢階層別に現金ベースの1人あたり所得を折れ線グラフで示したものである．細実線が再分配前所得を，また太実線が再分配後所得をそれぞれ表している(以下，図8-5まで同様である)．

現金ベースの所得再分配では総じて60歳未満の世帯が財源の出し手となる一方，60歳以上の世帯が給付の受け手となっている．60歳以上の高齢者世帯(とくに65歳以上の高齢者世帯)に年金を通じて給付が届けられた結果，高齢

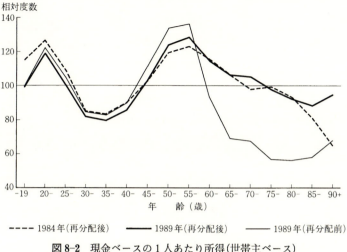

図8-2 現金ベースの1人あたり所得(世帯主ベース)

者世帯の1人あたり所得は再分配後でみると全年齢平均値の周辺にあった(60〜74歳層ではそれを上回っていた). 再分配前の1人あたり所得は65歳以上の世帯においては全年齢平均値の70%以下であったので,年金による再分配によって,高齢者世帯の所得はかなり大幅に上昇したといえる.

他方,30〜44歳層の1人あたり現金所得は再分配以前においてさえ全年齢平均値を下回っていた. そして,この年齢階層は再分配財源の出し手であることが求められ,再分配によって所得ポジションがさらに悪化した. 再分配後でみると,30歳代がもっとも気の毒な所得状況にあった. なお図8-2の破線は1984年における再分配後の所得ポジションを表している. 一見して明らかなように45歳未満の世帯において1人あたり再分配後所得は1984年から1989年にかけて相対的に低下した. とくに30〜44歳層のそれが全年齢平均値の80%近くまで落ちこんだ. これらの点は今回のデータを整理してみてはじめて判明したことであり,「新しい現実」として読者の注意を促したい.

なお20歳代の前半層(主として独身者)や50歳代の1人あたり現金所得は再分配後においてもそれなりの高水準を保っていた. また図8-2には示さなかっ

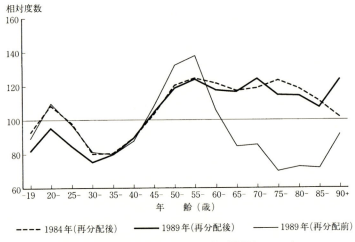

図 8-3 現物込みの1人あたり所得(世帯主ベース)

たが，再分配前の1人あたり現金所得は1984年から1989年にかけて次のように変化した．すなわち45歳未満の世帯において所得ポジションが相対的に悪化した一方，45〜59歳層では逆の動きがみられた．ただし60歳代の世帯では所得ポジションがわずかながら低下した．60歳代における低下は，年金給付が次第に厚みを増しており，年金以外の所得を確保する必要性がその分だけ薄くなったことを反映しているのではないだろうか．

図8-3は現物給付込みの1人あたり所得について同様に整理したものである．教育の現物給付・医療の現物給付・持家の帰属家賃を新たに考慮すると世代間の所得分配はどう変わるか．図8-3はこの点を調べるためのものである．現物給付込みの1人あたり所得は1989年段階では再分配前が190万円，再分配後が202万円になっていた(いずれも単身者世帯を含む全世帯ベースの平均値)．現金ベースの所得とくらべて再分配前で22万円のアップ，再分配後で49万円のアップを手にしていたことになる．

図8-2と図8-3を比較してまず気がつくのは，再分配後の1人あたり所得が現物込みでみると50歳以上の世帯で全年齢平均を20%前後上回るポジション

でほぼ安定しており，加齢による落ちこみがほとんど観察されないという点である．また45歳未満の世帯の1人あたり所得は現物込みでみると，おしなべて全年齢平均を下回っており，この点は20歳代においても変わりがない．現物込みでみると再分配は60歳未満の世帯から60歳以上の世帯へ行われているが，その結果として特に35歳未満の世帯における所得ポジションがひどく悪化した．現物給付込みの再分配後でみると1人あたり所得における「老若逆転」はきわめて明瞭である．

なお1984年から1989年にかけて現物込みの所得ポジション（再分配後）は35歳未満の世帯でとくに悪化が著しかった．ただし，その一因はこの年齢階層における再分配前の所得ポジション（現物込み）がこの間に多少とも低下したことに求められる．

(2) 個人ベース

つぎに個人ベースの計数を再集計した結果を説明しよう．ここでは世帯主となっていない高齢者グループを世帯主が非高齢者のグループのなかから切りとってきて，世帯主となっている高齢者グループと一緒にデータ処理をしている．この点において個人ベースの計数は世帯主ベースの計数とは基本的に異なる．また15歳未満のグループも別途切りだして処理した点に特徴がある．

まず現金ベースの1人あたり所得はどうか．表8-3および図8-4によると，年齢階層別の1人あたり所得はM字型に似た構造をもっていた．1989年において再分配前後で全年齢平均値を上回っていたのは20歳代および45〜59歳の年齢階層である．また再分配後でみると60歳代も全年齢平均を上回っていた．他方，30歳代の1人あたり所得は再分配後で全年齢平均を下回っており，年齢階層別にみてもっとも気の毒な状況にあった．結果的に，この世代の子供にあたる年齢階層の所得ポジションも低かった．なお1984年から1989年にかけて45歳未満の年齢階層における再分配後所得のポジションは相対的に低下した（図8-4の破線から太実線への動きをみよ）．ただし再分配前でみると，この間に20歳代および50歳代の所得ポジションが相対的に上昇した一方，30〜44

表 8-3 現金ベースの1人あたり所得

年齢区分	再分配前所得				再分配後所得			
	'84	'89	'84	'89	'84	'89	'84	'89
-4	110万円	124万円	7.2%	5.0%	98万円	109万円	7.2%	4.8%
5-	109	128	6.9	5.9	95	112	6.7	5.6
10-	123	145	7.9	7.0	105	124	7.5	6.6
15-	144	175	6.6	7.6	120	147	6.2	7.0
20-	175	218	6.3	6.8	149	184	6.0	6.3
25-	163	203	7.4	7.3	142	176	7.3	7.0
30-	131	158	8.1	6.6	114	140	7.9	6.4
35-	130	155	8.3	7.7	112	135	8.1	7.4
40-	146	169	8.2	8.2	123	145	7.7	7.7
45-	173	215	7.9	9.1	143	179	7.4	8.3
50-	193	248	8.3	8.9	162	207	7.8	8.2
55-	174	216	6.9	7.4	161	200	7.1	7.5
60-	123	148	3.8	5.0	140	176	4.8	6.5
65-	101	114	2.3	2.7	125	158	3.1	4.1
70-	98	115	1.7	2.0	116	151	2.3	2.9
75-	105	126	1.2	1.5	114	146	1.5	1.9
80-	119	138	0.8	1.0	117	147	0.9	1.2
85-	116	132	0.3	0.4	117	142	0.3	0.5
90+	106	115	0.1	0.1	112	135	0.1	0.2
全体	139	168	100	100	123	153	100	100

注) 個人ベース.

歳層のそれは低下した.

現金ベースの所得再分配が60歳未満の年齢階層から60歳以上の年齢階層に対して行われていたこと,60歳代の再分配後所得が全年齢平均を上回っていたこと,30〜44歳層が1人あたり所得でみると相対的に割をくっていたこと,などは図8-2と図8-4で共通している.

なお表8-2によると60歳以上人口は1989年時点において全人口の16.4%を占めていた.他方,表8-3によると60歳以上の所得シェア(現金ベース)は再分配前が12.7%,再分配後が17.3%であった.再分配によって高齢者の所得シェアは人口シェアよりすでに大きくなっているのである.

表8-4および図8-5には個人ベースで調べた現物給付込みの1人あたり所得が示されている.現物給付込みでみると,再分配は20〜59歳層から5〜19歳層および60歳以上の年齢階層に対して行われていた.5〜19歳層が再分配所

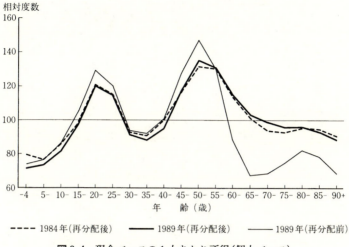

図 8-4　現金ベースの1人あたり所得(個人ベース)

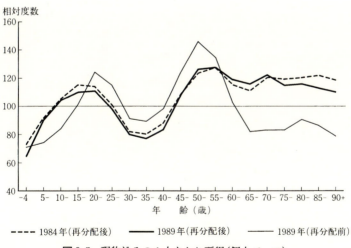

図 8-5　現物込みの1人あたり所得(個人ベース)

表 8-4　現物込みの1人あたり所得

年齢区分	再分配前所得				再分配後所得			
	'84	'89	'84	'89	'84	'89	'84	'89
-4	117万円	135万円	7.1%	4.8%	114万円	129万円	6.6%	4.3%
5-	115	141	6.7	5.7	143	181	7.9	6.9
10-	131	159	7.8	6.8	164	210	9.3	8.4
15-	154	191	6.6	7.3	180	221	7.3	8.0
20-	185	236	6.2	6.5	178	223	5.7	5.8
25-	171	218	7.2	6.9	158	198	6.4	5.9
30-	137	173	7.9	6.4	128	161	7.0	5.6
35-	137	169	8.1	7.5	125	155	7.1	6.5
40-	154	186	8.0	8.0	137	168	6.8	6.8
45-	184	236	7.8	8.8	169	218	6.9	7.7
50-	208	277	8.3	8.8	193	254	7.4	7.6
55-	195	256	7.1	7.7	199	257	7.0	7.3
60-	146	193	4.2	5.7	180	239	4.9	6.7
65-	122	155	2.5	3.2	173	233	3.4	4.6
70-	116	158	1.9	2.4	189	246	2.9	3.6
75-	122	157	1.3	1.6	186	231	1.9	2.3
80-	134	172	0.8	1.1	188	233	1.1	1.4
85-	134	164	0.3	0.4	190	227	0.4	0.6
90+	123	149	0.1	0.1	185	221	0.1	0.2
全体	149	190	100	100	157	202	100	100

注）個人ベース.

得の受け手になっているのは，教育の現物給付を考慮したからである．年金や医療サービス等の社会的支援によって60歳以上の高齢者は全年齢平均を10～20％ほど上回る所得（再分配後）をすでに享受している．他方，30～44歳層のそれは全年齢平均を20％前後下回っており，この年齢階層は再分配という面においてもっとも冷遇されている．

なお1984年から1989年にかけて45歳未満の年齢階層における所得の相対的ポジションは総じて悪化した一方，50～74歳層のそれは好転した．これは再分配前でも再分配後でも同様に指摘することができる．また10～24歳層は現物給付込みでみると全年齢平均を上回る1人あたり所得を享受していた．教育の現物給付があったこと，親の年齢層が相対的に高めの所得階層に属していたこと，などをその理由として挙げることができよう．

現物給付込みの所得シェアは表8-4に示されている．それによると1989年

時点において60歳以上の高齢者が享受している所得シェアは再分配前で14.5％，再分配後で19.4％であった．すでに紹介した現金ベースの所得シェアとくらべると，現物込みの所得シェアの方がそれぞれ2％前後高い．高齢者はすでに年金を通じてそれなりに寛大な社会的支援をうけているが，医療の現物サービスが加わることによって寛大な支援はいっそう厚みをましている[14]．

(3) 特定世代のみに着目した分配状況

前項では全年齢階層を対象にした再集計結果を説明した．ここでは典型的であると思われる特定の世代だけを抜きだして，分配状況を調べることにしたい．いわばパイの分け方が世代間でどうなっていたかを単純化した世界のなかで浮き彫りにしようというのである．

図8-6は30歳代前半層，40歳代後半層，60歳代後半層の3つの年齢階層だけで社会が構成されていると想定し，この3つの世代間で再分配後の1人あたり手取り所得(現物給付込み)がどう分配されていたかを整理したものである．基礎となるデータは個人ベースの再分配後所得であり，表8-4の計数をそのまま利用した．すなわち，これら3つの年齢階層の再分配後所得を合計し，それを100と置きかえて各年齢階層のシェアを計算して世代別の分配比率を求めたのである．

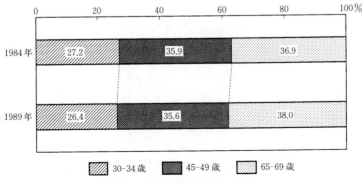

図8-6 再分配後所得(現物込み)

図8-6によると，若手である30歳代前半層のパイの分け前は3つの世代のなかではもっとも少ない．新しい技術の中心的担い手であり，子育てをはじめて間もない年齢層のパイの分け前が引退者中心の高齢者のそれよりも少ない．しかも1984年から1989年にかけて，この若手の人びとが手にしたパイの分け前は相対的に縮小した．これが最近における日本の現実にほかならない．

他方，60歳代後半層にとって，この間にパイの分け前はさらに多めになり，現物給付込みでみると，中年の働き盛りである40歳代後半層の分け前より多い．このような事実は，過去の日本では考えられなかったことであり，また今日の世界においてもきわめて例外的な現象であると思われる．

(4) 単身者と普通世帯との比較

図8-5によると20歳代前半から後半にかけて現物給付込みの1人あたり所得は急激に落ち込んでおり，その低落は30歳代になってもつづいている．図8-5は単身者と2人以上の普通世帯を同一のデータベースのなかで処理して作成してある．この点はすでに述べた．ここでは単身者と普通世帯を分離して1人あたり所得の年齢階層別推移を調べることにしたい．20～34歳層の単身者は，その大半が独身中であると考えても大過ないだろう．一方，普通世帯の場合，25～49歳の年齢階層では配偶者のいる者が圧倒的に多い．ちなみに1989年データの場合，普通世帯の平均世帯人員は2.7人(20～24歳)，3.2人(25～29歳)，3.8人(30～34歳)，4.3人(35～39歳)，4.4人(40～44歳)，4.1人(45～49歳)となっていた．単身者と普通世帯を比較することは，事実上，独身者と既婚者を比較することと大差ないだろう．

図8-7は1989年における個人ベースのデータを利用して現物給付込みの1人あたり再分配後所得を単身者世帯と普通世帯を比較しながら調べたものである．それによると20歳代前半時には両者の差異はないが，25～29歳層から普通世帯における相対的所得ポジションの急激な悪化がはじまり，30～49歳層における普通世帯の所得ポジションは単身者世帯のそれの半分以下の水準に甘んじていることが歴然としている[15]．世帯にも規模の経済性が認められるもの

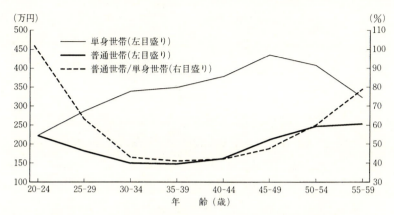

図 8-7　現物込みの 1 人あたり再分配後所得：単身者世帯 vs. 普通世帯(個人ベース)

の，1 人あたり所得のこのような激しい落ち込みを規模の経済性でカバーできるとは，どうしても思えない．

8.4　財源選択と世代間の所得分配

税制改革によって世代間の所得分配は変わる可能性がある．本節では，この点を調べてみたい．

まず 1989 年時点において消費税を導入していたら，どういう変化が起こっていたか．ここでは 15% の消費税を想定した．そして消費税導入による税収増はすべて所得税・住民税の一律減税の財源に充当すると仮定した．いわゆる税収中立型の税制改革が行われたと仮定するのである[16]．さらに，ここでは消費税を導入したり所得減税をしたりしても個々の世帯における消費支出・再分配前所得は不変にとどまると単純に仮定した．そして再分配後所得を計算するさいに消費税負担分を所得から控除した．この最後の処理方法は再分配後所得の通常の計算方法とは異なっている(念のため)．

図 8-8 は，このような諸仮定をおいて求めたものである．ここでは，日本社会が 25～29 歳の単身者世帯，30 歳代後半・50 歳代前半・60 歳代後半の普通

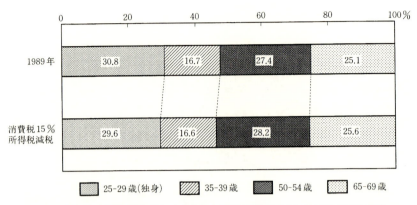

図 8-8　税収中立型税制改革と1人あたり所得(現物込み)の分け前:再分配後,個人ベース

世帯のみによって構成されていると想定し,4つの年齢階層における現物給付込みの1人あたり所得(再分配後)の合計を100とおいて年齢階層別の所得シェアを求めた.使用したのは個人ベースのデータである.その結果によると,まず消費税シフトによって所得の分け前が少なくなるのは20歳代後半の単身者(独身者)である.一方,所得税・地方税の減税による恩典を享受するのは50歳代の前半層にほかならない.60歳代後半層の場合,①消費水準が相対的にみて必ずしも高くはないこと,②世帯主でない60歳代後半層を世帯員として抱えている壮年齢層(世帯主年齢)が少なからぬ所得税・住民税を負担していること,等により,この4つの年齢階層間における相対的ポジションは消費税シフトによって悪化せず,むしろ上昇するという結果が得られた.これは通常の世帯主ベースのデータ処理で予想された結果とは異なっている.なお30歳代後半層の所得ポジションは消費税シフトによってほとんど変わらない.

つぎに全体として増税になるケースを想定し,財源選択の違いによって世代間の再分配にどのような変化が起こるかを調べてみた.増税財源としては消費税15%,所得税および住民税の一律増税,年金保険料の引き上げ,の3つを検討した.この場合,増税総額は3つのケースですべて同一になるように仮定した[17].

第8章　可処分所得の世代間分配——205

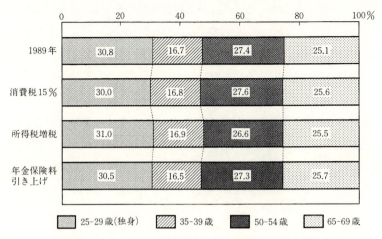

図8-9　財源選択と1人あたり所得(現物込み)の分け前：再分配後，個人ベース

図8-9は，このような増税によって世代間の分配状況がどう変わるかを図8-8と同様の処理をしながら財源別に調べた結果である．それによると，まず増税財源としての消費税は20歳代後半における単身者の所得の分け前を少なくする．一方，増税財源としての所得税・住民税は50歳代前半層にもっとも厳しく作用する．年金保険料の引き上げは20歳代後半の単身者および30歳代後半層の所得の分け前を相対的に減らす一方，60歳代後半層の所得ポジションを相対的に改善させる．なお60歳代後半層の所得ポジションは個人ベースでみるかぎり，ここに示した3つの増税措置のいずれを発動させても悪化しない．高齢者の所得ポジションを実質的に引き下げる必要が仮にあるとしたら，ここに示した3つの選択肢とは別の手段(たとえば年金給付課税の強化，医療サービスにおける窓口負担の強化，各種福祉サービスの利用者負担強化など)に訴えることを検討すべきである．

8.5　結びに代えて

本章では「世代間の公平」観念をマスグレイブ教授の提案した方向で受けい

れる場合，議論の基礎となる世代間分配の実態が最近の日本においてどうなっていたかを主として調べた．そして1人あたり再分配後所得でみるかぎり高齢者は総じて厚遇されている一方，30歳代の年齢階層が相対的にもっとも恵まれない所得状況にあることを明らかにした．最近の税制改革論議においては働き盛りの中年齢層対策が1つの焦点となったが，30歳代については今のところ政策面からの配慮がほとんどなされていない．この点を再検討する必要性が大きいことを指摘しておきたい．そのような再検討は，将来にわたって維持すべき年齢階層別の所得分配比率がどの辺にあるかについての議論を誘発するだろう．この点についての期待を述べ，問題提起を主眼とした本章を閉じることにしたい．

* 本章は高山・有田(1995)に基づく．本章の基礎となった論文は日独セミナー(於ベルリン，1995年)で発表した．
1) たとえばJohnson et al.(1989), Lanslett-Fishkin eds.(1992), Marmor et al.(1994)をみよ．
2) 詳しくは高山(1992 b)の第1章をみよ．なお「二重の負担問題」は，いわゆるタックス・スムージング仮説を採用するときにも避けてとおれない．Cutler et al.(1990)をみよ．
3) マスグレイブ教授は，この方法を"fixed relative position"と呼んでいる．他の方法として同教授が検討したのは世代間移転をいっさい伴わない世代中立性(intergeneration neutrality)，グロス賃金比で一定の年金給付を約束する方法(fixed replacement rate)，保険料率を常に一定不変に維持する方法(fixed contribution rate)，等である．
4) 今後35年間で現役の公的負担が倍増すると仮定する場合，OBの標準的な年金水準は対グロス賃金比で68%から55%程度に下がる．これがOBの負担に事実上，相当している．給付はネットスライドへの切りかえで35年後に20%近く縮減することになろう．高山(1994 d)および本書第9章をみよ．
5) 現役の税込み賃金が年0.6%超のスピードで実質的に(物価上昇分を除いて)増えていけば，現役の生活水準は今後とも着実に上昇していく．高山(1994 d)および本書第9章をみよ．
6) 筆者はかつて，この問題について『家計調査年報』を用いて1986年と1993年

の2時点で比較したことがある[高山(1994 a, 1994 b)参照]．ただし，そこでは30歳代前半の若手勤労世帯，40歳代後半の働き盛り世帯，高齢無職世帯，の3つの標準的世帯だけを選びだし，2時点間でパイの分け前にどのような変化が生じたかを調べたにとどまり，家計部門全体として年齢階層別のパイの分け前がどうなったかについては考察しなかった．

7) 推計にあたり大竹文雄氏(大阪大学助教授)のご支援を頂戴した．
8) 1984年分については『経済分析』116号，88-89頁をみよ．1989年分の医療現物給付額(1人あたり年額)は14歳以下4万7738円，15～44歳層5万7238円，45～64歳層17万6698円，65～69歳層32万8880円，70歳以上53万1317円と推計された．
9) 1989年分は『文部統計要覧』のなかの「財源別教育費」を利用して推計した．その結果によると1人あたり教育現物給付(年額)は幼稚園児16万3156円，小・中学生65万7672円，高校生56万5967円，大学・大学院生97万1446円であった．一方，1984年分は『教育指標の国際比較』のなかの「学校教育費の負担区分」を利用して求めた．その結果によると幼稚園児13万1212円，小・中学生および高校生48万2984円，大学・大学院生93万2748円であった．なお1984年分の推計にあたり文部省大臣官房調査統計企画課教育行財政調査係のご支援を頂戴した．記してお礼申しあげたい．
10) 詳細は『経済分析』116号，76-84頁および高山編著(1992 a)の第4章補論をみよ．
11) 具体的推計プロセスおよび推計結果は高山・有田(1995)の第1表，第2表をみよ．
12) 1988年から1989年にかけて帰属家賃は2.7%だけ名目額が上昇したとして推計した．単身の持家世帯における帰属家賃年額は平均値101.5万円，中央値81.7万円であった(1989年分)．なお都道府県別にみると，東京都における持家世帯の帰属家賃(年額)が突出して高く，平均値195.0万円，中央値152.8万円であった(1989年分，普通世帯のみ)．

　なお総務庁は独自に持家の帰属家賃を推計している．その方法は本章で説明したものと基本的に異なっており，家賃の説明変数として住居の構造・浴室の有無・水洗便所の有無・建築時期・都市階級についての各ダミー変数および住居の延べ床面積が使用されている．そして家賃関数は全国を4つの地域(東京都，南関東3県，関西3府県，その他)に分割して地域毎に推計されている．総務庁推計によると，1989年における持家の帰属家賃(年額)は全国ベースで平均値76.1万円，

中央値68.8万円(普通世帯分)であった．この推計値は本章推計分の55〜60％にすぎない．
13) 『全消』には調査対象から除外されているサンプルがあるので，人口分布は現実とは必ずしも一致していない．『経済分析』116号，47頁参照．
14) 1人あたり消費支出は再分配後の1人あたり所得に左右される面が多い．高山・有田(1995)の第5表・第6表・第9図・第10図をみよ．
15) 「子供ができたら地獄だ」という言葉が最近，若者の間でひそかにささやかれている．図8-7をみるかぎり，この言葉は一面の真実を物語っているようである．
16) 15％消費税の導入による税収増は，この場合1989年段階で所得税・住民税の80％近い(厳密には79.46％の)大幅減税を可能にしたという計算になる．
17) 消費税15％分の増税は所得税・住民税の一律79.46％の増税，年金保険料の2.32倍水準への引き上げ(厚生年金を例にとると12.4％から28.8％への引き上げ，労使込み)にそれぞれ相当していた．

第9章　1994年の年金改正とその評価

9.1　はじめに

1994年11月2日に新しい年金法が成立した．長年の懸案であった支給開始年齢問題に決着がつく一方，ネットスライド制が導入されるなど「10年に1回の大改革」という名にまさにふさわしい年金改革であった．

本章では9.2節で1994年年金改正法の主要内容を紹介する．そして，ネットスライド，支給開始年齢の調整，高齢者の雇用促進，保険料率の引き上げと年金財政の将来収支見直しについて順次議論する(9.3節～9.6節)．そして9.7節で女性の年金問題をとりあげ，9.8節で残された課題に言及したい．

9.2　新年金法の主要内容

成立した年金改正法の主要内容は次のとおりである．

(1)　これまで被用者に60歳から特別に支給されていた老齢年金のうち，いわゆる2階部分の報酬比例部分は今後とも60歳から減額なしで受給することができる．

(2)　一方，上記の年金のうち1階の定額部分(特別支給分)は2001年度から徐々に調整しはじめ，2013年度には完全に消滅させる．その代わり非被用者と同様に基礎年金(65歳以降の定額年金)を60歳から繰り上げて受給することができる．

(3)　60歳代前半の在職者が受給する年金(在職老齢年金)を雇用促進型に改める．

(4)　賃金再評価の指標を税・社会保険料込みのグロス賃金の上昇率から税・社会保険料控除後のネット賃金の上昇率に改める(いわゆるネットスライ

ドの導入).

(5) 失業保険給付を受給中の者には年金給付を支給しない.また高年齢雇用継続給付と在職老齢年金は併給調整する(いずれも1998年4月以降).

(6) 共働きの妻の遺族年金について給付改善を図る(95年4月実施).また高校を卒業するまで(厳密には18歳の誕生日が属す年度末まで)遺族基礎年金等が受給できるようになった(95年4月実施).さらに遺族給付の受給要件も緩和された(生計維持基準が600万円未満から850万円未満に引き上げられた.94年11月実施).

(7) 育児休業期間中の年金保険料(本人負担分)納付を免除することになった(1995年4月実施).

(8) 障害年金もいくつか改善された.すなわち①障害年金再受給を支給停止期間3年以上の者にも認めた(94年11月実施),②1986年4月以前において年金制度加入直後に障害者になった者に対し加入期間が6カ月未満であっても障害年金を受給できるようにした(94年11月実施),③20歳前傷病による障害基礎年金の受給要件緩和(所得制限を緩和し半額受給の道を新たに開いた.95年8月実施),④初診日前の1年間,保険料を滞納しなかった者が障害基礎年金等を受給できるようにした.

(9) 保険料の引き上げ幅を見直すことにした.

(10) ボーナスからも1%の年金保険料を新たに徴収する(労使折半,94年4月実施).

(11) 現在,一律に定められている厚生年金基金の免除保険料率を複数化する(3.2%～3.8%.96年4月実施).なお94年11月～96年3月の間の免除料率は3.5%とした(94年10月までは3.2%であった).

(12) 厚生年金基金の積立金に関する運用規制を緩和し,投資顧問会社の自主運用枠をニューマネーの3分の1からオールドマネーを含む全積立金の3分の1に拡大した(94年11月実施).

(13) 短期在留外国人が制度を脱退した場合に一時金(本人の年金拠出金相当)を新たに支払う(95年4月実施).

(14) 沖縄の厚生年金について1954年5月～69年12月の間の保険料を納付すれば年金額を増額する道を開いた(95年4月実施).

(15) 第3号被保険者の届出を市区町村の窓口にしていなかった者に対して,95年4月から97年3月までに届出をすれば過去にさかのぼって年金加入を認めるという特例を講じた.

(16) 国民年金に任意加入できる上限年齢を65歳から70歳に引き上げた(1955年4月1日以前に生まれた者のみ.95年4月実施).

(17) 国民年金における死亡一時金が引き上げられた(94年11月実施).

(18) 永住帰国した中国残留邦人等について永住帰国前の期間を保険料免除期間とし,その間の保険料を追納した者の年金額を増額する特例を講じた(96年4月実施).

9.3 支給開始年齢の調整

周知のようにサラリーマン(被用者)の年金は2つの部分すなわち定額部分と報酬比例部分から構成されている[1].その支給開始年齢を政府はかねてから65歳としたいと繰りかえし言明してきた.とくに前回の1989年改正時には,もっぱら年金財政上の観点に立って,65歳支給開始をいわば年金財政対策の切り札として提案したのである.そして年金支給開始年齢の65歳引き上げが閣議決定されたが,国会における議論でそれは時期尚早とされ,先送りされてしまった.

この懸案をどう決着させるかということが今回改正においても最大の難問となっていた.改正の結果,満額年金の支給開始年齢は長期的に1階部分65歳,2階部分60歳となる.これは男女間における支給開始年齢の違いを調整する方法の1つとして,かつてイギリスで検討されていた内容と基本的に同じである[2].

支給開始年齢の調整が完了した時点および調整期間中における年金給付の仕組みは図9-1のようになる.60歳代前半層むけの特別支給の年金は長期的に2

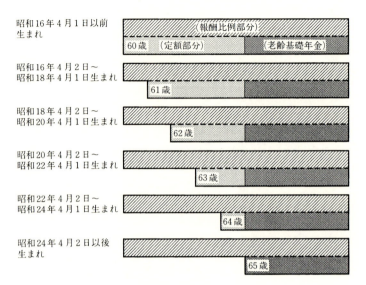

図 9-1 満額年金の支給開始年齢(一般男子)

階部分の報酬比例部分のみに置きかわる．男性の場合，調整は 2001 年度から開始され，2013 年度に完了する．また女性(民間部門のみ)は調整の時期が男性より 5 年遅れとなる[3]．

なお 1 階の基礎年金(65 歳から満額支給)は 60 歳から繰り上げて受給することができる．現行の減額率は 1 歳繰上げで 11%，2 歳繰上げで 20%，3 歳繰上げで 28%，4 歳繰上げで 35%，5 歳繰上げで 42% とそれぞれなっている．したがって調整完了後にサラリーマンが 60 歳から基礎年金を受給しようとすると給付率は 58% となる．減額は一生つづく．ただし報酬比例部分は 60 歳から受給しても減額は原則としてない．

現行の減額率は大きすぎるという意見もあるので，2001 年度における最新の生命表を用いて見直すとしている．

基礎年金の繰上げ受給分を含めると，将来においても長期加入の標準ケースで現役手取り賃金の 3 分の 2 前後を 60 歳から受給することが可能になるだろ

う(60歳完全退職の場合．改正前はほぼ80％水準であった)．この手取りの水準は欧米の先進工業国における年金水準とくらべて遜色がない．ちなみに，この場合OBの手取り収入を100とすると，現役の手取り収入は150前後になり，老夫婦2人と現役4人家族の違いを考慮すれば，それなりの収入バランスとなっている．このように支給開始年齢の調整は結果的に60歳受給開始者の年金給付水準を引き下げる形となった．

今回改正において長年の懸案であった支給開始年齢問題にようやく決着がついた．関係者の労を多としたい．ただし決着内容に疑問がまったくなかったわけではない．たとえば今回の年齢調整は厚生年金基金の「代行部分」への影響に配慮した内容であることは否定できない[4]．代行は2階部分について60歳から行われているからである．厚生年金基金の代行部分は今回における年齢調整の影響をまったく受けずにすんだ．2階部分が原則65歳になれば代行のメリットはその分だけ小さくなり，免除保険料率も少なからぬ引き下げを余儀なくされたはずである．

その結果として低賃金労働者(典型的には中小企業の従業員や大方の女性)が割りをくうことになった．この点は1階60歳2階65歳支給開始の場合あるいは1階2階とも65歳前は繰上げ支給の場合と比較すれば判明する．

長期的にみると2階部分についても原則65歳支給開始を検討せざるをえないときがやってくるかもしれない．あるいはアメリカ合衆国のように公的年金の支給開始年齢を1階2階あわせて原則67歳とすることが議論される可能性もまったくないわけではないだろう．

9.4　給付水準問題

今回の改正により，年金受給世代と現役世代の「給付と負担のバランス」が図られることになり，名目賃金の伸びに応じて年金給付額を見直してきた従来の方式に代わって，現役世代の実質的な賃金(税・社会保険料を除いた賃金)の動向に応じて年金額が改定されることになった．長期的にみると給付水準は手

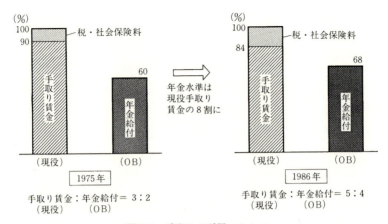

図 9-2　手取りの所得バランス

取り賃金との対比で定まることになる．給付水準の設定方法は事実上，変わる．

公的年金は「1つのパイを現役とOBとでどう分けあうか」についてのルールを定めるものである．OBには品位の保てるような生活をしてもらいたい．一方，現役は勤労や努力がそれなりに報われるような分け前を享受してよい．このような2つの願いを同時にかなえるルールを定めるのが年金制度にほかならない．

しかるに従来のルールには問題があった．高齢化の進行に伴ってパイの分け前がOBの方に徐々に有利に変わっていく内容であったからにほかならない．

厚生年金における標準的な給付水準は1975年前後において60%前後であった(図9-2)．これは税・社会保険料を控除する前の賃金月額に対する割合である．サラリーマン現役を全体としてみると，当時の所得税・住民税・社会保険料は合計で約10%の負担であった．他方，OB組の負担する所得税・住民税・社会保険料はきわめて少額にとどまっていた．税・社会保険料を控除する前のグロス収入を比較すると，賃金月収と年金はほぼ100対60であったが，控除後のネット収入で比較すると90対60すなわち3対2の割合であったことになる．

この絶妙な所得バランスは，その後，OB組に有利に変わってきた．86年時点になると，標準年金の水準は68%まで上昇した一方，現役の負担する税・社会保険料は全体として約16%に達したからである．ネット収入で比較すると，賃金月収84に対して年金68の割合すなわち5対4に所得バランスは変わったのである[5]．

人口高齢化は今後とも急激に進む．税・社会保険料の負担増は今後とも避けられない．その結果，現役の手取りは税込み月収の70〜75%まで低下する公算が大きい．手取りで比較した月収バランスは将来，場合によっては現役70対OB69となり，ほぼ同じになってしまう．「世代と世代の助けあい」という年金制度の基本性格からみて，これはなんとも奇妙な事態である．

現役とOB間の所得バランスを一定に保つためには，給付水準もはじめから手取りベースで議論する必要がある．これまでのように税・社会保険料控除前の賃金を用いて議論することはもうやめるのである．現在のバランスが5対4であるから，このバランスを今後とも維持していくと合意するだけでよい．そうすれば高齢化がいかに進んでも，年金はネット賃金に対して常に一定に維持される．1人ひとりに着目したパイの分け前は死ぬまで変わらない．ネットスライドへの切りかえはパイの分配ルールを安定化させ，公的年金をめぐる世代間の信頼関係を厚く強固なものとするだろう．

ネットスライドの意味については今のところ，その理解が年金関係者を含めて極度に不足している状況にあるので，少し詳しく説明しておこう．表9-1をご覧いただきたい．この表では年金水準は常にネット賃金のほぼ80%に設定されている(民間サラリーマン対象の厚生年金：標準ケース)．ネットスライドの場合，年金水準はネット賃金の一定割合に決められ，給付改善もネット賃金の上昇にあわせて行われることになる．この場合，手取り月収の世代間バランスは高齢化がいかにも進んでも5対4のまま変わらない(図8-1)．

現役組の公的負担(税・社会保険料負担)が35年後に倍増すると仮定すると，年金のグロス賃金に対する割合は35年後には55%程度になる．グロス賃金比で55%の年金水準は従来からみると20%近い給付費削減を意味している．現

表9-1 公的負担増と現役の実質手取り月収

年次	グロス賃金の年間上昇率	現役組			OB組年金（グロス，ネット）
		グロス賃金	公的負担	ネット賃金	
1995	—	100	16	84	68
2030	2.0%	200	64	136	110
	1.0%	142	45	97	78
	0.6%	123	39	84	68

注）1995年における現役組のグロス賃金を100と仮定して計算した．また公的負担は1995年が16%であり，35年後の2030年に32%になる（倍増する）と仮定した．なお年金はネット賃金のほぼ80%が今後は不変に維持されると想定した．

役組が負担増で手取り賃金の上昇が抑えられるのであれば，その分だけOBも年金給付改善を遠慮する．これがネットスライド切りかえの意味であり，高齢化に伴う負担増をOB組も現役組と並んで等しく引き受けていくことに事実上なる[6]．このような「新たな負担ルール」が年金分野で確立されたことは，まさに画期的である．年金以外の社会保障分野や税制改革においても，このような負担のルールが今後，参照されることになるだろう．

ネットスライドへの切りかえは実は1992年からドイツで実施された．日本でも1994年10月から，この切りかえが実施されることになったのである[7]．

9.5 雇用と年金の連携

政府は支給開始年齢の調整にあたって前回とは異なるアプローチをした．すなわち21世紀に向けて日本の社会経済をどうするかをまず議論し，労働力供給制約が強まるなかで高齢者雇用促進の重要性を指摘した．そして高齢者雇用の促進ということと連携のとれた年金制度としていくことが必要であると力説したのである．

このような考え方に則して60歳代前半層むけの年金制度は従来より雇用促進的に改められることになった．従来，60歳代前半層の受給する年金は賃金収入があると支給が制限された．すなわち賃金月収が25万円以上になると年

金給付は支給されず，25万円未満の場合でも賃金の高低に応じて年金給付の2～8割がカットされていた．賃金が高くなれば，その分だけ年金給付をカットしていたのである．賃金増についての限界税率が100％である場合と結果的には同じであった．これは，在職老齢年金の支給があくまでも生活費保障という考え方に立脚していたためである．働いて賃金アップを手に入れても，その分だけ年金がカットされ，賃金プラス年金の合計額はほとんど増えない．このような制度は退職促進的になりがちである．

この基本哲学が今回の改革で変わる．基本哲学は退職促進から雇用促進へと180度切りかえられる．高齢者の雇用を促進する方法として今回新たに法制化された内容をつぎに紹介しておこう．その内容は主として2つある．

まず年金制度からの対応では在職老齢年金を雇用促進型に改める方向が打ちだされた．すなわち60歳以降ひきつづき賃金を稼ぎつづける場合，年金給付の2割がまずカットされる．つぎに年金の8割相当額と賃金とを合算して22万円超になると，賃金2万円増につき年金1万円カットとなる．そして賃金月額が34万円に到達すると賃金増1に対して年金減1となる(図9-3)．賃金月額34万円は1994年時点における男性の平均賃金水準にほぼ等しい．

従来とくらべると賃金プラス年金の合計額は賃金増によって確実に増える[8]．これが従来と異なる点であり，「雇用促進型」という形容がつけられる理由にほかならない．賃金増2に対して合計額1のアップという仕組みは，かつてアメリカ合衆国が採用していたものと同じである．

なお年金支給が制限されるさいに，その判定基準となる賃金については，これまでボーナスが含まれていなかった．また週33時間未満の短時間勤務(嘱託，非常勤顧問など)についている者は賃金収入があっても年金を満額受給していた．これらの点は今回の改正でも変わらない．さらに民間サラリーマンの場合，65歳以上になると高賃金を稼いでいても年金は満額受給となっている．この点も変わらない．

なお60歳代前半層の受給する報酬比例部分の年金については財源を65歳以上の本体年金から分離し，メリット制に基づく特別保険料を徴収すべきである

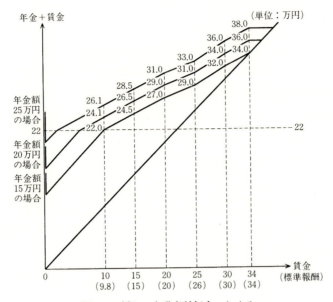

図 9-3 新しい在職老齢年金のしくみ

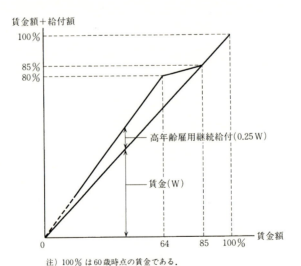

注）100％は60歳時点の賃金である．

図 9-4 高年齢雇用継続給付

という意見が年金専門家の間では少なくなかった[9]．それによって60歳代前半の雇用がメリット制がないときよりも促進されるからである．しかし，このような仕組みの採用も今回，見送られた．

つぎに雇用保険からの新たな対応を紹介する．その柱は「高年齢雇用継続給付」の創設(95年4月実施)である．この給付は，定年後における失業給付の額が継続雇用時の賃金額より多いという「逆転現象」を解消するために打ちだされた．そして高齢者の働く意欲と能力に応えるために定年後もひきつづき雇用が継続されることを促進させるように工夫される．具体的には，定年前後で大幅に賃金が下がることを新たに「失業に準ずるもの」と位置づけ，定年後に賃金が下がった者に対し65歳まで原則として，その下がった賃金の25%を支給するというものである(図9-4)．なお60歳時点における賃金額の64%を超える賃金額を60歳以降において稼ぐ場合には高年齢雇用継続給付は25%より低くなり，85%以上の賃金を稼ぐ場合には高年齢雇用継続給付は支給されない．また賃金プラス高年齢雇用継続給付の合計月額が38万2230円(基本手当日額算定のさいの上限賃金の30日分，95年8月時点)超の場合，超過分が減額される．

図9-5は在職老齢年金と高年齢雇用継続給付の双方を受給する場合における手取りの金額を示したものである．高年齢雇用継続給付を受給する者については，その分について賃金月額の10%に相当する年金額がカットされる(98年4月実施)[10]．

なお今回の改正で失業給付と年金給付の併給はなくなる(98年4月以降)．その調整は，失業給付の基本手当受給期間(または所定給付日数)満了後に「基本手当30日分支給につき年金1カ月分が支給停止」となるように事後に精算し，不足する年金を追給する方向で検討されている．調整は年金サイドが受けもつことになる．

雇用と年金の連携は，このように芸が細かくなった分だけ複雑となった．縦割り行政の弊害を否定しえない．これによって高齢者の雇用が促進されるかどうかは事業主の対応いかんに左右されよう．

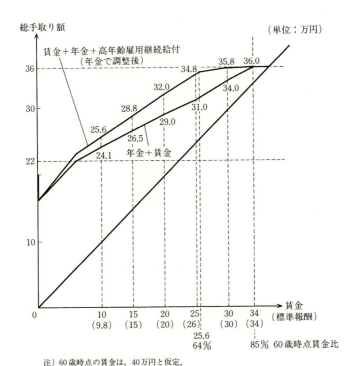

図9-5 賃金と年金と高年齢雇用継続給付の合計額(年金額20万円のケース)

9.6 年金保険料率の引き上げ

　厚生年金の保険料はこれまで原則として5年に1回ごとに引き上げられてきた. 1994年10月時点において厚生年金の保険料は14.5%であり, それを労使が折半負担していた. 制度改正により厚生年金の保険料は1994年11月から16.5%に引き上げられ, さらに1996年10月から17.35%となる. 1994年11月から1999年9月までの期間平均で2.5%の引き上げになる.

　1989年段階の前回改正では5年平均で2.2%の保険料引き上げが提案された. 今回における改正の方が引き上げ幅は大きい. この間に出生率が予想以上に低

下し，将来の年金財政がその分だけ厳しくなった．これが引き上げ幅拡大についての政府の言い分である．政府の将来収支試算によると厚生年金の保険料は今後とも5年に1回の間隔で2.5%ずつ引き上げていき，最終的に2025年以降29.8%とする必要がある．

保険料率の引き上げ幅拡大については異論がなかったわけではない．94年時点における日本の景気は力強さに欠けていた．雇用不安も依然として大きかった．景気浮揚のため約5兆4800億円に上る所得税・住民税の減税が1994年には実施された．この減税のうち恒久減税分3兆5000億円のかなりの部分が年金保険料負担の増大分（平年度ベースで3兆円台）で相殺されてしまうだろう．景気対策を政府が一体となって推進するためには年金保険料率を毎年0.5%ずつ小刻みに引き上げていくことも一案として検討に値していたはずである．ちなみに2%の保険料引き上げをしなくても給付改善は可能であった．

年金保険料の引き上げ幅拡大には，もう1つ別の問題がある．国税庁『民間給与実態調査』によると，1992年および93年において標準的サラリーマン世帯の可処分所得の伸びは消費者物価上昇分を下まわった．2年連続で現役組の手取り収入が実質的に低下したのである．後述するように，公的年金を安定的に維持していくためには現役組の生活水準が少しずつでもいいから毎年上昇していくことが必要である．この点からみて由々しい事態が2年連続して生じていた．ベースアップの凍結や定期昇給が見送りになっているところも少なくなかった[11]．

年金保険料は企業にとって人件費の一部である．年金保険料の2%引き上げ（労使込み）は1%の賃上げと同じである．1994年夏の時点で日経連は最低賃金の凍結を主張していた．また95年の春闘においてもベアゼロの方向をいち早く打ちだした．年金保険料の引き上げはこのような経営側の基本方針とも合致していない（ただし日経連は年金保険料の2%一挙引き上げに，どういうわけか反対しなかった）．

さらに日本の経常収支は大幅な黒字をこれまで長期間にわたって記録しており，日米間の経済摩擦を激しくする1つの要因となっていた．この時期に政府

貯蓄の増大につながる年金保険料の 2% 一挙引き上げをなぜしなければならなかったのか．マクロの貯蓄／投資バランスを図ることを通常の経済政策は求めており，この点からも年金保険料の一挙引き上げに問題がなかったとはいえない[12]．

年金保険料の引き上げを当局が急いだ理由は別のところにあるのではないか．1989 年の財政再計算結果によると，厚生年金本体の積立金は 2000 年から 2005 年にかけて減ると予想されていた（名目額ベース．表 9-2）．これは，厚生年金本体における単年度の収支がこの間にマイナスに転じることを意味していた．厚生年金本体が一旦，赤字に転落すると様々な不都合が生じる．積立金のとりくずしは容易ではなく，資金運用部資金もその分だけ増加が抑制される．財政投融資の配分も変わらざるをえない（還元融資もなくなる）．このような事態を未然に避けることを当局は意図したのではないか．ちなみに 1994 年財政再計算結果によると，厚生年金本体の積立金は 2010 年まで名目額がふえつづけることになった（表 9-3）．年金保険料の引き上げスピードを早めた効果は，ここに顕れているのである．

年金保険料を今後どのように引き上げていくかについては，財政投融資の見直しとからめて議論する必要もある．金融自由化が着実に進むなかで財政投融資の役割もすでに変化していることを考慮すると，今後は財投債を発行することによって資金を調達していくことが望ましい[13]．その場合，年金積立金の性格も変わることになる．年金保険料の引き上げスピードを速める必要性はこの点においても乏しくなる．

なお年金保険料を段階的に引き上げていくさいに，厚生年金では高齢化のピーク時においても給付額の 2 年分以上に相当する積立金を保有することを今回，新たに想定した．しかし，このような想定に合理的な根拠があるとは思えない．現に旧西ドイツやイギリスでは給付額の 2 カ月相当分を積立金として保有しているにすぎない．

年金保険料が徴収される標準報酬月額の上限と下限も 1994 年 11 月からそれぞれ引き上げられた．すなわち上限は 53 万円が 59 万円に，また下限は 8 万円

表9-2 年金積立金の将来推計(1989年財政再計算) (兆円, %)

年度	公的年金				企業年金			総合計(H)	代行分(I)	厚生年金本体分(J)	代行の割合(K)
	厚生年金(A)	国民年金(B)	共済年金(C)	合計(D)	厚生年金基金(E)	適格年金(F)	合計(G)				
1991	93.1	5.7	32.0	130.8	28.3	14.4	42.7	157.4	16.1	77.0	56.9
1995	117.6	8.2	39.8	165.6	43.1	21.5	64.6	205.8	24.4	93.2	56.6
2000	138.4	12.0	50.1	200.5	69.5	33.7	103.2	265.1	38.6	99.8	55.5
2005	141.7	16.9	60.8	219.4	107.2	50.2	157.4	318.2	58.6	83.1	54.7
2010	141.7	22.8	70.8	235.3	159.2	71.7	230.9	380.1	86.1	55.6	54.1
2015	142.0	27.6	77.9	247.5	229.3	100.1	329.4	464.0	112.9	29.1	49.2
2020	154.2	31.2	84.4	269.8	321.4	137.7	459.1	557.4	171.5	-17.3	53.4
2025	188.8	35.2	92.9	316.9	442.0	187.7	629.7	711.4	235.2	-46.4	53.2

注) 1. 計数は1989年財政再計算をベースとしている.
2. Iは厚生年金基金の代行分(DとGあるいはAとEとにダブルカウントされた部分).
3. Jは厚生年金の本体に残る積立金(AからIを差し引いた金額).
4. Kは厚年基金のうち代行部分の占める割合(I/E, %).
5. 厚生年金は65歳支給を仮定している.
出所) 年金数理部会「第2次報告書」および野村総合研究所資料を利用してIを推計した.

表9-3 年金積立金の将来推計(1994年財政再計算) (兆円, %)

年度	公的年金				企業年金			総合計(H)	代行分(I)	厚生年金本体分(J)	代行の割合(K)
	厚生年金(A)	国民年金(B)	共済年金(C)	合計(D)	厚生年金基金(E)	適格年金(F)	合計(G)				
1991	84.0	4.4	33.7	122.1	28.3	14.4	42.7	148.7	16.1	67.9	56.9
1995	132.5	8.9	42.5	183.9	43.1	21.5	64.6	224.1	24.4	108.1	56.6
2000	182.7	12.8	56.3	251.8	69.5	33.7	103.2	316.4	38.6	144.1	55.5
2005	230.3	17.8	71.7	319.8	107.2	50.2	157.4	418.6	58.6	171.7	54.7
2010	269.1	23.7	86.8	379.6	159.2	71.7	230.9	524.4	86.1	183.0	54.1
2015	299.8	30.8	99.1	429.7	229.3	100.1	329.4	636.2	122.9	176.9	53.6
2020	343.5	38.0	110.6	492.1	321.4	137.7	459.1	779.7	171.5	172.0	53.4
2025	420.0	45.8	125.7	591.5	442.0	187.7	629.7	986.0	235.2	184.8	53.2

注) 計数は1994年財政再計算に基づく(JR共済の積立金は含まない).
出所) 年金各制度の「将来収支見通し」および野村総合研究所資料を利用してIを推計した.

から9万2000円にそれぞれ引き上げられた.

これまでボーナスからは年金保険料が徴収されていなかった. 1995年4月以降ボーナスからも労使込みで1%の保険料が徴収される. この場合, 徴収ベースのボーナスに上限はない.「本来であればボーナス込みの総報酬に対して年金保険料を賦課すべきである」という意見がどちらかというと強かった. 今

回は事業主側に対する配慮もあり，総報酬制への切りかえにむけて第1歩を踏み出したと考えてよいだろう[14]．

一方，非被用者が支払っている定額の年金保険料は1993年4月以降1人月額1万500円であったが，1994年4月以降1万1100円となり，さらに1995年4月以降，1万1700円となる．そして1996年4月以降，毎年500円（1994年価格）ずつ引き上げられる予定であり，最終的に2015年以降2万1700円（1994年価格）となる．

9.7 女性の年金

日本では女性の年金をめぐる議論も少なくない．この問題は世界各国が取扱いに苦悩しており，解決策を模索中である．日本では，とくに遺族年金およびパートタイマーの年金保険適用が大きな問題になっている．

日本の遺族年金には原則として性別による差別はないといっても大過ないだろう．そこで老齢年金を受給中の夫が死亡した場合，残された妻の遺族年金が専業主婦と共稼ぎ妻でどう違うかをまず説明しておこう．双方とも妻自身の老齢基礎年金を夫死亡後も受給しつづける．この点に変わりはない．違いは報酬比例年金に生じる．すなわち専業主婦には夫が受給していた報酬比例年金部分の4分の3が遺族年金として支給される．一方，共稼ぎの妻には妻自身の報酬比例年金部分が引きつづき支給されるか，あるいは，その代わりに夫の報酬比例年金部分の4分の3が遺族年金として支給される．共稼ぎの妻が後者を選べば，専業主婦の妻の場合と遺族年金は同じになる．

このような取扱いに対しては共稼ぎの妻の不満が強かった．共稼ぎの妻自身が納めた保険料は「掛け捨て同然」ではないかというのである．

今回の改正により共稼ぎの妻に対して第3の選択肢が設けられることになった．すなわち夫と妻が受給している報酬比例部分の合計額の2分の1を遺族年金とするという選択肢である．これは，欧米の一部の国々で実施されている「所得分割方式」の部分的採用を事実上，意味している．これによって共稼ぎ

の妻の不満は多少ともやわらぐことになるだろう．ちなみに妻の報酬比例部分が夫のそれの(4分の3より低く)半分より高ければ，この第3の選択肢を選ぶメリットがある[15]．

専業主婦が年金保険料を直接納付していない点に対しても一部に批判がある．ただし老齢年金の取扱いに関するかぎり現行制度に専業主婦か共稼ぎの妻かで差別はない．夫婦単位でみると拠出した保険料と受給する年金額に違いがないからである[16]．

今回の改正により，育児休業期間中の者の年金保険料・健康保険料・雇用保険料は本人負担分が納付免除となった(いずれも95年4月実施)．この改正も事実上，共稼ぎ妻への支援強化となるだろう[17]．

つぎに日本ではパートタイマーの年金保険適用問題が議論されている．現行制度では就労時間が33時間未満のパートタイマーには年金保険が直接適用されない(いわゆる4分の3条項)．このようなパートタイマーは原則として専業主婦と同じ扱いを受ける．ただし，そのような者でもパートタイム労働による年間賃金収入が130万円を超えると被扶養配偶者となれない．年収130万円超のパートタイマーは国民年金(1階の定額年金)に加入する義務があり，定額の保険料をみずから負担する．

現行制度は年間収入130万円未満のパート労働を促進しがちである．このような現実に対しては，パートタイマーを年金制度に直接加入させる方向を検討すべきだという意見がどちらかというと強い．そのためには遺族年金の改善を図ってパートタイマーに年金制度加入へのインセンティブを高める必要があるだろう．

女性の年金に関連して上記以外に指摘されている問題点は次の4つである．まず第1に，専業主婦だった妻が離婚しても婚姻期間中に夫が獲得した年金請求権(報酬比例年金)は分割されない．これを分割したらどうかという意見がある．第2に，遺族年金は再婚すると支給停止となる．これも支給を継続してよいという批判がある．第3に，老齢年金受給後に結婚した配偶者に遺族年金の受給権を認めているのはおかしいという意見がある．第4に，母子には遺族年

金の受給を認めているが,父子には遺族年金の受給を認めていない.これは両性の平等に反する.

女性の年金については,すべてを個人年金化し,遺族年金を廃止するというスウェーデン方式を推奨する者が日本にも女性有識者の一部にいる.しかし男女の賃金格差が歴然としている状況下で,この方式を採用することに女性の多数派が賛成するだろうか.他方,所得分割方式は独身男性や離婚妻にメリットを与えがちである.家庭基盤の弱体化をいっそう助長しかねない所得分割方式の採用をレーガン・ブッシュ政権は見送った.女性の年金については,なお研究すべき点が残されている.

9.8 残された課題

1994年改正はまさに「10年に1回の大改正」という名にふさわしい内容をもっていた.ただし年金改正はこれで終わるわけではない.年金財政の再計算資料に最近の出生率低下は必ずしも十分には折り込まれていない.また賃金は実質で毎年2%ずつ上昇していくと仮定されているが,その保証もあるわけではない.そもそも日本の年金水準はネットベースでみるかぎり主要国のなかで最も高い.1993年時点においてサラリーマンをふつうにやってきた男性の厚生年金は平均で月額20万円程度になっており,大卒の初任給より高い.このような例は諸外国にはないものである.日本では今後とも年金給付スリム化の努力がつづくと思われる[18].

他に残された課題も少なくない.まず年金制度一元化をどう図るか,年金行政にかかわる費用をどう節約するか[19],という問題がある.また年金制度のなかで新たに出産を支援したり(出生給付の新設),子育てを支援したりする(たとえば児童扶養控除を年金保険料計算時に認める)必要性も大きい[20].さらに高齢障害加算制度を創設して年金給付体系をライフステージに即したものに改める必要もある.

人口高齢化が避けられない日本の将来にとって最も重要なことは,日本経済

が今後とも成長していくことである．成長のない世界で高齢者数が増えていくと，現役の手取り収入は実質的に減っていく．「親の世代よりも豊かになれない」という思いが子供世代の心を支配しはじめたら，高齢者の生活を従来どおり社会的に支えていくことはできなくなる．政治不信が渦巻くなかでパイの奪いあいがはじまるからである．

　日本の老年人口比率は今後二十数年間にわたって毎年0.5％ずつ上昇する．それに伴って高齢者の生活を社会的にサポートするための費用も実質的にふえていく．子供や孫の世代の公的負担は現世代の負担より実質的に高くならざるをえない．このとき，いったいどの程度の賃金上昇があれば子供や孫の世代の手取り賃金は現在より実質的に高くなるか．この点を表9-1であわせて調べてみた．それによると，今後35年間に負担が実質的に倍増するとしても年率で実質0.6％超の賃金増（税込み）があれば手取りでみた現役組の生活水準は今後も確実に上昇する[21]．年率で平均して1～2％の実質成長があれば，この確実性はさらに強まる．経済成長を持続させることの重要性をくりかえし述べておきたい．

　財源選択問題も成長阻害度との関連で議論することが重要である．所得課税，年金保険料，消費課税のうち最も成長阻害度が小さい財源はなにか．それは実は消費課税である．消費課税とくらべると所得課税は税金を前取りし，貯蓄や投資に課税して成長を阻害するからに他ならない．

　年金保険料は成長阻害度という点では所得課税と消費課税の中間に位置する性格をもつ．年金保険料はもともと逆進性が強い．さらに年金保険料は人件費の一部であり，企業行動から中立的でない．人件費負担増を回避するために企業は生産拠点を国外に移すおそれが強く，結果的に国内生産は停滞を余儀なくされる．この点でも年金保険料は問題が多い．

　したがって長期的にみると高齢化に伴う負担増の少なくとも一部は消費課税の強化によって調達する方が賢明である．また，その場合，青・壮年期における過度の負担が緩和され，ライフステージごとの負担は従来より平準化される．

　従来，国民負担のあり方として今後は租税負担よりも年金保険料等の社会保

障負担を重視すべきだとしてきた．このような臨調・行革路線も再検討する必要がある．1994年3月に発表された「21世紀福祉ビジョン」は事実上の増税(対国民所得比)を打ちだしており，この方針転換を高く評価したい．ただし現行の消費税は事業の規模や内容に対して中立的となっていない等，いくつかの欠陥を免れていない．それらの欠陥を是正する必要性も大きい．

* 本章は高山(1995 b)，高山・谷地・永井(1995)，Takayama(1995, 1996)に基づく．本章の基礎となった論文は日本財政学会(1993年)，日本年金学会(1993年)，日本／スウェーデン・セミナー(1994年)，通産研究所ミニコンファレンス(1994年)で発表した．
1) 年金制度の概要については Takayama(1992 a, Chap. 1)，高山(1992 b)を参照されたい．
2) Secretary of State for Social Security, UK (1991) 参照．なお長期加入者(45年以上加入者)や働くことが著しく困難な障害者の場合，65歳前でも従来の「特別支給の老齢厚生年金」を例外的に受給できる．
3) 公務員(自衛官・海上保安官・刑吏・航空管制官等を含む)は男女とも民間サラリーマン男性と同様である．なお警察・消防職員は6年遅れの調整となる．船員・抗内員の場合，支給開始年齢は現在55歳であるが，2001年度から徐々に引き上げ2013年度までに60歳とすることになっている．
4) 高山(1994 b)，Takayama(1994 b)参照．
5) この所得バランスはボーナス分を考慮していない．ボーナスを考慮すると標準ケースで100対63のネットバランスになるといわれている．
6) OB組が従来どおり68%給付(対グロス賃金比)を一旦受給して，そこに13%(対グロス賃金比)の公的負担がかかる場合と事実上，同じである．ネットの年金は55%水準(対グロス賃金比)になる．なおネットスライド制への切りかえに全く問題がないわけではない．資産保有や相続・贈与が無視されたこと，5対4という比率が適正であるかどうかを不問に付したこと，インセンティブ・コンパティビリティ問題を招来しかねないこと，過去と現在を尊重しすぎて将来を犠牲にするおそれがあること，等である．
7) Schmähl(1993)参照．日本のネットスライドは技術的にいうとドイツとは若干異なる方式となった．日本では5年に1回ごとに行われる過去賃金の再評価について，その方法を変えることにした．従来どおりであれば再評価率は17%の改善となったはずであるが，今回は16%にとどめた．この差分1%は年金保険料の引

き上げ(本人負担分のみ)から生じている．ドイツでは国民経済計算データをベースとしており，事業主負担分の保険料も考慮されている．なお世代間契約における最も公平な方法として年金のネットスライドを提案したのは英語文献ではMusgrave(1981)が最初であった．
8) ただし標準報酬月額制を採用しているため賃金プラス年金の合計額は必ずしも直線的に増大しない．賃金増にもかかわらず合計額が減ってしまう賃金域が部分的にある．なお制度改正により在職老齢年金の受給者数(厚生年金)は1993年3月の42万人から1995年度には110万人に増大すると予測されている．これは月給25万円以上の者が新たに在職老齢年金の受給資格をうることに基づく．
9) この意見を日本で最初に述べたのは山崎泰彦氏である．山崎(1989)参照．
10) 在職老齢年金の考え方を踏襲すれば，この場合には賃金月額の12.5%に相当する年金額をカットしてよいはずである．しかし年金サイドで労働行政に対する多少の配慮が結果的になされた格好になった．なお今回の高齢者雇用促進措置が「低賃金温存」という従来の批判を免れるか否かについては，今後の推移をみる必要がある．ただし本人および事業主にとって月給を9万5000円弱に設定し，ボーナスを調整弁とする(たとえばボーナスを年額で200万円とする)ことは依然としてメリットが大きいように思われる．図9-5によると，在職老齢年金プラス高年齢雇用継続給付の合計額(絶対額)が最大となるのは，依然として月給9万5000円弱であり，制度改正前後でほとんど変わりがない．
11) しかるに連合は年金保険料の2%一挙引き上げに反対しなかった．
12) 高山・谷地・永井(1995)をみよ．
13) 吉田(1996)参照．
14) ボーナスに年金保険料が賦課されないと負担の不公平がいくつかの面で生じる．またボーナス部分を極端に厚くして年金負担を回避したり在職老齢年金の減額分を少な目に抑えたりする動きがあった．ボーナス保険料の導入あるいは総報酬制への切りかえによって上記の問題は基本的に消失する．ただし高賃金の者はボーナス分を低くしたり年俸制に切りかえたりすることによって年金負担の一部を免れることが新たに可能となる．さらにボーナスは給付にいっさい反映されないので，ボーナス保険料の納付が正直に行われないおそれもある．
15) 第3の選択肢については，合計額の4分の3(上限つき)を遺族年金とするという案もあったはずである．こちらの案であれば，専業主婦と共稼ぎの妻の取扱いは完全に無差別となる．あるいは専業主婦の遺族年金を夫の報酬比例部分の2分の1とすれば，今回の提案で双方は無差別となったはずである．

16) 日本の厚生年金は従来，専業主婦を妻にもつサラリーマンを標準モデルとしてきた．市場で働く女性がふえている現在，標準モデルの設定を見直す必要があるだろう．そのさい，あわせて子育てを支援する仕組みとする必要があることは言うまでもない．高山(1992 c)参照．女性の年金については村上(1993)，Ross–Upp (1993)をさらに参照してほしい．

17) これまでだったら出産退職していた者が退職時点を育児休業終了直後に移すおそれが多い．このような退職は今回改正の趣旨に反するのだが……．

18) 給付スリム化の具体的方向として①支給開始年齢のさらなる調整，②満額年金の受給要件変更(40年拠出→45年拠出)，③給付算定ベースとしての標準報酬月額の上限固定，④給付課税の強化，⑤年金給付スライド用の消費者物価指数作成(消費税増税に伴う消費者物価指数の上昇分を通常のCPI上昇分から控除する)，などが考えられる．

19) たとえば年金の支払い通知は年6回(偶数月の15日が支払い日)支払いのたびごとに出すことになっており，この事務処理に多大なエネルギーと経費が費やされている．年金受給者数は今後とも激増していく．支払い通知は通常の場合，年1回，年度はじめにまとめる方法を早急に検討してほしい．現にアメリカ・ドイツ・スウェーデンではそうしている．会計法上のしばりをはずすことが先決である．また行政コストとの関連でいえば0.1%の年金改定(CPIスライド)でも，それを自動的に完全実施しなければならない現行規定に問題はないか．ちなみに基礎年金は満額で月額6万5000円(1994年度)であり，その0.1%は65円にすぎない．受給者にとってもメリットがほとんどなく，行政コストの方が大きい場合，スライド実施は1年先に見送ってもよいのではないか．あるいは非被用者から国民年金保険料を徴収するさいの行政コストも問題である．印紙を1つひとつはっていく作業を2カ月に1回ずつ強制している現行会計法の規定は早急に見直す必要がある．

20) 子供は他人に産んでもらい育ててもらう(自分の子供はつくらない)．そして年をとったら，その子に年金を通じて面倒をみてもらう．これが現在もっともラクな方法である．子供の養育に少なからぬ私的費用がかかっている現在，出産・子育てについても世代間の社会的扶養を抜本的に強化しないかぎり，上記の論点は変わらない．なお世代間の再分配において今日もっとも手薄となっているのは30歳代の子持ち世帯に対する支援策である．高山(1995 b)および本書第8章をみよ．

21) 経済企画庁編(1995)は前提を若干変更し，年率0.5%超の実質賃金増が必要だと試算している．

参 考 文 献

麻生良文(1994)「相続を通じた世代間移転と相続税」(未稿).
――・吉田浩(1994)「世代会計による財政政策の効果の検討」日本財政学会報告論文.
有沢広巳(1956)「賃金構造と経済構造」中山伊知郎編『賃金基本調査』東洋経済新報社.
安藤アルバート・山下道子・村山淳喜(1986)「ライフサイクル仮説に基づく消費・貯蓄の行動分析」『経済分析』101号.
石川経夫(1988)「高齢者世帯の就業行動と貯蓄行動」岩田規久男・石川経夫編『日本経済研究』東京大学出版会.
――(1990)「家計の富と企業の富」西村清彦・三輪芳朗編『日本の株価・地価』東京大学出版会.
――(1991)『所得と富』岩波書店.
――編(1994)『日本の所得と富の分配』東京大学出版会.
岩本康志(1995)「世代会計に関するミニコンファレンス：コメント」(未稿) 大蔵省.
――・尾崎哲・前川裕貴(1995)「家計調査と国民経済計算における家計貯蓄率動向の乖離について(1)(2)」『フィナンシャル・レビュー』35/37.
大沢真知子(1990)「既婚女性の労働供給分析」労働問題リサーチセンター『労働市場における女子労働者の将来展望に関する研究会報告書』第6章.
大竹文雄(1991)「遺産動機と高齢者の貯蓄・労働供給」『経済研究』42(1).
尾崎護・貝塚啓明監修(1994)『人口変動と日本の進路』ダイヤモンド社.
金丸桂子・上村協子・鬼頭由美子(1992)「相続における女性と財産：地域差と世代差を通して」『家庭経営学論集』2.
鬼頭由美子・上村協子・金丸桂子(1993)「世代別にみた資産形成と相続」『季刊家計経済研究』冬.
経済企画庁総合計画局編(1987)『高齢者の実態と21世紀福祉社会の展望』(福祉政策研究会報告) 社会保険研究所.
経済企画庁編(1995)『経済白書』(平成7年度版) 大蔵省印刷局.
雇用職業総合研究所(1987)『女子労働の新時代』東京大学出版会.
篠塚英子(1982)『日本の女子労働』東洋経済新報社.
島田晴雄・清家篤ほか(1981)『労働市場機構の研究』経済企画庁経済研究所.
下野恵子(1991)『資産格差の経済分析』名古屋大学出版会.
清家篤(1991)『高齢者の労働経済学』日本経済新聞社.
高山憲之編著(1992a)『ストック・エコノミー』東洋経済新報社.
――(1992b)『年金改革の構想』日本経済新聞社.
――(1992c)「女性の年金についての覚え書」『日本年金学会誌』12号.
――(1993)「年金制度改革・私案」『週刊東洋経済』8月28日号.
――(1994a)「人口高齢化の進展と税制改革」『国税解説速報』1月8/18日合併号.

──(1994 b)「どうなる年金改革」『日本労働研究雑誌』410号.
──(1994 c)「可処分所得等の世代間比較について(中間報告)」未定稿(政府税制調査会, 6月21日席上配布資料).
──(1994 d)「21世紀福祉ビジョンをめぐって」『税経通信』8月号.
──(1994 e)「高齢化・年金改革・税制改革」『文研論集』108号.
──(1994 f)「年金保険料上げ, 小刻みに」『日本経済新聞』経済教室欄, 10月28日.
──(1994 g)「高齢者の生活実態と資産保有」高山憲之・原田泰編『高齢化の中の金融と貯蓄』日本評論社.
──(1995 a)「高齢社会の世代間分配をどうするか」『経済セミナー』1月号.
──(1995 b)「1994年の年金改正とその評価」『一橋論叢』113(6).
──・有田富美子(1987)「経済面からみた年金受給世帯の生活実態(I)(II)」『一橋論叢』97(6), 98(1).
──・──(1988)「年金受給世帯の保有資産とその構成」『一橋論叢』100(1).
──・──(1990)「共稼ぎ世帯の諸属性とフルタイム・パートの要因分析」経済企画庁.
──・──(1992 a)「高齢夫婦世帯の所得・消費・資産」『経済研究』43(2).
──・──(1992 b)「高齢単身世帯の所得・消費・資産」『一橋論叢』107(6).
──・──(1992 c)「共稼ぎ世帯の家計実態と妻の就業選択」『日本経済研究』22.
──・──(1994)「家計資産の分配とその変遷」石川経夫編『日本の所得と富の分配』東京大学出版会.
──・──(1995)「可処分所得の世代間分配」『経済研究』46(1).
──・──(1996)「同居高齢者の経済状況」『経済研究』47(2).
──・──・北村行伸(1994)「家計資産の増加とその要因」『経済研究』45(1).
──・麻生良文・宮地俊行(1995)「資産の蓄積と遺産・相続の実態」『郵政研究レビュー』6.
──・谷地正人・永井宏(1995)『社会保障基金の現状と将来展望:経常収支黒字との関連をめぐって』通商産業調査会.
──・山崎勝代・桜井俊行(1996)「既婚女性の就業パターンと家計の状況・貯蓄率」高山ほか編『高齢化社会の貯蓄と遺産・相続』日本評論社.
──ほか(1992 a)「公的年金と男子高齢者の労働供給」高山編著『ストック・エコノミー』第7章, 東洋経済新報社.
──ほか(1992 b)「貯蓄行動の要因分析」高山編著『ストック・エコノミー』第5章, 東洋経済新報社.
橘木俊詔(1989)「資産価格の変動と資産分布の不平等」『日本経済研究』18.
──・下野恵子(1994)『個人貯蓄とライフサイクル』日本経済新聞社.
富永健一編(1979)『日本の階層構造』東京大学出版会.
野口悠紀雄(1990)「家計の資産保有と相続:高度成長期の実態と今後の展望」現代経済研究グループ編『現代日本の政治経済システム』日本経済新聞社.
──・上村協子・鬼頭由美子(1989)「世代間移転における家族の役割」『一橋論叢』102(6).

林文夫(1992)「日本の貯蓄率について：最近の研究結果のサーベイ」『金融研究』11(3).
樋口美雄(1991)『日本経済と就業行動』東洋経済新報社.
日高政浩ほか(1996)「世代会計による高齢化社会の社会保障政策の評価」経済企画庁.
松浦克己・橘木俊詔(1993)「日本の資産の不平等度の要因分解：土地保有の有無による2つの階層分化」郵政研究所ディスカッションペーパー.
村上清(1993)『年金改革』東洋経済新報社.
八代尚宏(1983)『女子労働の経済分析』日本経済新聞社.
―――編(1995)『2020年の日本経済』日本経済新聞社.
―――・前田芳昭(1994)「日本における貯蓄のライフサイクル仮説の妥当性」『日本経済研究』27.
山崎泰彦(1989)「年金法改正案は最善の選択肢か」『社会保険旬報』8月1日号.
吉田和男(1996)「財政投融資をどのように考えるか」堀内昭義編『生命保険の現状と今後のあり方』日本経済新聞社，近刊.
労働省『労働白書』『婦人労働の実情』各年版.
―――(1991)『資産格差』大蔵省印刷局.

Atkinson, A. B. and Harrison, A. J.(1978), *Distribution of Personal Wealth in Britain*, Cambridge Univ. Press.
Barthold, T. A. and Ito, T.(1992), "Bequest Taxes and Accumulation of Household Wealth: U. S.-Japan Comparison," Ito, T. and Krueger, A. eds., *The Political Economy of Tax Reform*, Univ. of Chicago Press.
Ben-Porath, Y.(1973), "Labor Force Participation Rates and the Supply of Labor," *Journal of Political Economy*, 81, May/June.
Boersch-Supan, A., Kotlikoff, L. J. and Morris, J. N. (1988), "The Dinamics of Living Arrangements of the Elderly," NBER Working Paper No. 2787.
Bowen, W. and Finegan, T.(1969), *The Economics of Labor Force Participation*, Princeton Univ. Press.
Cutler, D. M. et al. (1990), "An Aging Society : Opportunity or Challenge?" *Brookings Papers on Economic Activity*.
Dekle, R. (1990), "Do the Japanese Elderly Reduce Their Total Wealth? : New Look with Different Data," *Journal of the Japanese and International Economies*. 4.
Douglas, P. H.(1934), *The Theory of Wages*, Kelley and Milman.
Easterlin, R. A. (1968), *Population, Labor Force, and Long Swings in Economic Growth*, Columbia Univ. Press.
Hall, R. E. and Mishkin, F. S.(1982), "The Sensitivity of Consumption to Transitory Income: Estimates from Panel Data on Households," *Econometrica*, 50 (2), 461-481.
Hayashi, F.(1986), "Why Is Japan's Saving Rate So Aparently High?" *NBER Macroeconomics Annual 1986*.

―――, Ando, A. and Ferris, R. (1988), "Life Cycle and Bequest Savings: A Study of Japanese and U. S. Households Based on Data from the 1984 NSFIE and the 1983 Survey of Consumer Finances," *Journal of the Japanese and International Economies*, 2, 450–491.
Hill, M. A. (1983), "Female Labor Force Participation in Developing and Developed Countries," *Review of Economics and Statistics*, Aug.
Horioka, C. Y. (1990), "Why Is Japan's Household Saving Rate So High?: A Literature Survey," *Journal of the Japanese and International Economies*, 4.
―――(1991), "The Determinants of Japan's Saving Rate: The Impact of the Age Structure on the Population and Other Factors," *Economic Studies Quarterly*, 42(3).
Ishikawa, T. (1988), "Saving and Labor Supply Behavior of Aged Households in Japan," *Journal of the Japanese and International Economies*, 2(4).
Johnson, P., Conrad, C. and Tompson, D. eds. (1989), *Workers versus Pensioners: Intergenarational Justice in an Aging World*, Manchester Univ. Press.
Kotlikoff, L. J. (1988), "Intergenerational Transfers and Savings," *Journal of Economic Perspective*, 2(2).
―――(1992), *Generational Accounting*, Free Press (香西泰監訳『世代の経済学』日本経済新聞社, 1993年).
――― and Summers, L. H. (1981), "The Role of Intergenerational Transfers in Aggregate Capital Accumulation," *Journal of Political Economy*, 89(4).
――― and Morris, J. (1988), "Why Don't the Elderly Live with Their Children? A New Look," NBER Working Paper No. 2734.
Lanslett, P. and Fishkin, J. S. eds. (1992), *Justice Between Age Groups and Generation*, Yale Univ. Press.
Long, J. E. and Jones, E. B. (1980), "Part-Week Work by Married Women," *Southern Economic Journal*, Jan.
Marmor, T. R., Smeeding, T. M. and Greene, V. eds. (1994), *Economic Security and Intergenerational Justice*, Urban Institute.
Modigliani, F. (1988), "The Role of Intergenerational Transfers and Life Cycle Saving in the Accumulation of Wealth," *Journal of Economic Perspective*, 2(2).
Mincer, J. (1962), "Labor Force Participation of Married Women," Lewis, H. G. ed., *Aspects of Labor Economics*, Princeton Univ. Press.
Morgan, J. N. (1968), "The Supply of Effort, the Measurement of Well-Being, and the Dynamics of Improvement," *American Economic Review*, 58(2).
Musgrave, R. A. (1981), "A Reappraisal of Social Security Financing," Skidmore, F. ed., *Social Security Financing*, The MIT Press.
Ohtake, F. (1991), "Bequest Motives of Aged Households in Japan," *Ricerche Economiche*, 45(2・3).
Ross, J. L. and Upp, M. M. (1933), "Treatment of Women in the U. S. Social Securi-

ty System, 1970-88," *Social Security Bulletin*, 56(3).

Schmähl, W. (1993), "The '1992 Reform' of Public Pensions in Germany ; Main Elements and Some Effects," *Journal of European Social Policy*, 3(1).

Schwartz, S., Danziger, S. and Smolensky, E. (1984), "The Choice of Living Arrangements by the Elderly," Aaron, H. J. and Burtless, G. eds., *Retirement and Economic Behavior*, pp. 229-254. Washington, D. C.: The Brookings Institution.

Secretary of State for Social Security, UK (1991), *Options for Equality in State Pension Age*, HMSO.

Takayama, N. (1992 a), *The Greying of Japan: An Economic Perspective on Public Pensions*, Kinokuniya (Tokyo) and Oxford Univ. Press (Oxford).

―― (1992 b), "Labor Force Participation of Married Japanese Women in the Family Context," a paper presented at NBER-JCER Conference on Economics of Family, Oiso.

―― (1994 a), "Preparing Public Pensions for an Old-Aged Society," *Japan Echo*, 21, Special Issue.

―― (1994 b), "Japan's Social Security System : Basic Direction of Pension Reform," *Labour Issues Quarterly*, 23, Spring.

―― (1994 c), "Economic Status of the Elderly in Japan : The Microdata Findings," a revised version of the paper presented at the JCER-NBER Conference on the Economics of Aging, Hakone, 1993.

―― (1994 d), "Household Asset- and Wealthholdings in Japan," Noguchi, Y. and Wise, D. A. eds., *Aging in the United States and Japan*, Univ. of Chicago Press.

―― (1995), "The 1994 Reform Bill for Public Pensions in Japan: Main Contents and Related Discussion," *International Social Security Review*, 48.

―― (1996), "Gradual Retirement in Japan," Delsen, L. and Reday-Mulvey, G. eds., *Gradual Retirement in the OECD Countries*, Dartmouth Publishing Company Limited.

―― and Kitamura, Y. (1994), "Household Saving Behavior in Japan," Poterba, J. M. ed., *International Comparisons of Household Saving*, Univ. of Chicago Press.

U. S. Department of Commerce, Bureau of the Census (1986), *Household Wealth and Asset Ownership: 1984*, Current Population Report, Household Economic Studies, P-70, No. 7.

Wolff, E. N. (1987), "Estimates of Household Wealth Inequality in the U. S., 1962-1983," *Review of Income and Wealth*, 33(3).

Yoshikawa, H. and Ohtake, F. (1989), "An Analysis of Female Labor Supply, Housing Demand, and the Saving Rate in Japan," *European Economic Review*, 33(5).

索　引

ア　行

新しい負担ルール　215, 216
遺産動機　43–61
　プロビット分析　59–61
　分類　44, 68
医療現物給付　192, 207
親の世代より豊かになれない　190, 221, 227

カ　行

核家族4人世帯A　173, 174
家計資産
　種類　4
　保有額　5–8
家計における金融資産選択に関する調査　42
加齢による消費低下　123
キャピタル・ゲイン　35, 36
教育現物給付　192, 207
金融資産　4
　純資産　4
　少額保有世帯　8
現住居以外の宅地・住宅　10, 11
公的年金
　在職老齢年金　217–219
　支給開始年齢　211–213
　出産・子育て支援　226
　女性の年金　224–226
　保険料引き上げスピード　220–224
高年齢雇用継続給付　218, 219
高齢者かわいそう論　101, 136, 139
高齢単身世帯
　就業率　140, 145
　消費支出　142, 151–153
　正味資産保有額　143, 144, 155–157
　世帯特性　139, 140
　貯蓄残高　142, 143, 153–155
　定義　139
　年間収入　140, 141, 147–150
　年金受給額　140, 141
　年金受給比率　139, 140
　年金・年収比率　145, 146
高齢単身世帯B　175, 176
高齢夫婦世帯
　現役4人世帯との比較　120, 121, 125
　実物資産保有額　130–132
　就業率　108, 110
　消費支出　119–125
　正味資産保有額　132–136
　世帯特性　107, 108
　貯蓄残高　126–130
　定義　107
　年間収入　111–119
　年間収入の内訳　115–119
　年金受給額　108, 109
　年金受給比率　108
　年金・年収比率　112–114
高齢夫婦世帯B　174, 175
国富　3
　国民所得に対する割合　3
国民生活基礎調査　181
子持ち世帯に対する支援　206, 226, 230

サ　行

財源選択
　成長阻害度との関連　227
　世代間の所得分配　203–205
サンプル・セレクション・バイアス　8, 9, 22, 37, 46
資産効果　123
実物資産
　種類　4, 5, 22, 50, 106, 107, 144

ジニ係数
　資産項目別　10
　消費支出　9
　正味資産　9
　年間収入　9
正味資産　4
　時間的変化　13, 14, 22-27
　資産格差の拡大　14-18
　ジニ係数　9, 19
　増加の3要因　21
　分布　9
所得分布
　資産分布との関係　10, 11
　消費支出分布との関係　10, 11
世代会計　186-188
世代間の公平　188, 189
全国消費実態調査　4, 21, 71, 102-107, 139, 160
相続資産　61-67, 69
　総資産に占める割合　64, 65
　とりくずし　65
相続・贈与　35, 36
　経験および予定　53-59, 69

タ 行

タックス・スムージング仮説　206
地域差　120, 121, 136
貯蓄とりくずし　29, 30, 37, 38, 121, 126, 127, 151, 153, 176, 177, 180
貯蓄フロー　27, 35, 36
　年齢階層別　29-34
妻の就業選択
　夫との経済的関係　79-81
　家計貯蓄率への影響　95-97
　家計比較　73-79
　子供数との関係　81-84
　就業形態　72, 73
　所得弾力性　93
　多項ロジット・モデル　90-94
　地域差　84-88
　賃金弾力性　93
同居高齢者
　就業率　162, 163
　所得・消費の推定　176-178
　世帯規模の経済性　176-178
　世帯モデル　167-172
　世帯割合　160, 161
　年間収入　165-167
　持家率　168, 170, 172
同居子供世代分の推定　178, 179
同居の決定要因
　プロビット分析　181, 182
土地基本調査(世帯調査)　69

ナ 行

ネットスライド制　214-216
年間収入
　消費支出との関係　121
　正味資産との関係　133

ハ 行

パート就業(定義)　95
非線型性の仮定　90, 91, 93
1人あたり可処分所得　194-203
　推計方法　192
　単身者と普通世帯の比較　202, 203
負担と生活水準　227
平均値思考　101, 136

マ 行

持家の帰属家賃　191, 192, 207, 208
持家の減価償却　191
持家率
　年齢階層別　7

ラ 行

レバレッジ・ポイント　95

■岩波オンデマンドブックス■

一橋大学経済研究叢書 46
貯蓄と資産形成——家計資産のマイクロデータ分析

1996年 3 月27日　第 1 刷発行
2004年 1 月23日　第 2 刷発行
2017年 4 月11日　オンデマンド版発行

著　者　　高山憲之　有田富美子
　　　　（たかやまのりゆき）（ありたふみこ）

発行者　　岡本　厚

発行所　　株式会社　岩波書店
　　　　〒101-8002　東京都千代田区一ツ橋 2-5-5
　　　　電話案内　03-5210-4000
　　　　http://www.iwanami.co.jp/

印刷／製本・法令印刷

© Noriyuki Takayama, Fumiko Arita 2017
ISBN 978-4-00-730589-4　　Printed in Japan